Gramática inicial e intermedia del griego del Nuevo Testamento

Dr. Harold A. Kime

Título original en inglés:
Beginning & Intermediate Grammar of New Testament Greek

Autor: Harold A. Kime

Gramática inicial e intermedia del griego del Nuevo Testamento

Traducido por la Fundación Hurtado
Traductor: Reynaldo Medina
Editor: Guillermo Mac Kenzie

Tipología y maquetación: David Bedoian

"La Fundación Hurtado se dedica a la traducción de trabajos teológicos en español, posibilitado gracias a las donaciones generosas de sus socios y la gracia de Dios."

Publicado por
FUNDACIÓN HURTADO
4536 Longefellow Drive
Plano, TX. 75093

ISBN: 978-1-943840-12-0

A

Ronald Gibson

y

Thomas Edgar

En reconocimiento de sus esfuerzos al enseñarme a estudiar la Palabra de Dios a partir del Nuevo Testamento griego

Índice

Excursos

Las digresiones siguientes son artículos breves que encontrarás al final de varias unidades. Algunos de estos artículos ofrecen consejos útiles sobre la forma en que puedes estudiar el griego con mayor eficacia. Le animo sobre todo a leer los dos primeros artículos por cuanto describen las herramientas que debe usar en el proceso de aprendizaje. Muchos de los artículos ofrecen una breve reseña de la crítica textual, la disciplina que se empleó para determinar la mejor edición posible del Nuevo Testamento griego. Otros artículos le ayudarán a conocer las habilidades que va a necesitar a medida que avanza en su estudio. Espero que dedique algún tiempo a leer los artículos y obtenga algunas ideas que le serán de mucha utilidad en sus continuos esfuerzos.

Gramática inicial e intermedia del griego del Nuevo Testamento

Agradecimientos

Agradezco a la administración, a mis colegas y alumnos de Lancaster Bible College la ayuda que me brindaron durante la elaboración de este libro. De manera especial deseo darle gracias a Philip Dearborn por su estímulo y su apoyo entusiasta. Le agradezco a Sarah Madden las muchas horas que dedicó a editar y revisar las formas y ejemplos griegos. El libro refleja sus habilidades como editora y erudita de griego. Doy gracias a Audrey Brubaker y a Dale Mort por su labor de corrección. Me ahorraron mucha vergüenza y me ayudaron a producir un volumen limpio y libre de errores superficiales. Le agradezco también a Karen Perago el diseño de la portada. Si bien los libros no deben juzgarse por la portada, no tengo de qué preocuparme si alguien quisiera hacerlo con este. Además, quiero darles gracias a los alumnos de mi clase que me ayudaron mucho con sus comentarios y sugerencias sobre las notas iniciales que fueron precursoras de este libro. En particular, le doy gracias a Dan Carver, mi ayudante de cátedra, que me ayudó a desarrollar muchos de los materiales complementarios que acompañan este libro.

Por último, doy gracias a dos personas cuyas sugerencias me ayudaron a hacer del libro una obra que superara los límites de una gramática inicial tradicional. Le agradezco a Dean Deppe sus sugerencias acerca de la sintaxis intermedia. Estas sugerencias me motivaron a incluir muchas más categorías sintácticas. Le doy gracias también a Brett Williams por sus sugerencias con respecto al estilo y, más importante aún, por su sugerencia acerca del título para el libro. Con mucha perspicacia señaló que esta gramática trasciende el alcance de cualquier gramática inicial tradicional.

Prefacio a la versión española

Al emprender la tarea de traducir un texto gramatical como *Gramática inicial e intermedia del Nuevo Testamento griego*, de un lenguaje moderno diferente, el reto es permanecer fiel a los principios explorados y enseñados en la gramática, al mismo tiempo que se asegura de que las expresiones y ejemplos utilizados para explicar el griego sean relevantes para el estudiante utilizando el texto gramatical. Por lo tanto, para lograr esos objetivos, se adaptaron ciertas frases, ejemplos y explicaciones para la lengua y la cultura españolas.

Además, la base para el griego es Aland, Kurt, Barbara Aland, Johannes Karavidopoulos, Carlo M. Martini, y Bruce M. Metzger. *Novum Testamentum Graece*. Edición 28. Stuttgart: Deutsche Bibelgesellschaft, 2012. Este texto se conoce comúnmente como el texto Nestle-Aland, NA. La edición 26 fue publicada en 1979 y se conoce como la edición NA 26. Del mismo modo, NA 27 fue lanzado en 1993, y NA 28 fue publicado en 2012. Las palabras, frases, oraciones o pasajes griegos que están en griego son tomados del Nestle-Aland. Las traducciones del griego Koine (el griego del Nuevo Testamento) son las del autor, y se siguen fielmente en la traducción al español. En las secciones donde se recomiendan fuentes bibliográficas para estudiar el griego, se han agregado las que están disponibles en la lengua española.

Hay otros recursos adicionales que próximamente estarán disponibles en español. Institutos bíblicos y seminarios que deseen enseñar el curso de griego utilizando este material, y las herramientas informáticas para el docente, podrán consultar con la Fundación Hurtado (***art.hurtado@fundacionhurtado.org***).

Plano, Texas
Junio de 2020

Arthur D. Hurtado
Fundación Hurtado

Prefacio

¿Por qué otra gramática del griego del Nuevo Testamento?

Desde 1980 se han publicado no menos de 10 gramáticas iniciales del griego del Nuevo Testamento. Si le añadimos a eso algunas gramáticas excelentes que han sido utilizadas por muchos años, podría decirse que la pregunta «¿por qué otra gramática griega?» es bastante justa. Sin embargo, son varias las razones que me han llevado a producir otra gramática griega.

En primer lugar, casi todas las gramáticas iniciales conceden poca importancia a la sintaxis y a la traducción exacta porque suponen que cualquier análisis más completo de estos temas será tratado en una clase de griego intermedio. A causa de eso, tras haber terminado el curso inicial de griego, los estudiantes no entienden realmente el idioma, y a menudo, deben desaprender las nociones erróneas de traducción al avanzar en sus estudios de griego. Entonces, parece preferible combinar el estudio de la sintaxis con el estudio de la morfología y traducir las formas desde el principio usando las mejores estructuras equivalentes posibles en español. Por tanto, todas las categorías sintácticas comunes de las que normalmente se ocupa cualquier gramática griega intermedia se estudian también en lugares adecuados en esta gramática.

Un tema relacionado con esto es la traducción del participio griego y las construcciones de infinitivo. La mayor parte de las gramáticas iniciales contienen un análisis muy somero de la forma en que han de traducirse los participios y los infinitivos. Dado que en español los participios y los infinitivos no se usan en muchas de las maneras en que sí se emplean los participios e infinitivos griegos, resulta necesario explicar con mucho más detalle cómo han de traducirse al español. Por esta razón, hay cuatro unidades dedicadas a los participios, y una unidad extensa a la traducción de los infinitivos.

En segundo lugar, muchas gramáticas iniciales vigentes retrasan la introducción de los verbos. Esta gramática, en cambio, presenta verbos desde el principio para darles a los estudiantes la posibilidad de traducir oraciones sencillas desde las primeras lecciones. La traducción es un factor motivacional y debe constituir una parte decisiva en cada etapa del proceso de aprendizaje. Son pocas las oraciones en griego que pueden construirse sin un verbo, pero hay muchas oraciones que sí pueden construirse sin sustantivos. Además, dado que las formas nominales griegas cambian de acuerdo con su relación con los verbos, el conocimiento acerca de estos es un requisito indispensable para comprender las formas de los sustantivos.

En tercer lugar, la mayoría de las gramáticas agrupan los materiales en capítulos o unidades sin tener en cuenta el calendario tradicional de las clases de nivel universitario. Un semestre universitario normal abarca 15 semanas, y por tanto, un curso de dos semestres tiene 30 semanas de instrucción. Si para la enseñanza de la gramática griega suelen dedicarse dos semestres, sería más adecuado que el libro de texto de gramática constara también de 30 unidades básicas de estudio. Eso es lo que yo he hecho en este texto, aunque incluí unas cuantas unidades adicionales para analizar algunas formas que tradicionalmente no se analizan en las clases iniciales de griego.

Por último, mi intención era ofrecer un método mejor y más sistemático con respecto al vocabulario. Algunas gramáticas no exigen aprender ningún vocabulario. Otras incluyen un vocabulario, pero la selección del mismo para ciertas lecciones parece un tanto aleatoria y los significados se limitan a simples glosas. La meta que me propuse con relación al vocabulario de cada unidad fue incluir las palabras que no solo concuerdan mejor con las formas que se están aprendiendo, sino que también resultan adecuadas en lo que respecta a las consideraciones sintácticas y de traducción. Además, las glosas se refuerzan con una explicación más completa del significado de las palabras. Yo preferí incluir todas las palabras que aparecen 40 o más veces en el Nuevo Testamento, un total de 370 palabras.

Más que una gramática

El aprendizaje de un idioma exige mucho más que la simple posesión de un libro de gramática. En el pasado, los recursos didácticos para los estudiantes principiantes de griego incluían tarjetas con palabras impresas, guías resumidas para la conjugación y tareas de traducción al final de una lección o en un libro de ejercicios suplementario. En la actualidad, la clave para el aprendizaje de una lengua es el conjunto de herramientas cibernéticas para la enseñanza de los idiomas a las que podemos acceder en las computadoras, en los equipos móviles y vía internet. Una gramática inicial debe incluir esas herramientas y emplear las mejores estrategias didácticas para hacer que el aprendizaje resulte más fácil y mejor.

Como complemento de esta gramática hay varias herramientas que los maestros y los estudiantes pueden usar. En primer lugar están los ejercicios creados para el software Anki de tarjetas didácticas (flashcards) para memorizar palabras. Anki es un programa de aprendizaje dirigido que emplea mazos de tarjetas didácticas en inglés), ya sean de vocabulario, de frases, etc. Yo he elaborado cerca de 150 mazos que están específicamente diseñados para las lecciones de gramática. Las lecciones incluyen ejercicios de vocabulario, de análisis gramatical y sintáctico, de frases y de traducciones cortas y largas. Dichos ejercicios ofrecen una respuesta inmediata y hacen un seguimiento del progreso de los estudiantes. Las aplicaciones de escritorio para Windows y Macintosh pueden descargarse gratuitamente en ***http://ankisrs.net/***. Para los dispositivos Android la aplicación gratuita, Ankidroid, está disponible en la tienda de aplicaciones del propio equipo. La aplicación para los dispositivos Apple puede descargarse de la tienda de aplicaciones Apple. La base de datos de los ejercicios para acompañar esta gramática puede solicitarse enviándome un correo electrónico a ***hkime@lbc.edu***.

Los videos de lecciones y vocabulario también están disponibles en las listas de reproducción de YouTube. Estos videos estimulan las lecciones en el aula y a menudo incluyen ejemplos que van más allá de lo que puede contemplarse en la gramática. Permiten también que los estudiantes revisen las lecciones en cualquier momento y tantas veces como deseen. Además, se incluyen videos que les dan la posibilidad de comenzar a leer el griego del Nuevo Testamento de manera inductiva. Dichos videos están específicamente diseñados para aumentar la motivación de los estudiantes, para hacer que se familiaricen con la sintaxis y el estilo del Nuevo Testamento griego y para prepararlos para las lecciones posteriores de gramática. Los que deseen solicitar el acceso a estos videos pueden enviarme un correo electrónico a ***hkime@lbc.edu***.

He confeccionado también un libro de ejercicios para acompañar la gramática, «*Libro de ejercicios para la gramática inicial e intermedia del griego del Nuevo Testamento*». Para cada capítulo en la gramática, el libro de ejercicios contiene actividades de análisis gramatical y sintáctico, práctica de escritura en griego, práctica de lectura de oraciones sencillas en griego, práctica de lectura del Nuevo Testamento e historias cortas en griego en forma de perícopas originales del evangelio. Estas historias normalmente constan de varios párrafos y tienen por objeto familiarizar a los estudiantes con el contexto y la estructura literaria. Elaboré estas historias porque los ejercicios tradicionales de traducción solo presentan oraciones aisladas, y estas no proporcionan el contexto que se necesita para tomar decisiones sintácticas. El contexto tiene que ser más completo. Algunos autores han tratado de usar historias que se encuentran en el Nuevo Testamento, pero estas incluyen formas y vocabulario que los estudiantes no están preparados para manejar, y por tanto, les resulta difícil tratar con ellas. Yo, pues, he creado mis propias historias teniendo gran cuidado de utilizar las construcciones y el estilo adecuados.

Los maestros pueden acceder a un banco de preguntas para confeccionar los cuestionarios y los exámenes. Estas preguntas están disponibles en diversos formatos aptos para el uso escrito o en línea. El banco contiene cerca de 3.000 preguntas y les da a los maestros la posibilidad de generar múltiples cuestionarios para cada unidad sin duplicar las preguntas. Para los que trabajan en línea con un programa de aprendizaje dirigido como Moodle o Blackboard, esto les resultará extremadamente conveniente. También están disponibles las respuestas para el libro de ejercicios. Los que deseen solicitar el acceso a los suplementos del maestro, pueden enviarme un correo electrónico a ***hkime@lbc.ed***.

Estrategias para el dominio del griego

Muchos estudiantes emprenden el aprendizaje del griego con temor y temblor. Hay otros que consideran que el griego es demasiado aterrador y hacen todo lo que está a su alcance para evitarlo. Sin embargo, yo suelo recordarles a mis alumnos desde la primera clase que muchas personas con una educación y un intelecto limitados han aprendido griego. Por supuesto, ¡era su lengua materna! Lo cierto es que casi cualquier individuo, con la exposición suficiente y los métodos adecuados, puede aprender griego. Tras haber enseñado griego por unos 30 años, descubrí estrategias de aprendizaje que pueden ayudarte a tener éxito.

En primer lugar, es crucial que domines el vocabulario básico que aparece en esta gramática, que consta de 370 palabras. Todas ellas aparecen 40 o más veces en el Nuevo Testamento, y en total, representan el 82 por ciento de todas las palabras que hay en el Nuevo Testamento. Por tanto, si las aprendes bien, podrás reconocer ocho de cada diez palabras que veas. Esto es muy importante si quieres leer con fluidez.

A medida que va aprendiendo nuevas palabras, muy pronto se dará cuenta de que olvida las palabras anteriores o comienza a confundirlas. Para superar esto, debe repasar constantemente lo que ha aprendido. Lo mejor para ello es utilizar las tarjetas Anki de vocabulario. Mi sugerencia es que repase cada mazo de tarjetas que ya haya aprendido una vez por semana o cada dos semanas. Con el vocabulario nuevo debe trabajar todos los días. Repase varias veces al día de manera periódica los ejercicios de Anki. Limite cada sesión a 10 minutos aproximadamente. Es por esto que le resultará muy útil tener Anki en un dispositivo móvil.

El griego es un idioma que tiene muchas flexiones. Lo que quiero decir con eso es que la forma que adopta una palabra depende del uso que se le dé en la oración. Por tanto, la ortografía de un sustantivo cuando se usa como sujeto normalmente diferirá de su ortografía cuando se usa como complemento directo. De hecho, un sustantivo griego puede llegar a escribirse de nueve maneras diferentes. Estas diferencias siguen patrones o paradigmas específicos. Tradicionalmente, los estudiantes aprenden el griego memorizando los paradigmas y los patrones como listas. Esto podría asemejarse en cierta medida a las formas correctas de un verbo en español como «voy», «iré», «fui», «he ido», etc. La ventaja de este método es que aprendes todas las formas al mismo tiempo. Le animo a aprender los paradigmas leyéndolos, escribiéndolos y diciéndolos. Sin embargo, el aprendizaje de las formas flexionadas solo por medio de listas no es suficiente.

El problema es que el aprendizaje mediante listas genera una dependencia secuencial en la memoria. Puede recordar el quinto elemento de la lista solo si repite mentalmente los cuatro anteriores. Trate de recitar las letras del alfabeto en español al revés. La mayoría de las personas no pueden hacerlo porque han generado una dependencia secuencial. La dependencia secuencial hace más lentas la memorización y la traducción. Piense en el tiempo que le llevaría recitar el alfabeto al revés. Un método mejor es aprender cada forma individual sin depender de las demás formas que aparecen en un paradigma. La mejor manera de lograrlo es usando las tarjetas Anki para el análisis gramatical y sintáctico y para la traducción. Por tanto, si quiere aprender los paradigmas, comience por aprender las listas para poder decirlas y escribirlas. Y luego, use los ejercicios de las tarjetas Anki para dejar atrás la dependencia secuencial y recordar directamente las formas individuales.

En última instancia, el fin que le mueve a aprender el griego es poder traducir el Nuevo Testamento en su lengua original, dándose cuenta de los matices del idioma que son difíciles o imposibles de percibir en una versión en español. Sin embargo, para hacerlo tiene que llegar a familiarizarse con el idioma hasta el punto de poder *pensar en griego*. Hace años una misionera en un curso bíblico que yo estaba impartiendo me preguntó por cuánto tiempo había estudiado el griego. Pensé que la pregunta era inusual hasta que mencionó que había trabajado como misionera en Francia por espacio de ocho años y que todavía estaba batallando con las complejidades del francés. Después de ocho años de inmersión en el idioma comprendía que le quedaba mucho por aprender. Dado que su contacto con el griego va a ser mucho menor, ¿podrá realmente aprender este idioma hasta llegar a entender sus sutilezas? Yo aún sigo aprendiendo y avanzando en este sentido.

La clave para llegar a ese nivel de comprensión es estar en contacto directo con el idioma en forma activa. Debe dejar atrás los paradigmas y las formas y concentrarse en la traducción y la sintaxis. Por esta razón, junto con este texto he proporcionado muchos ejercicios Anki de traducción e historias originales. Es imprescindible que le dedique mucho tiempo a la traducción. Estas traducciones le ayudarán a *pensar en griego*, a entender cómo diría o escribiría alguna cosa un grecoparlante. A medida que traduce, piense en las formas que se emplean y pregúntese: ¿por qué esta forma? ¿Por qué este orden de las palabras? ¿Cuál sería la mejor traducción en español? ¿Qué descubro en la versión griega que no puedo descubrir con facilidad en una traducción en español? Un contacto breve frecuente es mejor que un contacto prolongado pero menos frecuente. Dedíqueles a los ejercicios de traducción sesiones cortas tres o cuatro veces al día. Las sesiones no deben durar más de 10 o 15 minutos. Para finalizar cada lección, traduzca la historia más larga que aparece en el libro de ejercicios o que pueda obtener de su profesor.

Por último, es vital que domine una lección antes de pasar a la siguiente. Cada lección depende de las anteriores. Si no conoce bien el material que se encuentra en las lecciones anteriores, el cimiento sobre el que va a edificar será muy inestable, la estructura no podrá soportar la carga y acabará desmoronándose. Por tanto, no permita que el poco tiempo o la impaciencia pongan en peligro su aprendizaje. Sea diligente y dedique tiempo a aprender bien cada lección. Luego, repase lo que ha aprendido para retenerlo. Al final, como recompensa de sus esfuerzos será capaz de leer y entender el Nuevo Testamento griego.

Introducción

Definiendo el griego del Nuevo Testamento

El griego del Nuevo Testamento es la forma y el estilo del idioma que aparece en el Nuevo Testamento griego. En otro tiempo se pensaba que este idioma era una lengua celestial especial que Dios había dado con el objetivo específico de comunicar su verdad divina. Se ha comprobado, sin embargo, que esa idea no es correcta. El griego del Nuevo Testamento es en realidad un subconjunto de lo que habitualmente se conoce como griego *koiné*, es decir, el griego común que se usó entre los años 330 a.C. y 330 d.C. aproximadamente. Antes de Alejandro Magno, Grecia estaba compuesta por ciudades estado independientes, y cada una de ellas hablaba un dialecto del griego diferente. Cuando Alejandro unificó las ciudades estado para formar una sola nación, se impuso la necesidad de establecer un idioma común, especialmente para que los soldados de su ejército pudieran comunicarse entre sí. Este idioma se conoce como griego *koiné*. Con las conquistas de Alejandro, dicho idioma se expandió y muy pronto se convirtió en la lengua franca del mundo incluso dentro del imperio romano hasta aproximadamente el año 330 d.C.

Otras obras importantes judías y cristianas fueron escritas durante el período *koiné*. Entre ellas se encuentra la traducción griega del Antiguo Testamento hebreo conocida como la Septuaginta, los escritos de dos autores judíos del siglo I d.C. (Josefo y Filón) y muchos escritos de los padres apostólicos y postapostólicos de la iglesia. Otros escritos apócrifos no canónicos de los siglos II y III también fueron escritos en griego *koiné*.

El griego del Nuevo Testamento no es exactamente el mismo que aparece en los otros ejemplos de griego *koiné*. Hay varias razones para ello. En primer lugar, la mayoría de los autores del Nuevo Testamento eran judíos y el griego, por ende, no era su lengua materna. A causa de eso, el idioma que emplearon en sus escritos era una forma del griego *koiné* con un estilo que, en muchos aspectos, se parecía más al hebreo o al arameo. Por otra parte, el griego literario más refinado de ese período a menudo intentaba imitar el griego *clásico*, es decir, la lengua que habían empleado los grandes escritores griegos antes de Alejandro. Esas sutilezas no son frecuentes en el Nuevo Testamento griego. Por consiguiente, el griego del Nuevo Testamento es un ejemplo bastante bueno de las formas del griego *koiné* pero posee un estilo más simple que el que suele encontrarse en el griego literario de ese período.

Terminología gramatical importante

La *gramática* puede definirse en forma general como el sistema de reglas que emplea un idioma. Estas reglas se clasifican de la siguiente manera: el sistema de reglas que describe cómo cambia la forma de las palabras en función de su uso recibe el nombre de *morfología*. Por ejemplo, muchos sustantivos en español cambian del singular al plural añadiéndose una «s» a su raíz. Así pues, el plural de «niño» es «niños». Además, un verbo altera su forma cuando cambia del presente al pasado por medio de una desinencia que se le añade a la raíz verbal. De ese modo, la forma verbal «(yo) miro» en presente se convierte en «(yo) miré» en pasado.

La *sintaxis* se ocupa de las reglas que definen las relaciones entre las palabras en la oración. Esto puede incluir la posición de cada palabra en relación con las demás o el significado dado a las formas. Por ejemplo, aunque las oraciones en español, a diferencia del inglés y de otros idiomas, no siguen un orden estricto de sujeto-verbo-complemento, si decimos que «Guillermo mira a María», es obvio que Guillermo es el que realiza la acción de mirar y que María es la que está siendo mirada. La sintaxis también se ocupa del significado de las formas. Vamos a examinar dos oraciones que tienen un verbo en presente: «Los hijos aman a su madre», y «Las aves emigran al sur en invierno». En el primer caso, el verbo representa una acción que está teniendo lugar en este momento. Los niños están amando a su madre ahora. Sin embargo, en la segunda oración, la acción no tiene por qué estar ocurriendo ahora, sino que indica, más bien, algo que normalmente sucede. El presente, pues, se usa de dos maneras diferentes. De estas diferencias se ocupa la sintaxis, no la morfología.

Las gramáticas griegas tradicionales para principiantes hacen hincapié en la morfología y enseñan las formas con una explicación de la sintaxis tan somera que el alumno solo puede hacer una traducción muy elemental y a menudo acartonada. Se deja para los estudios intermedios o avanzados del griego un análisis más amplio de la sintaxis. El problema con este método es que, por lo general, las estructuras sintácticas de un idioma no se corresponden unívocamente con las de otro. Por ejemplo, la oración «a causa de su estudiar el griego, el estudiante se convirtió en un erudito más grande del maestro» no tiene sentido en español, pero sería perfectamente comprensible en griego. Para traducir correctamente del griego al español, no podemos limitarnos a sustituir las palabras de un idioma por las palabras del otro. Tenemos que transformar las expresiones griegas en sus mejores equivalentes en español, y eso exige un conocimiento de la sintaxis, no solo de la morfología. Por consiguiente, es imposible realizar una buena traducción si no estamos familiarizados con ambas cosas, con la morfología y con la sintaxis de un idioma.

La función de la *gramática transformacional* es establecer una distinción entre la estructura superficial de un idioma y la estructura profunda. La *estructura superficial* se relaciona estrechamente con la morfología, las partes del discurso y las estructuras concretas de las palabras. La *estructura profunda* tiene que ver más con el propósito general del idioma o con el significado más elemental de las estructuras superficiales. La estructura profunda es estable en todos los idiomas mientras que la estructura superficial cambia significativamente. La dificultad que encontramos para entender la oración «a causa de su estudiar el griego, el estudiante se convirtió en un erudito más grande del maestro» es que esa oración no se adapta a la estructura superficial del español. Si transformamos la estructura en una que sea aceptable en español, la oración se leería de la siguiente manera: «Por haber estudiado griego, el estudiante se convirtió en un erudito más grande que su maestro». Se desprende, pues, claramente, que para hacer una buena traducción tenemos que conocer la estructura superficial (sintaxis) del español y la estructura superficial (sintaxis) del griego, y tenemos que entender la estructura profunda subyacente. Para traducir correctamente debemos conocer la estructura superficial de la lengua de origen, transformarla en una estructura profunda y, entonces, reconstruir el sentido usando la estructura superficial de la lengua de destino.

Esta gramática se ocupa tanto de la morfología como de la sintaxis del griego con el objetivo de ayudar al estudiante a realizar la transformación de un idioma a otro. Podría parecer, sin duda, que se está pidiendo demasiado, pero estoy convencido de que esta es la vía mejor y más eficiente para aprender y entender debidamente el griego. Los estudiantes aprenderán con mayor rapidez a traducir el Nuevo Testamento. De hecho, los que dominen el material de esta gramática dominarán lo que normalmente se logra solo después de haber terminado el curso de griego para el nivel intermedio.

Unidad 1. El alfabeto

Letras del alfabeto griego

Nombre	Mayúscula	Minúscula	Transliteración	Pronunciación
Alfa	Α	α	A	a como en pago
Beta	Β	β	B	b como en baúl
Gamma	Γ	γ	G	g como en gato
Delta	Δ	δ	D	d como en dato
Épsilon	Ε	ε	E	e como en estar
Zeta	Ζ	ζ	DZ	z como en zoológico (dz clásica)
Eta	Η	η	Ē	e como en freno
Theta	Θ	θ	Z	z como en zapato ("th"en inglés)
Iota	Ι	ι	I	i como en si
Kappa	Κ	κ	K	k como en codo
Lambda	Λ	λ	L	l como en ala
Mu	Μ	μ	M	m como en más
Nu	Ν	ν	N	n como en no
Xi	Ξ	ξ	X	x (ks) como en éxito
Ómicron	Ο	ο	O	o como en dorado
Pi	Π	π	P	p como en para
Rho	Ρ	ρ	R	r como en para
Sigma	Σ	σ, ς	S	s como en singular, σ en medio de la palabra, ς al final
Tau	Τ	τ	T	t como en taco
Úpsilon	Υ	υ	U	u como en absoluto pero un poco más corta (mejor: ü en francés)
Fi (phi)	Φ	φ	F	f como en faz
Ji	Χ	χ	J	j como en ejemplo
Psi	Ψ	ψ	Ps	ps como en pepsi
Omega	Ω	ω	Ō	o pero con un sonido largo

El alfabeto griego tiene 24 letras. Originalmente, solo se usaban letras mayúsculas, conocidas como unciales. Sin embargo, durante el siglo IX se generalizó el uso de las letras minúsculas. En las ediciones modernas del Nuevo Testamento griego, las letras mayúsculas solo se emplean en los nombres propios, los títulos y al principio de los párrafos. El estudiante, pues, debería centrar su atención preferiblemente en las letras minúsculas. La sigma tiene dos formas, la primera se usa dentro de las palabras y la otra al final. En la columna de las transliteraciones aparece la letra equivalente en español.

Con respecto a la pronunciación

Cuál era la pronunciación exacta del griego *koiné* cuando se escribió el Nuevo Testamento es un tema muy controvertido. Nadie lo sabe con certeza. De hecho, es probable que se pronunciara de distintas maneras en distintas regiones. Josefo, un autor judío y contemporáneo de Jesús, que escribió numerosas obras en griego *koiné*, admitió que él mismo no podía pronunciarlo con la exactitud suficiente. Por tanto, no debemos preocuparnos demasiado por la pronunciación del griego *koiné*.

Sin embargo, es muy útil aprender a pronunciarlo de alguna manera adecuada. Si lo pronuncia siempre igual, le será más fácil aprenderlo y retenerlo. Cuanta más atención preste durante el proceso de aprendizaje, más aprenderá y retendrá. Por tanto, es muy importante que exprese en voz alta todo lo que va aprendiendo.

Pero si no podemos estar seguros de la forma en que se hablaba el griego *koiné*, ¿cómo debemos pronunciarlo? Existen dos opciones. Algunos usan la pronunciación del griego moderno, lo cual es muy beneficioso para los que lo conocen. Sin embargo, el griego moderno suele usar múltiples sonidos para un solo símbolo o múltiples símbolos para un solo sonido. Por ejemplo, las vocales griegas η, ι, υ, ει, υι, οι se pronuncian todas como una «i», y en ese caso, la vocalización de las mismas no nos ayuda a aprender la ortografía las palabras. La pronunciación que se usa en esta gramática fue elaborada por Desiderio Erasmo aproximadamente en el año 1500 d.C. aproximadamente. Erasmo, un erudito y maestro griego, elaboró este sistema de pronunciación pensando en los estudiantes. Su intención no era tratar de reproducir la pronunciación del siglo I, y por ese motivo, creó una pronunciación pedagógica en la que cada letra tiene un solo sonido. De ese modo, si pronuncia siempre cada palabra correctamente, le resultará mucho más fácil aprender la ortografía de las mismas.

γγ, γχ, γξ

La gamma inicial en las combinaciones γγ, γχ y γξ se pronuncia como una «n»: γγ como «ng» en «ta<u>ng</u>o», γχ como «nc» en «i<u>nc</u>luso» y γξ como «nx» en «a<u>nx</u>iety» en inglés.

Diptongos

El diptongo se compone de dos vocales que se pronuncian sin interrupción, como «ei» en la palabra «af<u>ei</u>tar». Los diptongos en griego son los siguientes:

Letras	Pronunciación
αι	ai como en «<u>ai</u>slar»
αυ	au como en «c<u>au</u>tivo»
ει	ei como en «af<u>ei</u>tar»
ευ	eu como en «<u>Eu</u>ropa»

Letras	Pronunciación
ηυ	ei + u (eiu)
οι	oi como en «<u>oi</u>go»
υι	ui como en «S<u>ui</u>za»
ου	u como en «s<u>u</u>per»

Diptongos impropios

Las tres vocales —α, η, ω— pueden combinarse con la letra «iota» para formar un diptongo en el que la «iota» queda reducida a un subíndice debajo de la otra vocal. Aunque la pronunciación no varía, el significado gramatical es diferente. Se les llama *«diptongos impropios»*, y al símbolo debajo de la letra se le conoce como *«iota suscrita»*.

Letras	Diptongos impropios
α	ᾳ
η	ῃ
ω	ῳ

Los espíritus

Cuando una palabra comienza con una vocal, esa vocal puede ser *aspirada*, y se pronuncia como si estuviera precedida por una «j», o *no aspirada*, como si no estuviera precedida por una «j». En griego, esos sonidos se indican mediante unos símbolos llamados «espíritus», que pueden ser de dos tipos: «áspero» (sonido aspirado) o «suave» (sonido no aspirado). El espíritu aparecerá sobre la segunda vocal en el caso de un diptongo y antes de una letra mayúscula. Algunos textos presentan las mayúsculas sin espíritus.

Tipo	Forma	Ejemplos		
Suave	᾿	ἀπόστολος	εὐαγγέλιον	Ἀβραάμ
Áspero	῾	ἁμαρτία	υἱός	Ἅγαβος

Acentos

La mayoría de las palabras griegas se acentúan. Los acentos pueden ser de tres tipos: agudo, circunflejo y grave. Los acentos son tonales, es decir, el acento agudo indica un tono ascendente, el grave, un tono descendente, y el circunflejo, un tono que ascendió y descendió. Se pueden acentuar únicamente las últimas tres sílabas de una palabra. El acento agudo puede usarse en cualquiera de las últimas tres sílabas, el circunflejo en la última y en la penúltima y el grave solamente en la última. Hay reglas estrictas para determinar qué tipo de acento debe emplearse y en qué sílaba. Esas reglas, empero, son bastante complejas y la acentuación casi nunca afecta la traducción. Por tanto, no va a aprender las reglas para la acentuación. Por el momento es suficiente que enfatice la sílaba acentuada cuando lea el texto en voz alta. Los sustantivos normalmente se acentúan en la misma sílaba, por lo cual es importante que aprenda a enfatizar esa sílaba cuando lea los sustantivos.

	Símbolo	Ejemplos		
Agudo	´	ὄνομα	λόγος	φωτός
Circunflejo	῀	πῦρ	ἀρχῇ	οὗτος
Grave	`	ζωὴ	ἀνδρὸς	

Diéresis

En contados casos, dos vocales que forman un diptongo deben pronunciarse separadamente. Para indicarlo, se colocan dos puntos sobre la segunda vocal, como en Μωϋσῆς. A esos dos puntos se les llama diéresis.

Elisión

A menudo, cuando una preposición o una conjunción termina con una vocal y la palabra que sigue comienza con una vocal, la vocal al final de la preposición o de la conjunción se elide, es decir, se elimina, y se sustituye por un apóstrofe, tal como ocurre en los ejemplos que aparecen a continuación. Esta contracción recibe el nombre de *elisión*.

Forma no contraída	Forma contraída
διὰ αὐτόν	δι' αὐτόν
ἀπὸ αὐτοῦ	ἀπ' αὐτοῦ
ὑπὸ αὐτοῦ	ὑπ' αὐτοῦ

Signos de puntuación

En griego se usan cuatro signos de puntuación. El estudiante debe recordar que los manuscritos griegos más antiguos carecían de signos de puntuación y que las ediciones modernas difieren en cuanto a qué signo debe usarse y dónde. Sin embargo, el estudiante debe usar la puntuación para identificar las cláusulas y facilitar así la traducción.

Función	Símbolo griego	Símbolo en español
Punto (para terminar la oración)	.	.
Punto volado (al final de una cláusula)	·	; o :
Coma (al final de una frase o expresión)	,	,
Signo de interrogación	;	?

Silabación

Las palabras se dividen en sílabas, cada una de las cuales se pronuncia por separado. Para pronunciar las palabras correctamente, debe dividirlas en sílabas. Para ello, emplee las siguientes reglas.

Regla	Ejemplos	Ejemplos
Toda sílaba debe contener solamente una vocal o un diptongo.	φρέαρ αὐτοῦ ἐξουσίαν	φρέ - αρ αὐ – τοῦ ἐξ – ου – σί – αν

Regla	Ejemplos	Ejemplos
Cuando una consonante se halla entre dos vocales, se une a la segunda vocal.	ἔδωκεν αἱμάτων θελήματος	ἔ – δω – κεν αἱ - μά – των θε – λή – μα – τος
Cuando dos consonantes idénticas se encuentran entre dos vocales, cada vocal debe unirse a una de esas consonantes.	ἄλλης ἄμμον πόρρω	ἄλ – λης ἄμ – μον πόρ – ρω
Cuando dos o más consonantes se pronuncian juntas no deben separarse.[1]	εὐχάριστος μέχρι ἀπρόσκοπος	εὐ – χά – ρι – στος μέ – χρι ἀ – πρόσ – κο – πος
Cuando dos consonantes no se pronuncian juntas pueden separarse en dos sílabas.	ἁγνίζω κλέπτης σκορπίζω	ἁγ – νί – ζω κλέπ – της σκορ – πί – ζω
Las palabras compuestas se pueden dividir separando sus componentes.[2]	μονογενής στρατόπεδον ἀντίχριστος	μο – νο – γε – νής στρα – τό – πε – δον ἀν – τί – χρι – στος

[1] Cuáles son las consonantes que se pronuncian juntas es algo que debe aprenderse de manera inductiva. Por lo general, esas consonantes se pronuncian de manera similar a las que se pronuncian juntas en español. Por tanto, si suena bien en español, lo más probable es que la pronunciación en griego sea correcta. Algunas combinaciones que no son habituales en español son las siguientes: γν, θλ, κτ, μν, πν, πτ, σμ y φθ.

[2] Esto ocurre con frecuencia con los verbos que tienen una preposición como prefijo, como en el caso de ἐκβαίνω (salir); y con palabras que comienzan con una alfa privativa (a semejanza del prefijo «in-» en español), es decir, que expresa la negación del concepto, como por ejemplo, ἀσάλευτος (inconmovible). Se hace una pausa ligeramente más larga entre estas sílabas.

Vocabulario

Forma léxica	Definición	Apariciones
ἁμαρτία, -ας, ἡ	pecado	173
ἀπόστολος, -ου, ὁ	apóstol, mensajero	80
βιβλίον, -ου, τό	libro, rollo	34
δαιμόνιον, -ου, τό	demonio, espíritu maligno	63
εὐαγγελίζομαι	predico las buenas nuevas	54
εὐαγγέλιον, -ου, τό	evangelio, buenas nuevas	76

Forma léxica	Definición	Apariciones
θεός, -οῦ, ὁ	Dios, un dios	1.318
Ἰησοῦς, -ου, ὁ	Jesús, Josué	917
λόγος, -ου, ὁ	palabra, Verbo, informe, mensaje	330
Πέτρος, -ου, ὁ	Pedro	156
προφήτης, -ου, ὁ	profeta	144
σάββατον, -ου, τό	día de reposo, semana	68
φόβος, -ου, ὁ	temor, reverencia	47
Χριστός, -οῦ, ὁ	Cristo, Mesías, Ungido	529

La forma léxica de una palabra (*lema*) es la que aparece en los diccionarios o léxicos.

- En tu listado de vocabulario, cada sustantivo va seguido de dos conjuntos de letras. El de la derecha es un artículo (ὁ, ἡ, τό) que se usa para indicar el género del sustantivo: ὁ para el masculino, ἡ para el femenino, τό para el neutro. Es importante que memorice el género cuando aprenda un sustantivo. El conjunto de la izquierda (-ας, etc.) se explicará más adelante.
- θεός normalmente va precedido por un artículo cuando se refiere al único y verdadero Dios. En esos casos, el artículo no se traduce y Dios se escribe con mayúscula.
- Los nombres griegos como Πέτρος suelen ir precedidos por un artículo. El artículo no se traduce al español.

Palabras nuevas	Total de palabras	Nuevas apariciones	Total de apariciones	Apariciones en el NT	% de apariciones en el NT
14	14	3.989	3.989	138.162	2,89

Unidad 2. Presente de indicativo activo

Características de los verbos finitos en griego

- Los verbos finitos en griego tienen cinco características: tiempo, voz, modo, persona y número.

Tiempo

- El tiempo en griego tiene que ver ante todo con el *aspecto verbal*, es decir, cómo se describe la acción. Los aspectos verbales son tres: *progresivo, estático* (holístico) y *estativo o de estado* (perfectivo). El aspecto progresivo considera que la acción es continua y puede compararse con una película. El aspecto estático considera que la acción ocurre en un momento determinado y no progresa y puede compararse con una foto. El aspecto estativo o perfectivo describe una acción terminada, es decir, la acción en función de su estado resultante.
- Solamente en el modo indicativo el tiempo verbal se relaciona directamente con el marco cronológico, pero incluso en el modo indicativo ese marco cronológico puede no ser absoluto. Por el momento, es importante que el estudiante recuerde que en griego, el tiempo y la cronología no guardan una relación directa.
- Los tiempos verbales en griego son siete: *presente, futuro, imperfecto, aoristo, perfecto, pluscuamperfecto y futuro perfecto*.

Voz

- La *voz* describe la relación que existe entre el sujeto y la acción que expresa el verbo. La *voz activa* indica que el sujeto está realizando la acción expresada por el verbo. En la oración «el niño golpea la pelota», el sujeto «niño» está realizando la acción de «golpear». La *voz pasiva* indica que el sujeto está recibiendo la acción expresada por el verbo. En la oración «el niño está siendo golpeado por la pelota», el sujeto «niño» está recibiendo el efecto de la acción (está siendo «golpeado»).
- En griego también existe la *voz media*. En esta voz el sujeto está realizando la acción, y en cierto sentido, beneficiándose de ella.

Modo

- El *modo* indica la relación entre la acción y la realidad. Hay cuatro modos para los verbos finitos en griego: *indicativo, subjuntivo, imperativo* y *optativo*. El modo indicativo describe la acción como algo real o dentro del ámbito de la realidad. El modo subjuntivo describe la acción como algo posible pero no real. El modo imperativo expresa una orden. El modo optativo indica un deseo y está aún más alejado de la realidad.

Persona

- La *persona* puede considerarse una clasificación general para el sujeto de un verbo o un pronombre. Al igual que en español, en los verbos en griego hay tres personas: la *1ra persona* (yo, nosotros), la 2da *persona* (tú, ustedes o vosotros) y la *3ra persona* (él, ella y ellos). En griego, la forma verbal cambia de acuerdo con la persona. Por ejemplo, «yo tengo» en griego es ἔχω y «tú tienes» es ἔχεις.

Número

- Al igual que en español, el sujeto de los verbos en griego puede ser *singular* o *plural*. La forma verbal también cambiará de acuerdo con el número. Por ejemplo, «yo tengo» en griego es ἔχω y «nosotros tenemos» es ἔχομεν.

Forma léxica (lema)

- La forma en que aparece una palabra en el diccionario se conoce como *forma léxica* o *lema*.
- La forma léxica de los verbos en griego es la forma verbal correspondiente a la 1ra persona del singular del presente de indicativo activo.

Dos conjugaciones en griego

- Los verbos cambian su forma de acuerdo con ciertos patrones. El grupo de verbos que normalmente siguen el mismo patrón recibe el nombre de *conjugación*. En griego hay dos conjugaciones: la conjugación de Ω y la conjugación de Μι. Los nombres se derivan de la terminación que aparece en cada conjunto de verbos en la forma léxica, es decir, en presente de indicativo activo.
- La conjugación de Ω es la que predomina y, por tanto, será el centro de nuestra atención. Sin embargo, en el Nuevo Testamento aparecen muchos verbos importantes de la conjugación de Μι, por lo cual, en la Unidad 30 vamos a examinar algunos verbos de dicha conjugación para ver cómo se diferencian de los verbos de la conjugación de Ω.

Identificando y creando formas verbales

- Las formas verbales difieren de acuerdo con las cinco características de los verbos, y estos cambios son bastante considerables. En términos generales, la raíz de los verbos está relacionada con su significado léxico. Los cambios en cuanto a la persona, el número y la voz están determinados por las terminaciones personales que se añaden al final del verbo. Por ejemplo, para la raíz λυ, λύω significa «yo libero» y λύεις significa «tú liberas». Si quiere dominar el griego tiene que conocer los distintos grupos de terminaciones personales.
- Los cambios en el tiempo verbal se logran añadiendo prefijos a la raíz del verbo, adicionando indicadores de tiempo al final de la raíz o efectuando cambios en la propia raíz. Por ejemplo, se usa un prefijo para formar uno de los tiempos pasados de λυω. La forma verbal ἐλύες significa «tú estabas liberando» y λέλυκας significa «tú has liberado». Si quiere ser un experto en griego tendrá que conocer qué le sucede a la raíz cuando se forma cada tiempo verbal.
- Si quiere recordar fácilmente estos cambios tendrá que conocer las reglas o fórmulas generales que es preciso emplear para crear y reconocer las distintas formas verbales. Por ejemplo, para verbos regulares cuyo infinitivo termina en «ar», el pretérito indefinido de primera persona de singular se forma cambiando la terminación por «é» (para el verbo caminar, el pretérito indefinido es «yo caminé»). Esta regla podría representarse de la siguiente manera: pretérito indefinido = raíz del verbo + «é». En esta gramática vamos a usar un método similar para ilustrar las reglas que deben seguirse para crear las formas verbales en griego.

Análisis gramatical

- El *análisis gramatical* de una forma verbal consiste en identificar todas sus características. Para analizar gramaticalmente un verbo finito en griego debes identificar el *tiempo, la voz, el modo, la persona, el número y la forma léxica*.

  Ejemplo: λύετε – 2da persona plural del presente de indicativo activo de λύω

- A la hora de realizar este análisis gramatical es fundamental reconocer la regla o fórmula que se empleó para crear la forma verbal. En el ejemplo anterior, realizamos nuestro análisis gramatical reconociendo que la fórmula para el presente de indicativo activo era: raíz del presente (λυ) + principal terminación activa (ετε).

Forma del presente de indicativo activo

La fórmula: Para obtener el presente de indicativo activo se usa la siguiente fórmula:

Raíz del presente	+	Principales terminaciones activas
λυ	+	**ω**

Principales terminaciones activas

- Para crear las formas verbales del presente de indicativo activo de los verbos de la conjugación Ω, se añaden las siguientes terminaciones a la raíz del verbo. Obsérvese que las vocales de enlace son del tipo o y e.

Persona	Terminación	Pronombres correspondientes
1ra Singular	-ω	yo
2da Singular	-εις	tú
3ra Singular	-ει	él, ella, ello
1ra Plural	-ομεν	nosotros
2da Plural	-ετε	ustedes, vosotros
3ra Plural	-ουσι(ν) [1]	ellos, ellas

[1] La ν que aparece al final de la terminación de la 3ra persona del plural recibe el nombre de ν *móvil* porque puede estar presente o no. En el Nuevo Testamento normalmente está presente y resulta imprescindible cuando la palabra que sigue comienza con una vocal. La 3ra persona del singular de εἰμί también admite una ν móvil. En este texto utilizaremos siempre el símbolo (ν) para indicar la posibilidad de una ν móvil.

Conjugación del presente de indicativo activo de λύω

Persona	Forma	Traducción
1ra Singular	λύω	libero, estoy liberando
2da Singular	λύεις	liberas, estás liberando
3ra Singular	λύει	libera; está liberando
1ra Plural	λύομεν	liberamos; estamos liberando
2da Plural	λύετε	liberan; están liberando
3ra Plural	λύουσι(ν)	liberan; están liberando

Presente de indicativo de εἰμί

Persona	Forma	Traducción
1ra Singular	εἰμί	soy
2da Singular	εἶ	eres
3ra Singular	ἐστί(ν)[1]	es
1ra Plural	ἐσμέν	somos
2da Plural	ἐστέ	son/sois
3ra Plural	εἰσί(ν)	son

[1] La 3ra persona del singular y del plural de εἰμί también admiten una ν móvil.

Sintaxis y traducción

- Al conjugar los verbos en griego, las formas verbales cambian de acuerdo con la persona y el número, y por tanto, no hay necesidad de indicar el sujeto. Por ejemplo, «yo escribo» en griego puede traducirse como γράφω. No es necesario especificar el pronombre. Se pone el pronombre cuando se desea llamar la atención. Así pues, ἐγὼ γράφω puede significar «yo escribo» y añado el pronombre para subrayar que se trata realmente de mí.
- El presente de indicativo suele relacionarse con el momento actual. Por tanto, γράφω normalmente denota una acción que está teniendo lugar ahora (estoy escribiendo). A este tiempo se le llama *presente descriptivo*. Sin embargo, el presente de indicativo también se utiliza para describir acciones que ocurren en otros marcos cronológicos. Véase el análisis más adelante sobre los *usos comunes*.
- La acción relacionada con el tiempo presente puede ser progresiva o estática. Por tanto, γράφω puede traducirse como «yo escribo» o «yo estoy escribiendo». El *presente descriptivo* por lo general es progresivo. Sin embargo, el tiempo presente también se usa para describir acciones estáticas. Véase el análisis más adelante sobre los *usos comunes*.

- La voz de un verbo identifica la relación que existe entre la acción verbal y el sujeto del verbo. Cuando la voz es activa, el sujeto está realizando la acción. Por tanto, βλέπει significa «él ve», y en esa oración, el sujeto está realizando la acción.
- Εἰμί es un verbo *copulativo* o *equiparativo*. No realiza ninguna acción. Carece de complemento directo pero sí tiene un predicado nominal. Véase el análisis sobre *oraciones equiparativas* en la unidad 3. Los verbos equiparativos no realizan ninguna acción, y por tanto, no tienen voz.

Usos frecuentes del tiempo presente

Presente descriptivo. Describe una acción que está teniendo lugar en ese momento.	Por lo general se traduce al español con el presente continuo. (Estoy escribiendo.)
Presente gnómico. Describe una acción que siempre (o generalmente) es cierta, pero que no tiene por qué estar ocurriendo en ese momento. Se usa en declaraciones atemporales.	Suele traducirse en español con el presente simple. (Las aves emigran al sur en otoño.)
Presente habitual. Describe una acción que habitualmente tiene lugar, pero que no tiene por qué estar ocurriendo en ese momento.	Suele traducirse al español con el presente simple. (Yo voy a trabajar caminando.)
Presente iterativo. Describe una acción que ocurre repetidamente pero no a intervalos específicos.	Suele traducirse en español con el presente simple, con o sin el adverbio «repetidamente». («Doy gracias», 1Co. 1:4).
Presente volitivo. Describe una acción que se pretende realizar.	Suele traducirse con la expresión «tratando de». («¿Por qué están tratando de ponerme una trampa?», Mt. 22:18).
Presente histórico. Alude a una acción pasada dentro de una narración como si estuviera ocurriendo en ese momento para atraer la atención del lector.	Suele traducirse al español usando algún tiempo verbal en pasado. («Juan dio testimonio», Jn. 1:15.)
Presente futuro. Describe una acción que tendrá lugar en el futuro pero subrayando la certeza del acontecimiento.	Suele traducirse al español usando el tiempo futuro. («Vendré», Jn. 14:3.)

Vocabulario

Forma léxica	Definición	Apariciones
ἀκούω	oigo	430
βαπτίζω	bautizo	77
βλέπω	veo, miro	133
γινώσκω	sé, conozco	222
γράφω	escribo	191
εἰμί	soy, existo	2461
ἔχω	tengo, poseo	711
καί	y, incluso, también, asimismo, tanto... como	9164
λέγω	digo, hablo	2358
λύω	suelto, dejo ir libre, desato	42
ὅτι	que, porque, puesto que	1297
οὐ, οὐκ, οὐχ	no	1613
πιστεύω	creo (en), confío	243
σῴζω	salvo, libero	107

- La forma léxica de los verbos en griego es la forma verbal correspondiente a la 1ra persona del singular del presente de indicativo activo.
- Cuando la partícula οὐ se usa para negar un verbo se coloca antes del verbo. Cuando va seguida de una palabra que comienza con una vocal con un espíritu suave, se escribe οὐκ. Cuando va seguida de una vocal con un espíritu áspero, se escribe οὐχ.

Ejemplos

οὐ πιστεύετε.	Ustedes no están creyendo.
οὐκ ἔχετε.	Ustedes no tienen.

- Cuando οὐ se usa para negar un verbo en una pregunta normalmente exige una respuesta positiva.

Ejemplos

οὐ γράφεις βιβλίον;	Estás escribiendo un libro, ¿no es cierto?
οὐκ βλέπω δαιμόνιον;	No veo un demonio, ¿verdad?

- Cuando καί se usa como una conjunción enlaza dos o más palabras, frases o cláusulas gramaticalmente iguales y suele traducirse al español como «y». Καί también se usa como un adverbio intensificador y se traduce como «incluso», «aun» o «también». Para determinar la función que cumple, pregúntate si καί enlaza dos construcciones gramaticales iguales. Además, busca otra conjunción. Cuando καί se usa junto con otra conjunción cumple normalmente una función intensificadora.

Ejemplos

λέγετε καὶ πιστεύετε.	Dicen y creen.
βαπτίζετε ὅτι καὶ πιστεύουσιν.	Ustedes están bautizando porque también ellos creen.

- Καί también se emplea como una conjunción correlativa cuando aparece con los dos elementos que enlaza. En este caso, la primera καὶ puede traducirse «como» (o no traducirse) y la segunda καὶ como «y».

Ejemplo

καὶ βλέπετε καὶ πιστεύετε.	Ven y creen.

- La conjunción ὅτι introduce cláusulas subordinadas. Cuando se usa después de algún verbo declarativo, intelectivo, de comunicación o de percepción, normalmente introduce una cláusula de complemento y se traduce como «que». Cuando ὅτι sigue otros verbos suele introducir una cláusula causal y se traduce como «puesto que» o «porque».

Ejemplo

λέγετε ὅτι πιστεύετε.	Dicen que creen.
βαπτίζετε ὅτι πιστεύουσιν.	Ustedes bautizan porque ellos creen.

- El verbo ἀκούω puede tener un complemento directo en el caso acusativo o en el caso genitivo. Se usa el caso acusativo cuando el complemento directo es la persona a la que se oye y cuando el complemento directo es lo que se oye.

Ejemplo

ἀκούετε Ἰησοῦ.	Oyen a Jesús.
ἀκούετε τό εὐαγγέλιον.	Oyen el evangelio.

Palabras nuevas	Total de palabras	Nuevas apariciones	Total de apariciones	Apariciones en el NT	% de apariciones en el NT
14	28	19.049	23.038	138.162	16,67

Programa Anki de tarjetas didácticas

Si quiere aprender el griego de una manera eficaz necesita práctica, y uno de los mejores métodos para practicar el idioma es el que le ofrece un programa que puede usar en su computadora y en sus dispositivos móviles. El sistema Anki de tarjetas didácticas es una de esas herramientas. Es muy fácil de usar y puedes descargar la versión básica (en inglés) en ***http://ankisrs.net*** de manera gratuita. Anki también tiene aplicaciones disponibles para dispositivos móviles Apple y Android. Por tanto, puede estudiar el griego en cualquier momento y en cualquier lugar. Anki también le permite crear sus propias tarjetas, editar las que existen y copiar tarjetas de un mazo a otro nuevo para tener más variedad de actividades didácticas.

Los ejercicios del programa se basan en mazos de tarjetas. El programa le permite verlas previamente y luego pone a prueba su memoria con respecto a cada una. Si se equivoca con una tarjeta, puede repetir el ejercicio inmediatamente. Las tarjetas con las que no acierta se repiten en forma aleatoria con más frecuencia hasta que responda correctamente. Se lleva un registro de los progresos que va haciendo. De este modo, cada vez que trabaje con una lista, el sistema sabe dónde está y con qué elementos necesita más ayuda.

Las tarjetas creadas específicamente para esta gramática (en inglés) están a disposición de todo aquel que las solicite enviándome un correo electrónico a ***hkime@lbc.edu***. Hay tarjetas de vocabulario para todas las unidades en esta gramática. Cada una incluye el sonido para la práctica auditiva y la pronunciación de cada palabra. Muchas otras tarjetas también disponibles le permiten hacer análisis gramaticales y sintácticos de las formas y traducciones de frases, oraciones simples y complejas.

La clave para el aprendizaje del griego es dedicar el tiempo necesario a estudiar. Sin embargo, no necesita grandes intervalos de tiempo. De hecho, es mucho más efectivo hacerlo en períodos cortos de cinco a diez minutos a lo largo del día. Anki le permite ajustar el estudio a sus horarios. Dedique cinco minutos cuando se despierta y cinco minutos antes de acostarse. Use cualquier tiempo de espera durante el día para repasar y practicar. Escuche los audios mientras conduce.

Unidad 3. Sustantivos de 1ra declinación

Características de los sustantivos en griego

- Los sustantivos en griego tienen tres características: *género, número* y *caso*.
- El análisis gramatical de un sustantivo consiste en identificar el género, el número y el caso de una forma determinada. Por ejemplo, el análisis gramatical del sustantivo «bueyes» en la frase «de los bueyes» indicaría que se trata de un sustantivo masculino, plural y posesivo.

Género

- Los sustantivos en griego pueden ser: masculinos, femeninos o neutros.
- Cada sustantivo tiene un solo género. Por ejemplo, el sustantivo γραφή es femenino. Nunca aparece en formas del masculino o del neutro.
- El género es un accidente gramatical de las palabras y se relaciona solo levemente con el género del objeto que representa. Muchos sustantivos en griego que se refieren a cosas son masculinos o femeninos. Por ejemplo, el sustantivo γραφή, «escritura», es femenino y el sustantivo λόγος, «palabra» es masculino. Por otra parte, τέκνον, «hijo» es neutro.
- El género de un sustantivo no siempre puede identificarse a partir de su forma. Sin embargo, es necesario conocerlo porque los modificadores cambian de acuerdo con el género del sustantivo que modifican. Por tanto, *es importante memorizar el género de los sustantivos a medida que los aprendes.*

Número

- Al igual que en español, el sustantivo en griego puede ser *singular* o *plural.*
- Los sustantivos normalmente cambian su forma de acuerdo con el número. Así pues, la ortografía de un sustantivo nos permite saber si es singular o plural. Por ejemplo, ἡμέρα es singular y ἡμέραι es plural.

Caso

- El caso identifica la manera en que se usan los sustantivos en una oración. Los sustantivos y los pronombres suelen funcionar como sujeto (él), complemento directo (lo), complemento indirecto (a él, le), complemento preposicional (en él) o de posesión (su). A cada uno de estos usos le corresponde un caso diferente en griego.
- Desde el punto de vista morfológico (cambios en la forma), los sustantivos en griego pueden aparecer en cinco casos diferentes: *nominativo, genitivo, dativo, acusativo, vocativo.*
- El caso vocativo no es frecuente en el NT y no será abordado en este momento. Para una explicación completa sobre el caso vocativo, véase la unidad 31.

Las tres declinaciones griegas

- Una declinación es un grupo de sustantivos que cambian su forma de la misma manera. Por ejemplo, algunos sustantivos como niño (niño, del niño, niños, de los niños) pertenecen a una declinación en español mientras que otros como pez (pez, del pez, peces, de los peces) pertenecen a una declinación diferente.
- Los sustantivos en griego se agrupan en tres declinaciones: 1ra declinación, 2da declinación y 3ra declinación.
- Dentro de una declinación, las formas de los sustantivos de un solo género normalmente no coinciden con las formas de los sustantivos de otro género. Por tanto, subdividimos las declinaciones atendiendo a su género. Así pues, hablamos de sustantivos femeninos de la 1ra declinación, sustantivos masculinos de la 1ra declinación, sustantivos masculinos de la 2da declinación y sustantivos neutros de la 2da declinación.
- Al hacer el listado de todas las formas de un sustantivo debemos incluir ocho (sin contar el caso vocativo) porque un sustantivo puede cambiar la forma según el caso y el número.

Identificar y crear las formas del sustantivo

- Las formas de los sustantivos en griego constan de dos partes: una raíz y una terminación. A las terminaciones se les llama *desinencias* y cambian según el caso y el número.
- La raíz es la parte del sustantivo que refleja el significado léxico básico de la palabra. En español esta raíz léxica es también la forma en que aparece en el diccionario y no tiene desinencias. Sin embargo, la raíz en griego no aparece nunca sin desinencias, por tanto, no es idéntica a la forma léxica. Por ejemplo, λόγος es la forma léxica y la raíz es λογ.
- Los cambios en las desinencias de los sustantivos en griego hacen que su caso y su número también cambien. Para crear o identificar las formas de un sustantivo necesitas conocer la desinencia. Por tanto, *es imprescindible que memorices todas las desinencias para todas las de los sustantivos.*

Forma léxica (lema)

- La *forma léxica* (*lema*) de una palabra es la forma en que aparece en el diccionario.
- La forma léxica de los sustantivos en griego es el singular en caso nominativo.
- Las listas de vocabulario en nuestro texto incluirán la forma léxica, la desinencia de genitivo y el artículo (ὁ, ἡ, o το). La desinencia del genitivo identifica la declinación, y el artículo identifica el género.

Desinencias para los sustantivos de 1ra declinación

Las desinencias siguientes se añaden a las raíces de los sustantivos de 1ra declinación para crear las diversas formas morfológicas. Para los sustantivos femeninos se usan desinencias femeninas y para los masculinos desinencias masculinas.

Desinencias femeninas

	Singular	Plural
Nom	-η	-αι
Gen	-ης	-ων
Dat	-ῃ	-αις
Ac	-ην	-ας

Desinencias masculinas

	Singular	Plural
Nom	-ης	-αι
Gen	-ου	-ων
Dat	-ῃ	-αις
Ac	-ην	-ας

Ejemplo

	Singular	Plural
Nom	γραφή	γραφαί
Gen	γραφῆς	γραφῶν
Dat	γραφῇ	γραφαῖς
Ac	γραφήν	γραφάς

Ejemplo

	Singular	Plural
Nom	προφήτης	προφῆται
Gen	προφήτου	προφητῶν
Dat	προφήτῃ	προφήταις
Ac	προφήτην	προφήτας

Cambio al enlazar vocales

En las raíces que terminan en ε, ι, ρ, la η se cambia por α en todas las formas singulares. En la raíces que terminan en σσ o en ξ la η se cambia por α en el nominativo y el acusativo singular.

Raíces que terminan en ε, ι, ρ

	Singular	Plural
Nom	ἀλήθεια	ἀληθείαι
Gen	ἀλήθειας	ἀληθείων
Dat	ἀληθείᾳ	ἀληθείαις
Ac	ἀλήθειαν	ἀλήθειας

Raíces que terminan en σσ o en ξ

	Singular	Plural
Nom	δόξα	δόξαι
Gen	δόξης	δόξῶν
Dat	δόξῃ	δόξαις
Ac	δόξαν	δόξας

Sintaxis y traducción

Determinando la función de los sustantivos en la oración

La función gramatical de un sustantivo en la oración está determinada por su caso y no por su posición. Por consiguiente, lo que indica si el sustantivo funciona como sujeto, como complemento indirecto o como complemento directo no es el orden de las palabras sino el morfema declinado. La manera en que habitualmente se usan los casos es la siguiente.

Nominativo	Sujeto del verbo Predicado nominal de un verbo equiparativo
Acusativo	Complemento directo de la mayoría de los verbos transitivos
Dativo	Complemento indirecto de los verbos transitivos Como un sustantivo en español precedido por la preposición «a»
Genitivo	Sustantivo posesivo Como un sustantivo en español precedido por la preposición «de»

Ejemplos

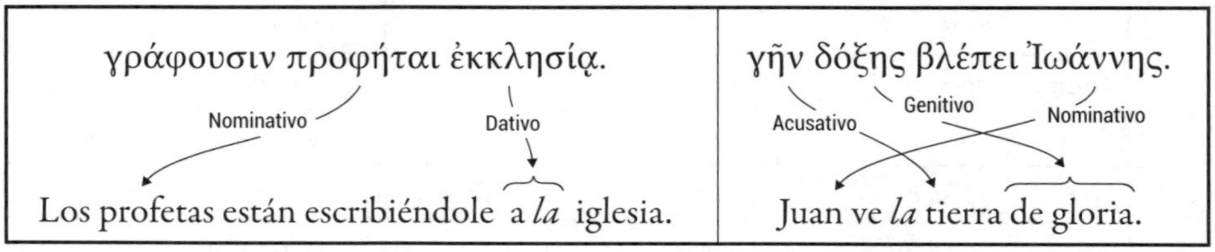

Orden de palabras en los elementos primarios de la oración

Dado que la función gramatical está determinada por las formas de las palabras, y no por su posición, el orden de las palabras en griego es muy flexible. El orden no categórico es *verbo, sujeto, complemento directo, complemento indirecto*. Sin embargo, los elementos pueden trasladarse al principio de la oración para recibir mayor énfasis. A esto se le llama «*fronting*» (alteración del orden de las palabras para hacer hincapié en algún elemento).

Ejemplos

λέγεις μαθητῇ.	Estás hablándole a *un* discípulo.
εὐαγγελίζομαι βασιλείαν.	Estoy predicando *un* reino.
σῴζομεν γῆν.	Estamos salvando *la* tierra.
ἀλήθειαν προφῆται πιστεύουσιν.	Los profetas creen la verdad.
μαθητήν γινώσκετε.	Conocen *un* discípulo.
προφῆται γράφουσιν γραφάς.	Los profetas están escribiendo las Escrituras.

Concordancia entre el sujeto y el verbo

Al igual que en español, los verbos generalmente concuerdan en número con el sujeto de la oración. Sin embargo, cuando el sujeto sigue al verbo y está compuesto por dos o más sustantivos (p. ej., nombres o sustantivos nominales), el verbo normalmente concuerda con el primer sustantivo. Esto es diferente de lo que ocurre en español y, por tanto, si el verbo es singular, debe traducirse como un verbo en plural.

Ejemplos

προφῆται γράφουσιν.	Los profetas están escribiendo.
βαπτίζει ὁ Ἰησοῦς καὶ οἱ μαθηταὶ.	Jesús y los discípulos están bautizando.

Orden de los modificadores de genitivo en la oración

Los sustantivos en el caso genitivo suelen modificar otro sustantivo en la oración. Por lo general, siguen al sustantivo que modifican. Sin embargo, el sustantivo en genitivo puede colocarse delante del sustantivo que modifica para darle más énfasis.

Ejemplos

σῴζομεν ἀγγέλιον μαθητῶν.	Estamos salvando *un* mensaje de *los* discípulos.
γινώσκετε βασιλείας δόξαν.	Conocen *la* gloria *del* reino.

Oraciones que tienen más de una cláusula

Las *cláusulas* constan de un sujeto y sus modificadores, un verbo finito y sus modificadores, y complementos (directos e indirectos) y sus modificadores. Las cláusulas que expresan una idea completa se denominan *cláusulas independientes*. Las que no expresan una idea completa se llaman *cláusulas dependientes*. Las cláusulas dependientes normalmente son introducidas por conjunciones subordinantes como ὅτι o por un pronombre relativo o adverbios relativos. Véase la unidad 13 para un análisis de los pronombres relativos.

Ejemplos

Independiente	βλέπομεν Ἰησοῦν.	Vemos a Jesús.
Dependiente	ὅτι Ἰησοῦς σῴζει	que Jesús salva

Las *oraciones simples* constan de una sola cláusula independiente. Las *oraciones compuestas* contienen dos o más cláusulas independientes conectadas por una conjunción coordinante como καὶ, δὲ, ἀλλὰ y γάρ. Las *oraciones complejas* tienen al menos una cláusula independiente y una cláusula dependiente.

Ejemplos

Simple	βλέπομεν Ἰησοῦν.	Vemos a Jesús.
Compuesta	γινώσκω καὶ πιστεύω.	Sé y creo.
Compleja	γινώσκω ὅτι Ἰησους σῴζει.	Sé que Jesús salva.

Las *cláusulas insertadas* son las que se encuentran dentro de otra cláusula. Por ejemplo, la cláusula «que está en la casa» en la oración «el hombre que está en la casa ama a Dios», es una cláusula insertada dentro de la cláusula «el hombre ama a Dios». El griego normalmente no separa los elementos que conforman una cláusula ni inserta cláusulas dentro de otras. Esto hace que la tarea de identificar las cláusulas en griego resulte muy sencilla.

La clave para hacer una buena traducción es dividir cada oración en cláusulas y entonces pasar a identificar en cada cláusula individual el sujeto principal, el verbo y los complementos.

Ejemplos

βαπτίζει ὁ Ἰησοῦς τὰς μαθητας // ὅτι πιστλεύουσιν τήν ἀλήθειαν.	Jesús está bautizando a los discípulos // porque ellos creen la verdad.
ἔχετε τὰς γραφὰς // ἀλλὰ οὐ πιστεύετε.	Tienen las Escrituras // pero no creen.

Conexiones entre las oraciones

Casi todas las oraciones en griego se hallan conectadas por medio de una conjunción. Lo que se busca con eso es vincular explícitamente todas las oraciones dentro de un discurso y señalar con claridad las relaciones literarias. Esto no ocurre normalmente en español, y por tanto, muchas de las conjunciones entre las oraciones en el texto griego no se traducen. Sin embargo, debe acostumbrarse a ver oraciones en griego que comienzan con conjunciones. Las conjunciones que se usan con más frecuencia para conectar oraciones son καί, δέ, γάρ yἀλλὰ.

Ejemplo

γράφουσιν δέ οἱ προφῆται.	Y los profetas están escribiendo.

Lo que sí resulta muy llamativo en griego es la ausencia de una conjunción entre la oraciones. A este fenómeno se le da el nombre de *asíndeton* y suele usarse para intensificar la fuerza expresiva de alguna declaración, para sugerir solemnidad o para caracterizar retóricamente una sección.

Oraciones equiparativas

Los verbos equiparativos como εἰμί no admiten complementos directos pero sí aceptan *predicados nominales*. Dado que el sujeto y el predicado nominal están en caso nominativo y el orden de las palabras no identifica la función, debe emplearse otro método para diferenciar el sujeto del predicado nominal. De acuerdo con la regla general, *el sustantivo más definido debe ser el sujeto*. Una forma de señalar un artículo como definido es colocando un artículo delante de él. Por tanto, si uno de los sustantivos tiene un artículo y los otros no, el sustantivo con el artículo es el sujeto. Para un análisis más amplio, véase en la unidad 5 la sección «*Con el sujeto y el predicado en las oraciones equiparativas*».

Ejemplos

ἡ γραφή ἔστιν ἀλήθεια.	La escritura es verdad.
ἀλήθεια ἡ γραφὴ ἔστιν.	La escritura es verdad.
ἀλήθεια ἐστιν ἡ γραφή.	La escritura es verdad.

Vocabulario

Forma léxica	Definición	Apariciones
ἀλήθεια, -ας, ἡ	verdad, veracidad	109
βασιλεία, -ας, ἡ	reino, reinado	162
γῆ, γῆς, ἡ	tierra	250
γραφή, -ῆς, ἡ	escritura, escrito, Escrituras	51
δέ	pero, y, ahora (a menudo no se traduce)	2.801
δόξα, -ης, ἡ	gloria, brillo, esplendor	166
εἰρήνη, -ης, ἡ	paz	92
ἐκκλησία, -ας, ἡ	iglesia, congregación	114
ζωή, -ῆς, ἡ	vida	135
ἡμέρα, -ας, ἡ	día	389
θάλασσα, -ης, ἡ	mar, lago	91
Ἰωάννης, -ου, ὁ	Juan	135
μαθητής, -οῦ, ὁ	discípulo, estudiante	261

- En la lista de vocabulario, cada sustantivo va seguido de dos conjuntos de letras. El de la derecha es un artículo (ὁ, ἡ, τό) que se usa para indicar el género del sustantivo: ὁ para el masculino, ἡ para el femenino, τό para el neutro. Es importante que memorice el género cuando aprenda un sustantivo. El conjunto de la izquierda (-ας, etc.) muestra la desinencia del genitivo singular que se usa para identificar la declinación.
- La conjunción δέ siempre es la segunda o la tercera palabra en una cláusula. Esta ubicación recibe el nombre de posición *pospositiva*. δέ es una conjunción adversativa leve porque introduce un contraste leve. Cuando el contexto presenta claramente un contraste, debe traducirse como «pero»; en caso contrario puede traducirse como «y». En las narraciones se usa frecuentemente para indicar que ha habido un cambio de orador o de actor. En esos casos puede traducirse como «ahora» o «entonces», o no traducirse.
- γραφή hace referencia a un documento escrito. En el Nuevo Testamento, cuando está en plural, alude normalmente a las Escrituras.

Palabras nuevas	Total de palabras	Nuevas apariciones	Total de apariciones	Apariciones en el NT	% de apariciones en el NT
13	41	4.756	27.794	138.162	20,12

Uso de ediciones electrónicas

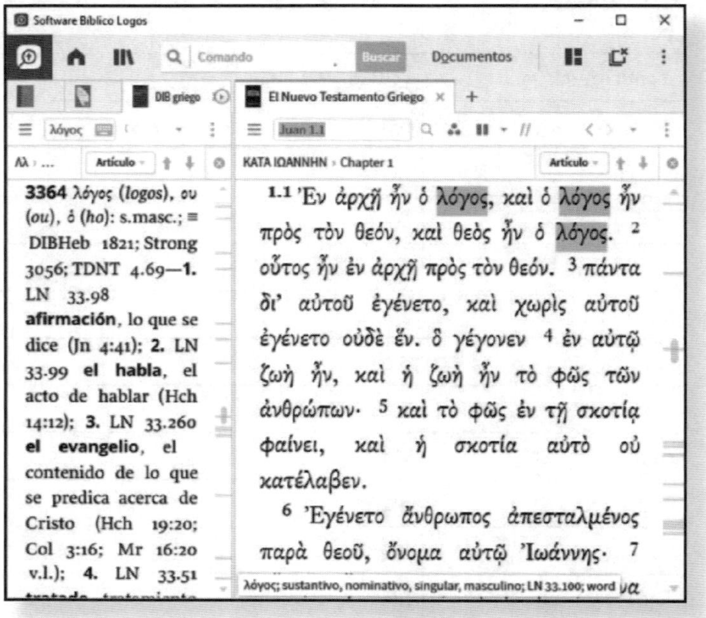

Después de unos cuantos años en el ministerio hay muchos pastores que han perdido la habilidad de estudiar la Biblia en griego. Esto a menudo se debe a que no tienen tiempo para dedicarse a traducir. La traducción exige que busquen las palabras desconocidas en el diccionario, consulten gramáticas y repasen los principios del análisis sintáctico y morfológico para identificar las formas. A la larga, esto consume mucho tiempo y, por tanto, el griego se convierte en algo del pasado.

Sin embargo, existe una solución para este problema: los programas informáticos. Las ediciones electrónicas del Nuevo Testamento griego proporcionan muchas herramientas que hacen que la traducción resulte más fácil y más eficaz. La imagen muestra una página del *Software Bíblico Logos* configurado para trabajar con el griego. A la derecha aparece el Nuevo Testamento griego. En la columna de la izquierda hay tres recursos, *La Biblia de las Américas*, *El Diccionario de Idiomas Bíblicos: Griego* de James Swanson y *El Léxico Griego-Español del NT* de Alfred Tuggy.

El sistema puede configurarse para que cuando se haga un doble clic en una palabra, el *Diccionario de Idiomas Bíblicos* muestre las glosas básicas. Si se desea una información detallada, simplemente haga clic en el ícono para el léxico. Cuando se coloca el cursor sobre una palabra, el programa muestra la información básica del análisis gramatical y una glosa sencilla. Si surge algún problema especial con la traducción, se hace clic en el ícono de la versión que tenga instalada y puede verse la traducción al idioma seleccionado. Cuando se selecciona un texto ya sea en griego o en otro idioma, el texto en la otra Biblia aparece resaltado. Si a alguien le interesa otras traducciones, puede acceder rápidamente a algunos recursos paralelos para que también aparezcan en la pantalla.

Software Bíblico Logos también tiene aplicaciones para los dispositivos móviles, y estas aplicaciones incluyen la mayoría de las características que se encuentran en la aplicación completa de la computadora. Por tanto, podemos acceder a todos estos recursos desde cualquier lugar. El uso de las ediciones electrónicas facilitará su aprendizaje y aumentará las posibilidades de que continúe empleando el griego después de terminar sus estudios formales.

Unidad 4. Sustantivos de 2da declinación

Desinencias de los sustantivos de la 2da declinación

Los sustantivos en la 2da declinación son mayormente de género masculino o neutro. Unos pocos sustantivos femeninos emplean las mismas desinencias que los sustantivos masculinos. Las desinencias en el cuadro siguiente se adjuntan a las raíces de los sustantivos de la segunda declinación para crear las diversas formas morfológicas. Los sustantivos masculinos y femeninos usan las desinencias masculinas y femeninas, y los sustantivos neutros utilizan las desinencias neutras.

Desinencias masculinas y femeninas

	Singular	Plural
Nominativo	-ος	-οι
Genitivo	-ου	-ων
Dativo	-ῳ	-οις
Acusativo	-ον	-ους

Desinencias neutras

	Singular	Plural
Nominativo	-ον	-α
Genitivo	-ου	-ων
Dativo	-ῳ	-οις
Acusativo	-ον	-α

Ejemplo

	Singular	Plural
Nominativo	λόγος	λόγοι
Genitivo	λόγου	λόγων
Dativo	λόγῳ	λόγοις
Acusativo	λόγον	λόγους

Ejemplo

	Singular	Plural
Nominativo	τέκνον	τέκνα
Genitivo	τέκνου	τέκνων
Dativo	τέκνῳ	τέκνοις
Acusativo	τέκνον	τέκνα

Dado que la mayoría de las desinencias son las mismas para ambos géneros, es importante que aprenda el género de un sustantivo cuando lo memorice.

Declinación de Ἰησοῦς

Los nombres a menudo se declinan en forma irregular. Algunos simplemente no se declinan. Ἰησοῦς, «Jesús», se declina de la manera en que se muestra a continuación. Obsérvese que la desinencia normal del genitivo se usa también para el caso dativo. Para diferenciarlos, el dativo suele ir acompañado de un artículo dativo.

Nominativo	Ἰησοῦς
Genitivo	Ἰησοῦ

Nominativo	Ἰησοῦ
Genitivo	Ἰησοῦν

Sintaxis y traducción

Concordancia entre un sujeto neutro plural y el verbo

Los sujetos neutros en plural a menudo usan verbos en singular. En el griego clásico, los verbos en singular siempre se emplean con sujetos neutros en plural. Sin embargo, el uso en el griego *koiné* del Nuevo Testamento y la Septuaginta no es uniforme. Los verbos en plural casi siempre se usan con formas plurales neutras que se refieren a personas. Los verbos en singular casi siempre se usan con formas plurales neutras que se refieren a conceptos o elementos abstractos que se conciben como conjunto colectivo.

En español, el sujeto y el verbo deben concordar en número. Por tanto, cuando traduzca al español, debe cambiar el verbo del singular al plural.

Ejemplo

δαιμόνια οὐκ ἀκούει τὸν θεόν.	Los demonios no oyen a Dios.
τὰ ἔργα ὑμῶν ἐστίν πονηρά.	Sus obras son malas.

Otros usos del caso dativo

Además de su función como complemento indirecto, el caso dativo se emplea a menudo como un adverbio, transformando el sustantivo en un adverbio. Por lo general, para traducir estas formas al español nos valemos de una frase preposicional. La preposición que debemos emplear depende de la intención del autor y debe determinarse según el contexto. En la tabla que se muestra a continuación aparece una lista de los usos adverbiales frecuentes y la traducción en español con una preposición adecuada.

Uso		Preposición	Ejemplo
Referencia	Limita el verbo reduciéndolo a la referencia	con referencia a, acerca de, en lo que respecta a	σῴζω ἁμαρτίᾳ. Salvo en lo que respecta al pecado.
Espacio	Indica una ubicación relacionada con la acción	en	γράφω γῇ. Escribo en la tierra.
Ámbito	Indica el ámbito en el que ocurre la acción	en, por	κρίνω ἀλήθειᾳ. Juzgo en verdad.
Tiempo	Indica el tiempo en el que ocurre la acción	en	τῷ σαββάτῳ ἀκούω. En el día de reposo oigo.
Medio	Indica el medio por el que ocurre la acción	por, con	σῴζω τοῖς ἔργοις. Salvo por obras.
Manera	Describe el modo en que ocurre la acción	con, en	γράφω φόβῳ. Escribo con temor.
Interés	Identifica la persona para la que se hace algo	para	σῴζω τὸν δοῦλον τῷ υἱῷ. Rescato al esclavo para el hijo.

Ejemplos de oraciones

λέγεις λόγους κυρίῳ.	Estás diciendo palabras al (*a el*) Señor.
ἀκούω λόγους ἀνθρώπων.	Estoy oyendo palabras de hombres.
ἀκούω ἀνθρώπων.[1]	Estoy oyendo a los hombres.
λαμβάνομεν ἄγγελον θεοῦ.	Estamos recibiendo a *un* ángel de Dios.
πιστεύει.	Está creyendo.
γινώσκετε νόμον θεοῦ.	Conocen *la* ley de Dios.
γράφουσιν δοῦλοι υἱοῖς.	Los siervos están escribiendo a los hijos.
Ἰησοῦς ἐστὶν υἱὸς τοῦ Θεοῦ.	Jesús es *el* hijo de Dios.
λέγεις λόγους τῷ Ἰησοῦ.	Están diciendo palabras a Jesús.
τέκνον γράφει βιβλίον φόβῳ.	Un niño está escribiendo un libro con temor.
χαρᾷ πίστευει ὁ δοῦλος.	Con alegría cree el esclavo.

[1] En el caso genitivo normalmente aparece un complemento directo personal de ἀκούω, y en el caso acusativo, un complemento directo impersonal.

Vocabulario

Forma léxica	Definición	Apariciones
ἄγγελος, -ου, ὁ	ángel, mensajero	176
ἀδελφός, -οῦ, ὁ	hermano	343
ἄνθρωπος, -ου, ὁ	hombre, ser humano, persona, humanidad	551
ἔργον, -ου, τό	obra, acción	169
κόσμος, -ου, ὁ	mundo, universo	186
κύριος, -ου, ὁ	señor, amo, el Señor, Sr.	719
ναός, -οῦ, ὁ	templo, santuario	45
νόμος, -ου, ὁ	ley	195
ὁδός, -οῦ, ἡ	camino, vía, sendero, viaje	101
οἶκος, -ου, ὁ	casa, morada, familia, linaje	114
οὐρανός, -οῦ, ὁ	cielo	274
τόπος, -ου, ὁ	lugar	94
υἱός, -οῦ, ὁ	hijo	379

- ἀδελφός (masculino) es hermano y ἀδελφή (feminina) es hermana. Este es un buen ejemplo para ilustrar que los términos que se refieren al género masculino son masculinos y los términos que se refieren al género femenino son femeninos.
- ὁδός es femenino y debe memorizarse como tal.
- ναός se refiere al santuario y ἱερόν a los edificios del templo.
- οὐρανός se usa a menudo en plural pero se traduce al español en singular.
- Cuando κύριος se refiere a Dios o a Jesús normalmente se escribe en español con la inicial en mayúscula, pero en griego no.
- σάββατον (una palabra del vocabulario de la unidad 1) adopta la forma inusual en plural, σάββασιν, en caso dativo.

Palabras nuevas	Total de palabras	Nuevas apariciones	Total de apariciones	Apariciones en el NT	% de apariciones en el NT
13	54	3.346	31.140	138.162	22,54

Unidad 5. Artículos

Introducción

En español hay dos clases de artículos: el artículo definido (el, la, los, las) y el artículo indefinido (un, una, unos, unas). En griego hay un solo artículo. Su función es *indicar* que un sustantivo es definido. Su presencia no hace que el sustantivo sea definido, solo señala que lo es. Los sustantivos en griego pueden ser, y a menudo son, definidos aunque no estén modificados por un artículo. Estos factores dificultan la interpretación y la traducción correcta del artículo.

Declinación

El artículo griego se declina según los tres géneros, según los cuatro casos y según número, ya sea singular o plural. La declinación completa se muestra a continuación. Las desinencias son idénticas a las que se usaron para los sustantivos de 1ra y 2da declinación. Las formas comienzan con τ y se acentúan salvo para las formas masculinas y femeninas en el caso nominativo, las cuales, en cambio, comienzan con un espíritu áspero y no se acentúan.

	Masculino	**Femenino**	**Neutro**
Nominativo Sing.	ὁ	ἡ	τό
Genitivo Sing.	τοῦ	τῆς	τοῦ
Dativo Sing.	τῷ	τῇ	τῷ
Acusativo Sing.	τόν	τήν	τό
Nominativo Pl.	οἱ	αἱ	τά
Genitivo Pl.	τῶν	τῶν	τῶν
Dativo Pl.	τοῖς	ταῖς	τοῖς
Acusativo Pl.	τούς	τάς	τά

Sintaxis y traducción

Reglas generales relacionadas con los artículos

- Los sustantivos en griego llevan distintos nombres según vayan acompañados por artículo o no. Para el uso en español en esta gramática los llamaremos «sustantivos con artículo» y «sustantivos sin artículo».
- Los artículos concuerdan con los sustantivos que modifican (nombres o sustitutos de nombre) en género, número y caso. Lo que importa no es la apariencia sino la concordancia.

Ejemplos

ὁ υἱος	el hijo
τοῦ παιδίου	del hijo

ἡ ὁδός	el camino
τῷ μαθητῇ	al discípulo

- Los artículos indican que un sustantivo es definido, pero no siempre resultan necesarios aun cuando el sustantivo sea claramente definido. Esto ocurre con frecuencia cuando el sustantivo es el complemento de una preposición o cuando está funcionando como un predicado nominal.

Ejemplos

Ἐν ἀρχῇ	En *el* principio
θεὸς ἦν ὁ λόγος.	La palabra era Dios (no un dios).

- ὁ θεός normalmente tiene el artículo cuando se refiere al verdadero Dios y debe traducirse al español con la inicial en mayúsucula. El artículo no se traduce.

Ejemplo

ὁ θεὸς ἀκούει μου.	Dios me oye.

- Los artículos normalmente preceden a los sustantivos que modifican aunque medien entre ellos otros modificadores, como adjetivos o participios.

Ejemplos

ὁ υἱός	el hijo
ὁ ἀγάθος ἀποστόλος	el buen apóstol

- Los artículos generalmente se usan con sustantivos modificados por pronombres posesivos y pronombres personales en caso genitivo. En esas ocasiones no se traducen.

Ejemplo

τὴν δόξαν μου	mi gloria

- Por lo general, cuando un sustantivo está modificado por otro sustantivo en caso genitivo, el artículo acompañará a ambos sustantivos o no acompañará a ninguno. El sustantivo en genitivo refleja al sustantivo principal. Esta regla recibe el nombre de *Canon de Apolonio*.

Ejemplos

τὴν δόξαν τοῦ θεοῦ	la gloria de Dios
δόξαν θεοῦ	gloria de Dios

- Los artículos suelen acompañar a los sustantivos propios. El artículo distingue a la persona con este nombre de otras que tienen el mismo nombre. Se refiere a la persona bien conocida o claramente identificada en un contexto determinado. Esos artículos no se traducen.

Ejemplo

ὁ Ἰησοῦς	Jesús

ὁ Πέτρος	Pedro

- Un mismo artículo puede usarse con dos sustantivos que están conectados por medio de la conjunción καί para identificarlos como un grupo. El contexto es el que debe establecer por qué han de agruparse ambos sustantivos. Una regla concreta, la *regla de Granville Sharp*, trata el caso de dos sustantivos de carácter personal conectados por medio de καὶ. En esos casos, si el artículo acompaña solamente al primer sustantivo, ambos se refieren a la misma persona. Esta regla tiene un alcance muy limitado y no debe aplicarse a las situaciones en las que los sustantivos no estén en singular o no se refieran a personas.

Ejemplo

τοῦ μεγάλου θεοῦ καὶ σωτῆρος	el gran Dios y Salvador
ὁ θεὸς καὶ πατὴρ	el Dios y Padre

- Los artículos habitualmente se omiten la primera vez que se menciona una persona o una cosa pero suelen usarse en las demás referencias a esa persona o cosa dentro del mismo contexto. A este artículo se le llama «*artículo de la referencia anterior*».

Ejemplo

ἀγάπη ἐστιν τοῦ θεοῦ. γινώσκετε τὴν ἀγάπην;	El amor es (procede) de Dios. ¿Conoces tú *este* amor?

- En las narraciones, se emplea el artículo seguido de δέ en lugar del pronombre personal para indicar un cambio de orador o actor.

Ejemplo

ὁ δὲ λέγει τοῖς ἀδελφοῖς ...	Entonces *él* dice a los hermanos...

- En las narraciones, cuando un sustantivo sin artículo en caso nominativo sigue a un verbo equiparativo, puede traducirse mejor al español usando un adverbio como «entonces», «allí» (a modo de preparación). En algunas ocasiones, aunque el sustantivo sin artículo en caso nominativo preceda al verbo, puede traducirse de esta manera.

Ejemplo

Ἐγένετο ἄνθρωπος.	Vino entonces un hombre.
ἦν δὲ ἀγέλη χοίρων.	Ahora bien, había allí una piara de cerdos.
καὶ σεισμὸς μέγας ἐγένετο.	Y hubo entonces una gran tormenta.

- La traducción de los sustantivos sin artículo depende del contexto. Puede resultar conveniente añadir el artículo indefinido o el artículo definido cuando traducimos al español, o no añadir ninguno. Es el contexto el que debe determinar si el sustantivo es definido o no lo es.

Ejemplo

Ἐγένετο ἄνθρωπος.	Vino entonces un hombre.
προφήτης τιμὴν οὐκ ἔχει.	Un profeta no tiene honra.
ἐστὶν σάββατον.	Es el día de reposo.
σοφίαν ἔχεις.	Tienes sabiduría.

Con el sujeto y el predicado en oraciones equiparativas

En las oraciones equiparativas el sujeto y el predicado aparecen en caso nominativo como en la oración, ὁ υἱός ἐστιν προφήτης, la cual traducimos como: «el hijo es un profeta». Sin embargo, no podemos fundamentar esta traducción en el orden de las palabras en el griego, ya que en griego, al igual que en español, el orden de las palabras no es fijo. Más bien, *la regla básica es que el sustantivo más definido es el sujeto*. Dado que υἱός tiene un artículo y προφήτης no lo tiene, queda claro que υἱός es el sustantivo más definido y, por tanto, es el sujeto. La oración ἐστιν προφήτης ὁ υἱός también debe traducirse al español como «el hijo es un profeta».

No solo tenemos que determinar cuál de los sustantivos es el sujeto y cuál es el predicado nominal, sino que también debemos considerar si el predicado nominal es definido o no lo es. El artículo no hace que un sustantivo sea definido ni la ausencia del artículo hace que sea indefinido. Tenemos que preguntarnos: ¿Significa ὁ υἱός ἐστιν θεὸς «el hijo es un dios», «el hijo es Dios» o «el hijo es divino»? Para responder esa pregunta, debemos tomar en consideración los siguientes principios:

- *Los sustantivos sin artículo pueden ser cualitativos*. Con esto queremos decir que el sustantivo está más relacionado con una característica o cualidad que con un elemento específico. Por ejemplo, en la oración «tengo una caja de madera», madera funciona como un adjetivo cualitativo. En griego, los sustantivos sin artículo pueden ser cualitativos. Por consiguiente, es aceptable traducir la oración como «el hijo es divino».
- *Los sustantivos pueden ser definidos*. En un estudio sobre los predicados nominales sin artículo, E. C. Colwell descubrió que los predicados nominales que preceden a un verbo equiparativo suelen ser definidos. Por tanto, la oración προφήτης θεοῦ ἐστιν ὁ υἱός significaría «el hijo es el profeta de Dios» y ὁ υἱός ἐστιν προφήτης θεοῦ significaría «el hijo es un profeta de Dios». Este principio se conoce con el nombre de «*la regla de Colwell*».

Cuando uno solo de los sustantivos en caso nominativo tiene un artículo, resulta muy sencillo diferenciar el sujeto del predicado nominal. Sin embargo, ¿cuál de los sustantivos es el sujeto cuando ninguno de ellos tiene un artículo o cuando ambos lo tienen? *Si ambos sustantivos en caso nominativo tienen artículo o ninguno de ellos lo tiene, el primer sustantivo normalmente es el sujeto*. En lo que respecta a la oración ὁ υἱός ἐστιν ὁ προφήτης, no existe prácticamente ninguna diferencia si la traducimos como «el hijo es el profeta» o como «el profeta es el hijo».

Otros usos del caso genitivo

Además de usarse para indicar posesión, un sustantivo en caso genitivo puede modificar un sustantivo de otras maneras, las cuales podrían agruparse bajo el rótulo de «*otros usos adjetivales*». Un sustantivo en genitivo también puede modificar un verbo o un adjetivo. Esas funciones podrían catalogarse como «*usos adverbiales*». A continuación aparece una lista de los usos comunes del genitivo con una traducción adecuada al español. Consulta una gramática avanzada para otros usos menos frecuentes.

Usos adjetivales	Traducción	Ejemplo
Posesión Identifica a la persona que posee el sustantivo principal	de...	τὸ πλοῖον τοῦ υἱοῦ el bote del hijo
Relación Identifica a la persona relacionada con el sustantivo principal	de...	ὁ υἱὸς τοῦ Ἰωάννου el hijo de Juan
Partitivo Identifica a todo el grupo, o un subgrupo, del que el sustantivo principal forma parte	de... con ...	εἷς τῶν μαθητῶν uno de los discípulos
Contenido Indica el contenido del sustantivo principal	de... lleno/a de ...	κόφινος ἄρτων una canasta de pan (panes)
Aposición El sustantivo en genitivo es un referente idéntico del sustantivo principal pero ofrece más detalles	de... que es	ἡ γῆ τοῦ Ἰσραήλ la tierra de Israel
Fuente Indica la fuente que genera o de la que procede el sustantivo principal	de...	ἁμαρτίαι τῆς καρδίας pecados del corazón
Sujeto Muestra al ejecutante de la acción relacionado con un sustantivo principal verbal	de ...	τό ἔργον τοῦ δοῦλου la obra del siervo
Objeto Muestra el complemento directo de la acción relacionado con un sustantivo principal verbal	de...	ὁ φόβος τοῦ θεοῦ el temor de Dios
Subordinación El sustantivo en genitivo identifica al individuo o al grupo sobre el que el sustantivo principal tiene autoridad	de ... sobre ...	ὁ βασιλεὺς τῶν Ἰουδαίων el rey de los judíos

Usos adverbiales	Ejemplo	Traducción
Complemento directo Algunos verbos tienen complementos directos en el caso genitivo. Esto es especialmente cierto con los verbos cuyos complementos directos cumplen una función similar a la de los usos adjetivales que se mencionaron anteriormente. Consulta un léxico con respecto a verbos específicos.	ἄρχεις τῶν ἐθνῶν ἀκούετε αὐτοῦ.[1]	Reinas sobre las naciones. Lo oyen.
Tiempo Indica el modo en que (cómo) ocurre la acción con referencia al tiempo	ἦλθεν πρὸς αὐτὸν νυκτός.	Vino a él de noche.
Comparación Después de un adjetivo comparativo se identifica con lo que (o con quien) es comparado	μείζων Ἰωάννου	mayor que Juan

[1] Un complemento directo personal de ἀκούω está en el caso genitivo y un complemento indirecto impersonal en el caso acusativo.

Vocabulario

Forma léxica	Definición	Apariciones
ἀγάπη, -ης, ἡ	amor	116
ἀλλά	pero, más bien, sin embargo	638
γάρ	pues, porque, puesto que	1.042
δοῦλος, -ου, ὁ	esclavo, siervo	124
θάνατος, -ου, ὁ	muerte	120
καρδία, -ας, ἡ	corazón	157
κρίνω	juzgo, determino	115
ὁ, ἡ, τό	el, la, los, las	19904
ὄχλος, -ου, ὁ	muchedumbre, multitud	175
παιδίον, -ου, τό	recién nacido, niño	52
πάλιν	de nuevo, otra vez, nuevamente	141
σοφία, -ας, ἡ	sabiduría	51
φωνή, -ῆς, ἡ	sonido, voz	139

- γάρ es pospositva, aparece normalmente como la segunda palabra en la cláusula, como en ὁ γὰρ Ἰησοῦς γινώσκει τὴν ἀλήθειαν. «Porque Jesús conoce la verdad».
- Es importante memorizar el acento de ἀλλά para diferenciar esta palabra de otras similares.
- πάλιν es un adverbio que habitualmente precede al verbo que modifica, como en πάλιν βλέπει ὁ Ἰησοῦς τὸν ὄχλον. «Otra vez Jesús ve a la multitud».

Palabras nuevas	Total de palabras	Nuevas apariciones	Total de apariciones	Apariciones en el NT	% de apariciones en el NT
13	67	22.774	53.914	138.162	39,02

Los manuscritos antiguos

A las copias antiguas del Nuevo Testamento griego se les llama *manuscritos*, que significa «escritos a mano». Existen aproximadamente 5.600 manuscritos del NT. Algunos de ellos incluyen el NT completo; muchos solo fragmentos. Los manuscritos se agrupan en función del material que se usó para escribirlos: papiro o pergamino. Los pergaminos, a su vez, se subdividen en unciales (escritos en mayúsculas) y en minúsculos (escritos en minúsculas).

El papiro, un material semejante al papel, se elaboraba a partir de los tallos de ciertas plantas que crecían a lo largo del río Nilo. Dada la fragilidad del material y el clima árido de Egipto al que estaba sometido, muy pocos manuscritos fragmentarios pudieron sobrevivir. A estos se les ha asignado una fecha que oscila entre mediados del siglo II y el siglo III. En la actualidad se conservan alrededor de 125 fragmentos de papiro. Los pergaminos que se escribieron utilizando letras mayúsculas (unciales) datan del período comprendido entre los siglos IV y X. Desde el año 2012 se han catalogado unos 320 manuscritos unciales, algunos de los cuales están completos y otros bastante completos. En el siglo XI comenzaron a usarse las letras minúsculas. Existen unos 2.800 manuscritos minúsculos.

A continuación se muestra la foto de un manuscrito uncial importante del siglo IV llamado Códice Vaticano. Se le conoce con ese nombre porque se encuentra en la biblioteca del Vaticano donde fue catalogado por primera vez en 1475.

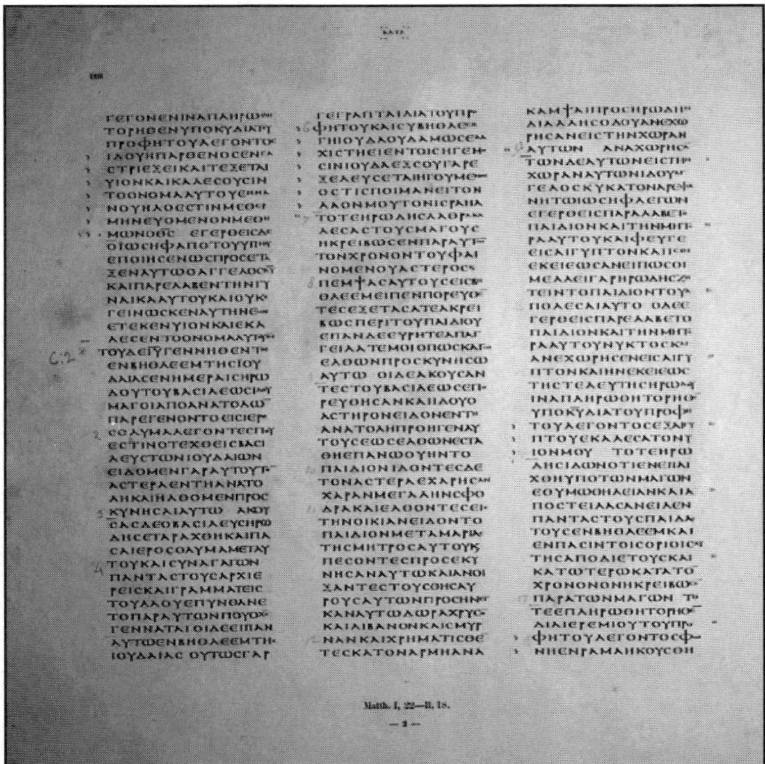

Unidad 6. Adjetivos de 1ra y 2da declinación

Adjetivos

Los adjetivos son palabras que modifican a los sustantivos. Por ejemplo, en la frase, «el hombre bueno», «bueno» es un adjetivo. Los adjetivos en griego concuerdan con las palabras que modifican en género, número y caso. Por tanto, en griego, «el hombre bueno» se escribiría ἀγαθὸς ἄνθρωπος. La forma ἀγαθὸς concuerda en género, número y caso con ἄνθρωπος.

Adjetivos de 1ra y 2da declinación

Los adjetivos se declinan según el género, el número y el caso. Sin embargo, no todos los adjetivos emplean las mismas desinencias. Muchos de ellos usan las desinencias de 1ra declinación para las formas femeninas y las desinencias de 2da declinación para las formas masculinas y neutras. Este grupo recibe el nombre de «*adjetivos de 1ra y 2da declinación*». A continuación se ofrece un ejemplo de este tipo de adjetivos. En el ejemplo se utiliza el adjetivo καλός, «bueno».

	Masculino	**Femenino**	**Neutro**
Nominativo Sing.	καλός	καλή	καλόν
Genitivo Sing.	καλοῦ	καλῆς	καλοῦ
Dativo Sing.	καλῷ	καλῇ	καλῷ
Acusativo Sing.	καλόν	καλήν	καλόν
Nominativo Pl.	καλοί	καλαί	καλά
Genitivo Pl.	καλῶν	καλῶν	καλῶν
Dativo Pl.	καλοῖς	καλαῖς	καλοῖς
Acusativo Pl.	καλούς	καλάς	καλά

Al igual que ocurre con los sustantivos, las distintas formas de un adjetivo se crean añadiendo desinencias a la raíz. Para saber cuál es la raíz debes eliminar de la forma léxica la desinencia ος del nominativo masculino singular. Por ejemplo, la raíz de καλός es καλ. Para crear cualquier forma, solo tienes que añadir la desinencia apropiada. El nominativo singular masculino es la forma léxica del adjetivo.

Sintaxis y traducción

- Al igual que los artículos, los adjetivos concuerdan con el sustantivo que modifican en género, número y caso. Lo que importa no es la apariencia, sino la concordancia.

Ejemplos

ἀγαθὸς υἱός	ἀγαθὸς μαθήτης	ἀγαθή ὁδός

- Los adjetivos pueden ser *atributivos* o *predicativos*. El adjetivo atributivo es el que le atribuye una cualidad al sustantivo que modifica. Un ejemplo es el uso del adjetivo «bueno» en la frase en español «el hombre bueno». El adjetivo predicativo hace una afirmación con respecto al sustantivo que modifica, como por ejemplo en la oración en español «el hombre es bueno».
- Los adjetivos están en *posición atributiva* cuando modifican un sustantivo con artículo y están inmediatamente precedidos por un artículo con el cual concuerdan. Cuando el sustantivo va acompañado de un artículo, hay dos posiciones atributivas posibles para el adjetivo:

1ra posición atributiva Artículo – Adjetivo – Sustantivo

Ejemplo

ὁ ἀγαθὸς υἱός	el buen hijo

2da posición atributiva Artículo – Sustantivo – Artículo – Adjetivo

Ejemplo

ὁ υἱὸς ὁ ἀγαθός	el buen hijo

Ya que en español no es obligatorio que el adjetivo preceda al sustantivo, ambos casos pueden ser traducidos como «el buen hijo» o «el hijo bueno». La 2da posición atributiva en griego le da un poco más de énfasis al adjetivo.

- Los adjetivos están en *posición predicativa* cuando modifican un sustantivo con artículo pero no están precedidos por un artículo con el cual concuerdan. En este caso, debes traducir la expresión al español añadiendo una forma del verbo «ser» después del sustantivo y antes del adjetivo. Un verbo equiparativo como εἰμί puede o no estar presente. Si no lo está, debes suplir su falta en la traducción al español.

Ejemplos

ἀγαθὸς ὁ υἱός.	El hijo es bueno.
ὁ υἱὸς ἀγαθός.	El hijo es bueno.
ἀγαθὸς ἐστὶν ὁ υἱός.	El hijo es bueno.

- Los adjetivos son *sustantivados* cuando están modificados por un artículo pero no tienen ningún sustantivo con el cual concuerdan. En este caso, tienes que incluir un sustantivo basándote en el número del adjetivo y el contexto más amplio.

Ejemplos

ὁ ἀγαθός	El *hombre* bueno
ἡ ἀγαθή	La *mujer* buena
τὰ ἀγαθά	Las *cosas* buenas

- Los adjetivos que modifican sustantivos sin artículo pueden ser atributivos o predicativos. En este caso, el contexto de la oración es el que determina la función. Si están en la posición predicativa y no hay ningún verbo equiparativo, debe suplirse su falta en la traducción al español. Ejemplos:

ἀγαθὸν υἱόν ἔχεις.	Tienes un hijo bueno.
υἱὸς ἐστὶν ἀγαθός.	Un hijo es bueno.
ἅγιοι προφῆται.	Los profetas son santos.

Vocabulario

Forma léxica	Definición	Apariciones
ἀγαθός, -ή, -όν	bueno, buena	102
ἀγαπητός, -ή, -όν	querido/a, amado/a	61
ἅγιος, -ία, -ιον	sagrado/a, (sust.) santo/a	233
δίκαιος, -α, -ον	recto/a, justo/a	79
κακός, -ή, -όν	maligno/a), malo/a	50
καλός, -ή, -όν	bueno/a, bello/a	101
μόνος, -η, -ον	solo/a	115
νεκρός, -ά, -όν	muerto/a, (sust.) difunto/a	128
ὅλος, -η, -ον	todo/a, completo/a	110
πιστός, -ή, -όν	fiel	67
πονηρός, -ά, -όν	perverso/a, malvado/a	78
πρῶτος, -η, -ον	primero/a	156
τυφλός, -ή, -όν	ciego/a	50

- En las listas de vocabulario, el adjetivo va seguido de dos conjuntos de letras. Estos grupos indican la desinencia del nominativo singular para las formas femenina y neutra (-ή, -όν) y de este modo identifican la declinación del adjetivo para cada género. Por el momento, todos los adjetivos que aprendas serán adjetivos de la 1ʳᵃ y 2ᵈᵃ declinación.
- ἅγιος, cuando se usa en forma sustantivada, sobre todo en plural, se refiere al creyente y debe traducirse como «santo» o «santos».

Ejemplo

οἱ ἅγιοι γινώσκουσιν εἰρήνην.	Los santos conocen la paz.

- Al igual que los sustantivos de 1ra declinación, la vocal de enlace en los adjetivos cuyas raíces terminan en ε, ι, o ρ es α en lugar de η en todas las desinencias en singular. Esto es válido para las formas femeninas: ἅγια, δίκαια, νεκρά y πονηρά.
- ὅλος se encuentra en la posición predicativa, pero se traduce en forma atributiva. Por lo general, precede al sustantivo que modifica, pero también podría seguirlo.

Ejemplos

ὅλος ὁ ὄχλος	toda la multitud
ὅλην τὴν γῆν	toda la tierra
τὸν κόσμον ὅλον	todo el mundo

- μόνον y πρῶτον suelen usarse en caso acusativo como adverbios.

Ejemplos

βλέπω τὰ παιδία μόνον.	Veo solamente los niños.
πρῶτον γράφω τοῖς ἀδελφοῖς	Primero estoy escribiendo a los hermanos.

Palabras nuevas	Total de palabras	Nuevas Apariciones	Total de apariciones	Apariciones en el NT	% de aparicioines en el NT
13	80	1.330	55.244	138.162	39,98

Unidad 7. Preposiciones

Sintaxis y uso

Las *preposiciones* son palabras que se usan con sustantivos o sustitutos de los mismos para formar frases que pueden modificar verbos, sustantivos o adjetivos. El sustantivo que se usa con la preposición se llama *complemento preposicional*. Las preposiciones en griego tienen semejanzas y diferencias con las preposiciones en español.

- Al igual que en español, las frases con preposición normalmente no se dividen, y el orden de las palabras de esas frases en griego es el mismo que en español.

ἐν ταῖς γραφαῖς	en las Escrituras

- En griego, el complemento de la preposición puede estar en caso dativo, genitivo o acusativo, dependiendo de la preposición. Por ejemplo, con la preposición ἐν el complemento aparece en caso dativo, con ὑπὸ en genitivo y con εἰς en acusativo.

ἐν σαββάτῳ	en el día de reposo
ὑπὸ τῶν ἀνθρώπων	por los hombres
εἰς τὴν ζωὴν	a la vida

- Hay preposiciones que admiten complementos en un solo caso, otras en dos casos y algunas en tres casos. Por ejemplo, con ἐν el complemento siempre está en caso dativo, con διά puede estar en caso genitivo o acusativo, pero con παρά puede estar en caso dativo, genitivo o acusativo.

  Cuando una preposición admite complementos en más de un caso, dicho caso controla o limita el significado de la preposición. Por ejemplo, διὰ con el acusativo significa «a causa de, por», pero διὰ con el genitivo significa «por medio de, a través de». Por esta razón, es importante memorizar los significados de la preposición para cada caso.

διὰ τὸν λόγον	a causa de la palabra
διὰ τοῦ προφήτου	por medio del profeta

- Los sintagmas preposicionales pueden modificar sustantivos, y en ese caso funcionan como adjetivos; pueden modificar verbos y adjetivos, y en esas ocasiones funcionan como adverbios; y también pueden reemplazar sustantivos y funcionan como tales. A menudo, el sintagma adjetival estará precedido por un artículo que concuerda con el sustantivo que está siendo modificado. Los sintagmas nominales van precedidos por un artículo pero sin ningún sustantivo que concuerde con él. La traducción al español exigirá que suplamos esa falta con un pronombre o con un sustantivo.

Adjetival	τὸν πατέρα τὸν ἐν τοῖς οὐρανοῖς	el padre en los cielos
Adverbial	ἐρχόμενον εἰς τὸν κόσμον	entrando al mundo
Nominal	ὁ Πέτρος καὶ οἱ σὺν αὐτῷ	Pedro y los que están con él

Significado y definición

Las preposiciones son palabras ambiguas, sus definiciones son sutiles y se ven drásticamente afectadas por el contexto y los modismos. Considera, por ejemplo, la preposición «en» en las siguientes frases: «en la caja», «en tiempo», «en amor», «en cambio». En cada caso el uso de la preposición varía. «En la caja» indica una ubicación; «en tiempo» indica cuándo; «en amor» indica manera y «en cambio» es una expresión idiomática que significa «por el contrario».

El significado de una preposición en griego se ve afectado por cuatro factores: el significado básico de la preposición, el caso de su complemento, el contexto literario en el que se emplea y las expresiones idiomáticas.

Significado básico

El significado básico de muchas preposiciones está relacionado con la dirección o la posición. El diagrama que aparece a continuación resume estos significados.

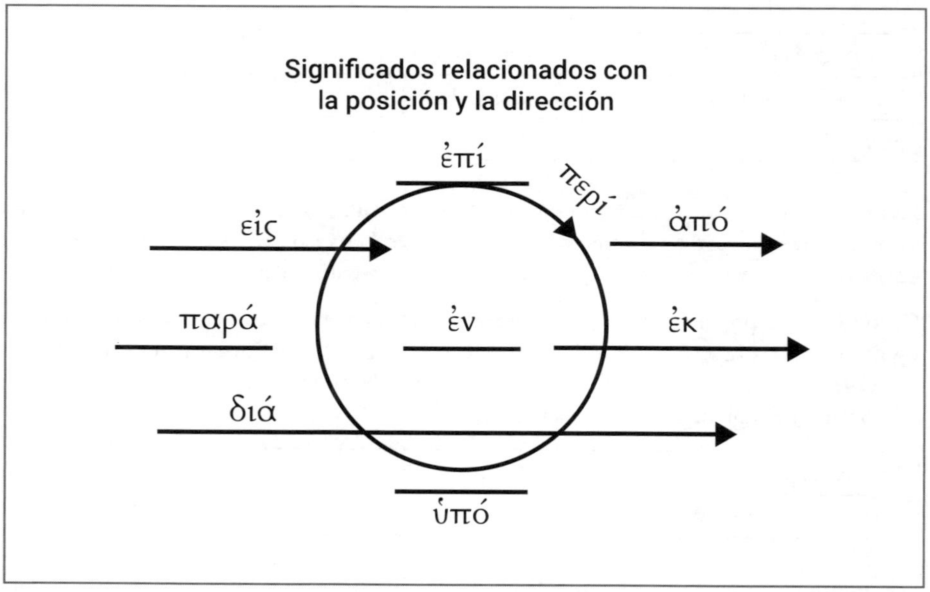

εἰς	a, hacia	ἐπί	sobre	περί	alrededor
παρά	al lado de, junto a	ἐν	en	ἀπό	lejos/fuera de
διά	a través de	ὑπό	debajo	ἐκ	fuera de

El caso del complemento

El caso del complemento preposicional también afecta el significado de la preposición. Esto es especialmente cierto con las preposiciones que denotan posición o movimiento.

Dativo	Sin movimiento (posición)	παρά τῇ θαλάσσῃ	por el (cerca del) mar
Acusativo	Movimiento en general	παρά τὴν θάλασσαν	junto al mar
Genitivo	Movimiento de alejamiento, de salida	παρά τῆς θαλάσσης	de junto al mar

La frase en caso dativo παρά τῇ θαλάσσῃ indica una posición fija como en la oración: «la casa estaba cerca del mar». La frase en caso acusativo παρά τὴν θάλασσαν expresa movimiento en un sentido general como en la oración: «los discípulos caminaban junto al mar». Por último, la frase en genitivo παρά τῆς θαλάσσης indica un movimiento de alejamiento como en la oración: «Jesús partió de junto al mar».

Contexto

El contexto en el que se encuentra la preposición es el que determina su significado exacto. Sin embargo, el complemento preposicional suele ser el factor determinante más importante. Por ejemplo, tomemos la preposición ἐν, que puede usarse para expresar muchas relaciones diferentes —a saber, posición (en), medio (por o con), manera (con), tiempo (a, en) y relación personal (entre). Ciertos tipos de palabras se usan con más frecuencia con cada tipo de relación. Considera los siguientes ejemplos y observa cómo el complemento preposicional determina la traducción correcta al español.

ἐν τῷ οἴκῳ	en la casa	Posición
ἐν τῇ ῥομφαίᾳ	con la espada	Medio
ἐν ὅλῃ τῇ καρδίᾳ σου	con todo tu corazón	Manera
ἐν ἐκείνῃ τῇ ἡμέρᾳ	en ese día	Tiempo
ἐν ἑαυτοῖς	entre ellos	Relación personal

Expresiones idiomáticas

Los sintagmas preposicionales son a menudo expresiones idiomáticas cuyos significados no resultan fácilmente comprensibles. Consideremos, por ejemplo, la frase en español «dormirse en los laureles», cuyo significado alude a abandonar el esfuerzo luego de haber obtenido un éxito. La interpretación de la oración exige mucho más que un simple conocimiento del significado básico de la preposición y de su complemento. Deberás aprender estas expresiones idiomáticas en forma inductiva. Por el momento, recuerda que los sintagmas preposicionales pueden ser difíciles de entender. Debes, pues, valerte del contexto para tratar de interpretarlas, pero si los significados de la preposición no se ajustan al contexto, consulta entonces un buen léxico.

Vocabulario

Forma léxica	Definición	Apariciones
ἀπό	(gen.) de, lejos de	646
διά	(gen.) a través de, por medio de (ac.) a causa de, con el fin de	668
εἰς	(ac.) a, hacia, en, entre	1.768
ἐκ, ἐξ	(gen.) de, fuera de	916
ἐν	(dat.) en, por, con	2.757
ἐπί	(gen.) sobre, encima de (dat.) en, sobre (ac.) sobre, contra	891
μετά	(gen.) con (ac.) después, detrás	473
παρά	(gen.) de (dat.) en, por (ac.) por, junto a, cerca de	194
περί	(gen.) acerca de, con respecto a (ac.) alrededor de, cerca de	333
πρός	(dat.) cerca de, en (ac.) a, hacia, con	699
σύν	(dat.) con, junto con	128
ὑπό	(gen.) por (ac.) debajo de	220
ὥρα, -ας, ἡ	hora	106

- El significado de una preposición se relaciona con el caso de su complemento. Por tanto, debes memorizar el caso junto con las definiciones. Usa este patrón: «διά con el genitivo significa a través o por medio de».
- Aunque una preposición aparezca con un solo caso, debes aprender el caso que se le asocia. Esto te ayudará a identificar correctamente su complemento cuando estés traduciendo.
- ἐκ se convierte en ἐξ cuando le sigue una palabra que comienza con vocal.
- La elisión es frecuente entre las preposiciones. Si la palabra que sigue comienza con un espíritu áspero, la última consonante de la preposición puede cambiar. Por ejemplo: δι' αὐτοῦ, παρ' αὐτῶν, μεθ' ἡμῶν, ἐφ' ὑμᾶς.

Palabras nuevas	Total de palabras	Nuevas apariciones	Total de apariciones	Apariciones en el NT	% de apariciones en el NT
13	93	9.799	65.043	138.162	47,08

Unidad 8. Presente de indicativo medio y pasivo

Voces pasiva y media del presente

La voz de un verbo describe la relación entre el sujeto y la acción. En la voz activa, el sujeto es el que realiza la acción. En la voz pasiva, el sujeto es el que recibe el efecto de la acción. En la voz media, el sujeto está realizando la acción pero en cierto modo también recibe el beneficio de la misma.

Forma del presente de indicativo medio y pasivo

La fórmula: En el tiempo presente las formas para las voces media y pasiva son idénticas. Para obtener el presente de indicativo medio y pasivo se usa la siguiente fórmula:

Raíz del presente	**+**	**Desinencia primaria media/pasiva**
λυ	**+**	**ομαι**

Desinencias medias/pasivas primarias

Persona	Desinencia	Pronombres implícitos
1ra Singular	-ομαι	Yo
2da Singular	-ῃ	Tú
3ra Singular	-εται	Él, ella, ello
1ra Plural	-ομεθα	Nosotros /as
2da Plural	-εσθε	Ustedes, vosotros /as
3ra Plural	-ονται	Ellos /as

Conjugación de λύω

Persona	Forma	Traducción[1] – voz pasiva
1ra Singular	λύομαι	estoy siendo liberado/a
2da Singular	λύῃ	estás siendo liberado/a
3ra Singular	λύεται	está siendo liberado/a
1ra Plural	λυόμεθα	estamos siendo liberados/as
2da Plural	λύεσθε	están siendo liberados/as
3ra Plural	λύονται	están siendo liberados/as

[1] La voz media suele traducirse igual que la voz activa. Véase el análisis en la sección sobre «Sintaxis».

Verbos compuestos

- Los *verbos compuestos* están formados por una raíz verbal con una preposición a manera de prefijo. Ese prefijo afecta el significado del verbo. En algunas ocasiones la preposición simplemente precisa la idea verbal. Esto es válido sobre todo para los verbos de movimiento, como por ejemplo, ἐξέρχομαι, «yo salgo». A veces la preposición intensifica la idea verbal, como ocurre con κατακρίνω, «yo condeno» (κρίνω significa «yo juzgo»). En otros casos la idea verbal cambia completamente, como ocurre con ἀποκρίνομαι, «yo respondo» (κρίνω significa «yo juzgo»).
- Cuando se usa un verbo compuesto para precisar la idea verbal, puede usarse un sintagma preposicional que contenga la misma preposición. A los griegos esto no les resultaba redundante. En la traducción al español hay ocasiones en las que no conviene repetir la preposición.

Ejemplo

ὁ ἄνθρωπος εἰσέρχεται εἰς τὸν οἶκον. ὁ δοῦλος ἀπέρχεται ἀπὸ τοῦ οἴκου.	El hombre entra en la casa. El esclavo sale de la casa.

Sintaxis y traducción

- La voz pasiva indica que el sujeto es el que recibe el efecto la acción. Por lo general, el presente descriptivo pasivo se traduce mediante alguna variante de la fórmula «estar siendo».

Ejemplo

ἐγείρομαι.	Estoy siendo criado / Me están criando.
βλέπῃ.	Estás siendo visto / Te están observando.
γράφεται.	Está siendo escrito.

- Cuando se emplea la voz pasiva, puede expresarse quién es el agente o ejecutor de la acción por medio de una preposición. En griego, se usa ὑπό con el caso genitivo para indicar el *agente personal directo* (por), διὰ con el genitivo para el *agente intermediario* (por medio de) y ἐν con el dativo, o un sustantivo en caso dativo solo, para indicar un *agente impersonal* (por o con).

Ejemplo

ὁ ἄνθρωπος σώζεται ὑπὸ θεοῦ.	El hombre está siendo salvado por Dios.
ὁ κόσμος κτίζεται διὰ τοῦ υἱοῦ.	El mundo está siendo creado por medio el Hijo.
ὁ δοῦλος σώζεται τῷ λόγῳ.	El esclavo está siendo salvado con la palabra.

- La voz media indica que el sujeto del verbo es el que realiza la acción pero en cierto sentido también recibe el beneficio de la misma. En algunos casos, puede traducirse en forma reflexiva (me estoy lavando) pero casi siempre se traduce en un sentido activo simple (estoy lavando). Sin embargo, la voz media siempre difiere de la voz activa en cuanto a la idea que transmite. El sujeto aparece, de alguna manera, recibiendo el beneficio de la acción. Consideremos, por ejemplo, el verbo αἰτέω, pedir. En la voz activa significa pedir algo para otro. En la voz media significa pedir algo para uno mismo. Estas diferencias verbales exigen que se consulte un buen léxico.

Ejemplo

ὁ υἱὸς νίπτεται.	El hijo está lavándose / se está lavando.
νίπτονται τὰς χεῖρας αὐτῶν .	Ellos están lavando sus manos.
ἐγὼ αἰτοῦμαι βιβλίον.	Estoy pidiendo un libro.

- En presente de indicativo no existe ninguna diferencia en la forma entre las voces media y pasiva. Utiliza el contexto para determinar cuál es la voz correcta. Si se incluye un agente, la voz más probable es la pasiva. Si el verbo tiene un complemento directo, la voz más probable es la media. Considera además la naturaleza de la idea verbal. En lo que respecta a los verbos intransitivos, que no admiten un complemento directo, no puede usarse la voz pasiva.

Ejemplo

βαπτίζεται ὁ δοῦλος ὑπὸ τοῦ υἱου.	El esclavo está siendo bautizado por el hijo.
ἐγὼ αἰτοῦμαι βιβλίον.	Estoy pidiendo un libro.

- Los verbos *deponentes* son los que siempre se traducen en forma activa a pesar de que solo aparecen en voz media o pasiva. La forma léxica de estos verbos es media, como ocurre con ἔρχομαι. Algunos verbos son parcialmente deponentes, es decir, tienen formas activas en algunos tiempos verbales y solo formas medias y pasivas en otros. Cuando analice gramaticalmente un verbo deponente, identifíquelo como «deponente» en cuanto a la voz.

Ejemplo

ὁ ἀπόστολος ἔρχεται τῷ υἱῷ.	El apóstol está viniendo al hijo.
ἀποκρίνεται ὁ Ἰησοῦς καὶ λέγει.	Jesús responde y dice.

- Las oraciones condicionales constan de dos cláusulas. La *prótasis* es la cláusula que enuncia la condición y la *apódosis* es la cláusula que expone la consecuencia. En una *oración condicional del primer tipo*, εἰ introduce la prótasis en la que el verbo aparece en modo indicativo. La condición se *supone* cierta aunque en realidad puede ser cierta o no.

Ejemplo

εἰ ἀκούετε τὸν θεὸν, ἐστὲ μαθηταὶ αὐτοῦ.	Si ustedes oyen a Dios (y supongo que lo hacen), son sus discípulos.

Vocabulario

Forma léxica	Definición	Apariciones
ἀπέρχομαι	me voy, parto me marcho	118
ἀποκρίνομαι	respondo, contesto	232

Forma léxica	Definición	Apariciones
γίνομαι	soy, llego a ser, vengo, sucede (resulta) que	670
ἐγείρω	me levanto, me despierto	144
εἰ	si	513
εἰσέρχομαι	entro, penetro	194
ἐξέρχομαι	me voy, salgo	218
ἔρχομαι	vengo, voy	636
νῦν	ahora	148
οὖν	por tanto, entonces	501
πορεύομαι	viajo, prosigo, voy	154
προσέρχομαι	voy a, me acerco	86
ὡς	como, de esa manera	504

- γίνομαι difiere de εἰμί por cuanto describe un estado de evolución («llegar a ser») mientras que εἰμί describe un estado de igualdad. Ambos aceptan un predicado nominal.
- γίνομαι difiere de ἔρχομαι por cuanto ἔρχομαι denota un desplazamiento físico de un lugar a otro, como en «el hombre viene a la ciudad», mientras que γίνομαι denota una venida no física como en «el amor viene de Dios».
- γίνομαι se usa a menudo para comenzar una historia o un episodio. En este caso aparece normalmente en 3ra persona del singular con un sustantivo sin artículo. Puede traducirse como «aconteció que» o «resultó ser que» o «hubo» como en el ejemplo Ἐγένετο ἄνθρωπος «hubo un hombre» (Juan 1:6).
- εἰ, «si», debe distinguirse cuidadosamente de εἶ, «tú eres».
- οὖν es una conjunción pospositiva que suele ser la segunda palabra en la cláusula.

Palabras nuevas	Total de palabras	Nuevas apariciones	Total de apariciones	Apariciones en el NT	% de apariciones en el NT
13	106	4.118	69.161	138.162	50,06

Unidad 9. Pronombres personales

Los pronombres

Los *pronombres* son palabras que ocupan el lugar de los sustantivos y son catalogados como tales. El sustantivo que el pronombre reemplaza es llamado *antecedente*. Los pronombres pueden ser *personales, posesivos, demostrativos, relativos, indefinidos* e *interrogativos*. Los pronombres personales en español son yo, tú, él y ella, nosotros/as, vosotros/as o ustedes, ellos y ellas.

Formas

Al igual que el español, el griego tiene tres pronombres personales, primera persona – ἐγώ (yo), seguna persona – σύ (tú) y tercera persona – αὐτός (él). Estos tres pronombres se declinan según el caso y el número. Solo la tercera persona se declina también según el género.

Pronombre de la 1ra persona

	Singular	Plural
Nominativo	ἐγώ	ἡμεῖς
Genitivo	μου, ἐμοῦ	ἡμῶν
Dativo	μοι, ἐμοί	ἡμῖν
Acusativo	με, ἐμέ	ἡμᾶς

Pronombre de la 2da persona

	Singular	Plural
Nominativo	σύ	ὑμεῖς
Genitivo	σου, σοῦ	ὑμῶν
Dativo	σοι, σοί	ὑμῖν
Acusativo	σε, σέ	ὑμᾶς

El acento prosódico en las formas singulares del genitivo, dativo y acusativo indica énfasis. Por lo general, las formas del nominativo ya son enfáticas por no ser necesaria su inclusión.

3ra Persona Masculino

	Sg	Pl
Nom	αὐτός	αὐτοί
Gen	αὐτοῦ	αὐτῶν
Dat	αὐτῷ	αὐτοίς
Ac	αὐτόν	αὐτούς

3ra Persona Femenino

	Sg	Pl
Nom	αὐτή	αὐταί
Gen	αὐτῆς	αὐτῶν
Dat	αὐτῇ	αὐταίς
Ac	αὐτήν	αὐτάς

3ra Persona Neutro

	Sg	Pl
Nom	αὐτό	αὐτά
Gen	αὐτοῦ	αὐτῶν
Dat	αὐτῷ	αὐτοίς
Ac	αὐτό	αὐτά

Las formas emplean las mismas desinencias de adjetivos de 1ra y 2da declinación salvo el nominativo y el acusativo neutro singular. Debemos prestar especial atención para diferenciar las formas del femenino en caso nominativo de las formas del pronombre demostrativo femenino - αὕτη and αὕται. Las formas del pronombre demostrativo llevan espíritu áspero mientras que las formas del pronombre personal tienen espíritu suave.

Sintaxis y traducción

Para traducir

A la hora de traducir los pronombres personales debemos tener en cuenta algunos aspectos:

- Cuando vayas a traducir pronombres personales, elige las formas equivalentes adecuadas en español (ἐγώ – yo, μου – mi, μοι – a mí, me, με – mí, ἡμεῖς – nosotros, ἡμῶν – nuestro, ἡμῖν – a nosotros, nos, nosotros, ἡμᾶς – nosotros, nuestro, etc.).

  Ejemplo

ἐγὼ ἔχω βιβλίον.	Tengo un libro.
ἡμεῖς βαπτιζόμεθα ὑπο αὐτοῦ.	Estamos siendo bautizados por él.
γράφουσιν ἡμῖν.	Están escribiéndonos (a nosotros).

- Cuando vaya a traducir los pronombres de 2da persona, distinga bien entre el singular y el plural.

  Ejemplo

κρίνομεν σε.	Estamos juzgándote (a ti).
ὑμεῖς βαπτίζετε τὰ παιδία.	Ustedes están bautizando a los niños.

- En griego, al igual que en español, las formas para la 3ra persona concuerdan con el género gramatical de los sustantivos que modifican.

  Ejemplo

αὐτὴ ἐστιν ἡ φωνὴ τοῦ θεοῦ.	Esta es la voz de Dios.
ἀλήθεια ὁ λόγος παρὰ θεοῦ γὰρ γίνεται αὐτή.	La palabra es verdad porque ella viene de Dios.

- Cuando se usa αὐτός sin ningún antecedente directo en el contexto, el género puede estar relacionado con la naturaleza fisiológica.

  Ejemplo

αὐτός ἐστιν ἀγαθός.	Él es bueno.
αὐτή ἐστιν ἀγαθή.	Ella es buena.
αὐτό ἐστιν ἀγαθόν.	(Eso) es bueno.

Sintaxis

Cuando analices los pronombres personales debes tener en cuenta varias cuestiones:

- Las formas del nominativo de los pronombres de la 1ra y 2da persona por lo general son enfáticas y preceden al verbo del que son sujetos. Este énfasis puede reflejarse también en las traducciones en español. El lector debe tratar de entender por qué se incluye el pronombre, siendo que no es necesario.

Ejemplo

ἐγὼ βλέπω τὸν θεόν.	Yo veo a Dios.

- Las formas en los casos genitivo, dativo y acusativo funcionan como sustantivos en los mismos casos.

Ejemplo

ἐν σοι	En ti
λέγει ἡμῖν.	Nos está hablando.
βλέπω σε.	Te veo.

- Las formas del genitivo que se usan como pronombres posesivos normalmente siguen al sustantivo que modifican, y el sustantivo suele tener artículo. Sin embargo, pueden colocarse antes del sustantivo o entre el artículo y el sustantivo para dar énfasis.

Ejemplo

ὁ λόγος μου	Mi palabra
οἱ δοῦλοι αὐτῶν	Sus esclavos
πονηρὰ αὐτοῦ ἡ καρδία.	Su corazón es perverso.
τὴν ὑμῶν ἀγάπην	Vuestro amor

- Las formas del nominativo del pronombre de 3ra persona pueden usarse para enfatizar o para aclarar la identidad del sujeto.

Ejemplo

αὐτοὶ βλέπουσιν.	Ellos ven.
αὐτὴ βλέπει.	Ella ve.

- αὐτός puede funcionar como el pronombre personal de la 3ra persona, como un adjetivo que modifica sustantivos o como un sustantivo. Véanse *otras funciones de* αὐτός en la *Unidad 10.*

Vocabulario

Forma léxica	Definición	Apariciones
ἄλλος, -η, -ο	otro/a	155
ἀμήν	ciertamente, amén, así sea	130
αὐτός, -ή, -ό	él, ella, mismo/a	5601

Forma léxica	Definición	Apariciones
ἐγώ	yo	2666
ἐμός, -ή, -όν	mi, mío	76
ἤ	o, ya sea	344
κἀγώ	y yo, pero yo	84
οἰκία, -ας, ἡ	casa, hogar, unidad familiar	94
οὐδέ	y no, ni; ni... ni	144
ὀφθαλμός, -οῦ, ὁ	ojo	100
σεαυτοῦ	te, tú (ti) mismo (reflexivo)	43
σύ	tú	2913
τέκνον, -ου, τό	niño/a, hijo/a	99

- Debe distinguir claramente entre ἄλλα (plural neutro de ἄλλος) y ἀλλά (pero).
- ἤ puede usarse como una conjunción correlativa para coordinar palabras o frases y se traduce como «ya sea... o».
- Debe distinguir claramente entre ἤ (o) y ἡ (artículo -femenino, singular, nominativo).
- ἐμός, un adjetivo posesivo, es igual a la forma genitiva de ἐγώ.
- κἀγώ es la combinación de καὶ con ἐγώ. Esa combinación recibe el nombre de *crasis*.
- οὐδέ es la combinación de οὐ con δέ, y puede usarse como una conjunción correlativa para coordinar palabras o frases y se traduce como «ni... ni», como en la expresión, οὐδὲ οἱ ἄγγελοι τῶν οὐρανῶν οὐδὲ ὁ υἱός, «ni los ángeles del cielo ni el Hijo».

Palabras nuevas	Total de palabras	Nuevas apariciones	Total de apariciones	Apariciones en el NT	% de apariciones en el NT
13	119	12.449	81.610	138.162	59,07

Unidad 10. Otras funciones de αὐτός

Introducción

Αὐτός desempeña tres funciones diferentes, y cada una de ellas exige una atención especial a la hora de traducir. Puede funcionar como el pronombre personal de 3ra persona, como un adjetivo o como un sustantivo. Estas funciones se explican a continuación.

αὐτός como pronombre personal de 3ra persona

Como pronombre personal, αὐτός puede traducirse al español utilizando las formas de los pronombres personales de tercera persona (él, ella, ello, etc.). Cuando αὐτός se usa como pronombre no lleva artículo y no modifica ningún sustantivo principal del mismo género, número y caso. Concuerda con su antecedente en género y número pero no necesariamente en lo que respecta al caso. El uso del término en la oración es el que determina el caso del mismo. Véase la Unidad 9 para más explicaciones acerca de αὐτός como pronombre personal.

Ejemplos

αὐτὸς βλέπει.	Él ve.
ὁ ἄνθρωπος βλέπει αὐτήν.	El hombre la ve (a ella).
Ἰησοῦς πέμπει αὐτοῖς καρπούς.	Jesús les envía frutas (a ellos).
ὁ θεὸς ἀγαπᾷ τὸν υἱὸν αὐτοῦ.	Dios ama a su hijo.

αὐτός como adjetivo

A menudo, αὐτός modifica sustantivos con artículo. Cuando realiza esta función debe concordar con el sustantivo en género, número y caso. En la posición atributiva se traduce como «mismo/a» y se dice que tiene *valor de identidad*. En la posición predicativa, se dice que tiene valor enfático y se traduce «mismo/a» pero después del sustantivo, para expresar el énfasis. Cuando se usa la forma genitiva en la posición predicativa, no funciona como un pronombre personal enfático sino como un pronombre personal posesivo.

Ejemplos

Con valor de identidad	ὁ αὐτὸς υἱός	el mismo hijo
	ὁ υἱὸς ὁ αὐτός	el mismo hijo
Con valor enfático	ὁ υἱὸς αὐτός	el hijo mismo
	αὐτὸς ὁ υἱός	el hijo mismo
Posesivo	τοῦ υἱοῦ αὐτοῦ	de su hijo (no del hijo mismo)

αὐτός como sustantivo

αὐτός puede funcionar como sustantivo y se dice que tiene un *uso sustantivo*. En esos casos lleva un artículo y no debe haber ningún sustantivo en el contexto inmediato con el que concuerde en género, número y caso. Del sustantivo de referencia se dice que está «sobreentendido». En esos casos el género y el número de αὐτός dependen del género y el número del sustantivo de referencia. El caso depende de su uso en la oración. Se traduce como «el mismo, la misma, los mismos, las mismas, etc.» de manera muy parecida a lo que ocurre cuando se desempeña como un adjetivo con valor de identidad, pero en español no es necesario añadir ningún pronombre ni un sustantivo genérico.

Ejemplos

ὁ αὐτὸς βλέπει τὸν θεόν.	El mismo (hombre) ve a Dios.
ἡ αὐτὴ βλέπει τὸν θεόν.	La misma (mujer) ve a Dios.
λέγετε τὰ αὐτά.	Ustedes dicen lo mismo.

Frases idiomáticas comunes

αὐτός se usa en varias expresiones idiomáticas frecuentes.

ἐπὶ τὸ αὐτά	juntos (literalmente, «en cuanto a lo mismo»)
κατὰ τὰ αὐτά	juntos (literalmente, «según las mismas cosas»)

Vocabulario

Forma léxica	Definición	Apariciones
γλῶσσα, -ης, ἡ	lengua, idioma	50
δικαιοσύνη, -ης, ἡ	justicia	92
δύο	dos	132
ἐκεῖ	allí, a ese lugar, en ese lugar	105
ἐντολή, -ῆς, ἡ	mandato, orden	67
ἕως	hasta, entre tanto, mientras	146
ἱερόν, -οῦ, τό	templo	71
κεφαλή, -ῆς, ἡ	cabeza	75
μένω	permanezco, me quedo, moro	118
πίπτω	caigo	90
πλοῖον, -ου, τό	bote, barca	68

Forma léxica	Definición	Apariciones
πρόσωπον, -ου, τό	rostro	76
ψυχή, -ῆς, ἡ	alma, vida	103

- δύο siempre es plural y tiene una forma diferente solo en el caso dativo δυσί.
- ἕως puede funcionar como una conjunción o como una preposición con el caso genitivo. Cuando se usa en expresiones de tiempo, significa «hasta», como en ἕως τῆς ἡμέρας «hasta el día». En expresiones de distancia, también significa «hasta», como en ἕως τοῦ ᾅδου «hasta el Hades».
- ἱερόν se refiere a los edificios del templo y ναός al santuario.

Palabras nuevas	Total de palabras	Nuevas apariciones	Total de apariciones	Apariciones en el NT	% de apariciones en el NT
13	132	1.193	82.803	138.162	59,93

La crítica textual

A la derecha se muestra el pasaje de Marcos 16:12-17 en un manuscrito uncial del siglo XV, códice Washingtoniano. Esta sección forma parte del final tradicional de Marcos que aparece en la versión de Reina Valera. Sin embargo, estos versículos, que incluyen toda la porción de Marcos 16:9-20, no se encuentran en los manuscritos más antiguos. Junto con el final tradicional, el códice Washingtoniano después del versículo 14 incluye también varios renglones adicionales que faltan en casi todos los manuscritos. ¿Cómo debemos interpretar estas diferencias?

Las diferencias entre los distintos manuscritos se llaman *variantes*. Existen muchas variantes, aunque la mayor parte de ellas no son más que discrepancias mínimas que prácticamente no afectan el significado de un pasaje. De hecho, ninguna de las doctrinas ni enseñanzas de la Escritura se ve afectada por esas variantes. No obstante, algunas variantes revisten mucha importancia a la hora de interpretar correctamente un pasaje. Por consiguiente, resulta muy provechoso determinar cuál de las variantes era original.

La disciplina que trata de determinar cuáles son las variantes que representan el escrito original recibe el nombre de *crítica textual*. Aunque un análisis sobre crítica textual está fuera del alcance de este curso, debe planear un estudio futuro en este respecto. A continuación se mencionan algunos libros útiles acerca de este tema que debería leer.

Libros en español

Metzger, Bruce M., *Un Comentario Textual al Nuevo Testamento Griego*. New York, NY: American Bible Society, 2017.

Walder, Ernst, *Una Introducción a la Crítica Textual del Nuevo Testamento*. Lima, Perú: Editorial Puma, 2017.

Libros en inglés

Black, David A. *New Testament Textual Criticism: A Concise Guide*. Grand Rapids: Baker Books, 1994.

Black, David A. *Rethinking New Testament Textual Criticism*. Grand Rapids: Baker Books, 2002.

Greenlee, J. Harold. *Introduction to New Testament Textual Criticism*, Revised Edition. Grand Rapids: Baker Books, 1993.

Metzger, Bruce M. *The Text of the New Testament*. New York, NY: Oxford University Press, 1968.

Metzger, Bruce M., and United Bible Societies. *A Textual Commentary on the Greek New Testament*. New York, NY: United Bible Societies, 1994.

Unidad 11. Verbos contractos – Presente de Indicativo

Introducción

Los *verbos contractos* son aquellos cuyas raíces terminan en ε, ο y α. Estas vocales cortas se contraen cuando se enlazan con la vocal inicial de las desinencias personales que se adjuntan a la raíz. Por ejemplo, cuando la desinencia ομεν se adjunta a la raíz λαλε, da lugar a la forma contraída λαλοῦμεν. Esas contracciones producen cambios en las vocales de enlace y en los acentos.

Cuadro de resumen

El siguiente cuadro resume las contracciones y debes memorizarlas. En la columna de la izquierda aparecen las vocales cortas de las raíces y en la fila superior las vocales de enlace de las desinencias personales. En la intersección de ambas se encuentra la contracción para esa combinación.

	ω	**ο**	**ε**	**ου**	**ει**	**η**
ο	ῶ	οῦ	οῦ	οῦ	οῖ	οῖ
ε	ῶ	οῦ	εῖ	οῦ	εῖ	ῆ
α	ῶ	ῶ	ᾶ	ῶ	ᾷ	ᾷ

Reglas y observaciones

Estas contracciones siguen ciertos patrones y normas. Si los entendemos, el aprendizaje resultará mucho más fácil.

ω se conserva y cualquier vocal de contracción es asimilada.
Las vocales del tipo o se contraen cuando entran en contacto con vocales del tipo o (ο, ου, οι, ω).
ο + ε y ο + ο se contraen y forman οῦ.
ο + ει y ο + η se contraen y forman οῖ.
ε + ε se contrae en εῖ.
α con cualquier vocal del tipo o se contrae en ω.
α con cualquier vocal del tipo ε se contrae en α.
ι se suscribe con α.

En presente, cuando una vocal se contrae la vocal que la sustituye suele llevar un acento circunflejo. Esto no ocurre normalmente con las formas no contraídas; por ese motivo, la presencia del acento circunflejo nos ayuda a identificar una forma contraída.

El aprendizaje de las desinencias personales sin las vocales de enlace puede ser de mucha utilidad para reconocer las desinencias cuando las vocales de enlace se contraen. El cuadro siguiente muestra las desinencias sin las vocales de enlace y la manera en que aparecen tanto en las formas no contractas como en las contractas.

Desinencias primarias en voz activa

	Desinencia	Normal	Raíz ε	Raíz α	Raíz ο
1ra Singular	-ω	-ω	-ῶ	-ῶ	-ῶ
2da Singular	-ις	-εις	-εῖς	-ᾷς	-οῖς
3ra Singular	-ι[1]	-ει	-εῖ	-ᾷ	-οῖ
1ra Plural	-μεν	-ομεν	-οῦμεν	-ῶμεν	-οῦμεν
2da Plural	-τε	-ετε	-εῖτε	-ᾶτε	-οῦτε
3ra Plural	-σι(ν)	-ουσι(ν)	-οῦσι(ν)	-ῶσι(ν)	-οῦσι(ν)

Desinencias primarias en voz media/pasiva

	Desinencia	Normal	Raíz ε	Raíz α	Raíz ο
1ra Singular	-μαι	-ομαι	-οῦμαι	-ῶμαι	-οῦμαι
2da Singular	-ι[1]	-ῃ	-ῇ	-ᾷ	-οῖ
3ra Singular	-ται	-εται	-εῖται	-ᾶται	-οῦται
1ra Plural	-μεθα	-ομεθα	-ούμεθα	-ώμεθα	-ούμεθα
2da Plural	-σθε	-εσθε	-εῖσθε	-ᾶσθε	-οῦσθε
3ra Plural	-νται	-ονται	-οῦνται	-ῶνται	-οῦνται

[1] La similitud de la desinencia de la 3ra persona singular en voz activa y la 2da persona singular en las voces media y pasiva da como resultado formas duplicadas para las raíces contractas α y ο.

Ejemplos de conjugaciones

A continuación se ofrecen ejemplos de conjugaciones para el presente de indicativo.

Presente de indicativo activo

	ποιέω	**ἀγαπάω**	**πληρόω**
1ra Persona singular	ποιῶ	ἀγαπῶ	πληρῶ
2da Persona singular	ποιεῖς	ἀγαπᾷς	πληροῖς

	ποιέω	ἀγαπάω	πληρόω
3ra Persona singular	ποιεῖ	ἀγαπᾷ[1]	πληροῖ[1]
1ra Persona plural	ποιοῦμεν	ἀγαπῶμεν	πληροῦμεν
2da Persona plural	ποιεῖτε	ἀγαπᾶτε	πληροῦτε
3ra Persona plural	ποιοῦσι(ν)	ἀγαπῶσι(ν)	πληροῦσι(ν)

Presente de indicativo medio/pasivo

	ποιέω	ἀγαπάω	πληρόω
1ra Persona singular	ποιοῦμαι	ἀγαπῶμαι	πληροῦμαι
2da Persona singular	ποιῇ	ἀγαπᾷ[1]	πληροῖ[1]
3ra Persona singular	ποιεῖται	ἀγαπᾶται	πληροῦται
1ra Persona plural	ποιούμεθα	ἀγαπώμεθα	πληρούμεθα
2da Persona plural	ποιεῖσθε	ἀγαπᾶσθε	πληροῦσθε
3ra Persona plural	ποιοῦνται	ἀγαπῶνται	πληροῦνται

[1] Obsérvense las formas duplicadas de la 3ra persona singular en la voz activa y la 2da persona singular en la voz medio-pasiva.

Vocabulario

Forma léxica	Definición	Apariciones
ἀγαπάω	amo	143
αἰτέω	pregunto, pido	70
ἀκολουθέω	sigo	90
γεννάω	doy a luz, engendro	97
ζάω	vivo	140
ζητέω	busco	117
καλέω	llamo	148
λαλέω	hablo	296
μαρτυρέω	testifico, doy testimonio	76

Forma léxica	Definición	Apariciones
περιπατέω	camino, deambulo, recorro	95
πληρόω	lleno, cumplo, completo	87
ποιέω	hago, construyo	568
τηρέω	guardo, observo	70
φοβέω, φοβέομαι	temo, tengo miedo	95

- αἰτέω significa pedir, solicitar. Tanto la persona a quien se le pide como la cosa que se pide pueden aparecen en el caso acusativo. Cuando se trata de una petición a favor de otra persona se usa la voz activa, pero si se trata de una petición personal se emplea la voz media.
- ἀκολουθέω adopta su complemento en el caso dativo.

Ejemplos

οἱ μαθηταὶ ἀκολουθοῦσιν τῷ Ἰησοῦ.	Los discípulos están siguiendo a Jesús.

- γεννάω se usa tanto para la madre como para el padre. La madre «da a luz» y el padre «engendra».
- ζάω se contrae en forma irregular y adopta η en vez de α en la siguiente forma: ζῇς, ζῇ, ζῆτε.
- φοβέω solo aparece en voz pasiva en el Nuevo Testamento; φοβέομαι puede considerarse deponente. Se interpreta en forma transitiva e intransitiva: «temo» o «tengo miedo».

Palabras nuevas	Total de palabras	Nuevas apariciones	Total de apariciones	Apariciones en el NT	% de apariciones en el NT
14	146	2.092	84.895	138.162	61,45

Unidad 12. Pronombres demostrativos

Introducción

Los *pronombres demostrativos* cumplen una función semejante a la de un dedo que apunta hacia algo o hacia alguien. Se puede apuntar a algo que está cerca, «esto», o a algo que está lejos, «aquello». Por ejemplo, «por favor, dame este libro» (el que está cerca) y «por favor, dame ese (o aquel) libro» (el que está lejos).

Como también ocurre en español, el griego tiene dos pronombres demostrativos: el pronombre demostrativo que indica cercanía con respecto al que habla οὗτος, «este, esta, esto» y el pronombre demostrativo que denota lejanía con respecto al que habla ἐκεῖνος, «ese, esa, eso». Al igual que los adjetivos, los pronombres se declinan para todos los géneros, números y casos.

Declinaciones

ἐκεῖνος			
	Masculino	**Femenino**	**Neutro**
Nom sing.	ἐκεῖνος	ἐκείνη	ἐκεῖνο
Gen sing.	ἐκείνου	ἐκείνης	ἐκείνου
Dat sing.	ἐκείνῳ	ἐκείνῃ	ἐκείνῳ
Ac sing.	ἐκεῖνον	ἐκείνην	ἐκεῖνο
Nom pl.	ἐκεῖνοι	ἐκεῖναί	ἐκεῖνα
Gen pl.	ἐκείνων	ἐκείνων	ἐκείνων
Dat pl.	ἐκείνοις	ἐκείναις	ἐκείνοις
Ac pl.	ἐκείνους	ἐκείνας	ἐκεῖνα

οὗτος		
Masculino	**Femenino**	**Neutro**
οὗτος	αὕτη	τοῦτο
τούτου	ταύτης	τούτου
τούτῳ	ταύτῃ	τούτῳ
τοῦτον	ταύτην	τοῦτο
οὗτοι	αὗται	ταῦτα
τούτων	τούτων	τούτων
τούτοις	ταύταις	τούτοις
τούτους	ταύτας	ταῦτα

Al igual que el artículo, todas las formas de οὗτος comienzan con τ salvo para los nominativos masculino y femenino, que llevan espíritu áspero. Cuando las desinencias incluyen α o η, el diptongo ου de la raíz se transforma en αυ.

Sintaxis y traducción

- A οὗτος se le llama *pronombre demostrativo de cercanía*. Señala cosas o personas que están cerca y normalmente se traduce como «este, esta» o «estos, estas».
- A ἐκεῖνος se le llama *pronombre demostrativo de lejanía*. Señala cosas o personas que están lejos y normalmente se traduce como «ese, esa, aquel, aquella» o «esos, esas, aquellos, aquellas».
- Los pronombres demostrativos funcionan a menudo como adjetivos, como modificadores simples de los sustantivos. Por lo general, el sustantivo que se modifica lleva artículo. El pronombre suele

preceder al sustantivo, aunque a veces lo sigue. Además, debe concordar en género, número y caso con el sustantivo al cual modifica.

Ejemplos

οὗτος ὁ ἄνθρωπος	este hombre
οὗτος ὁ υἱός μου	este hijo mío
ἐκεῖνος ὁ δοῦλος	ese (aquel) esclavo
ὁ δοῦλος ἐκεῖνος	el esclavo ese (aquel)

- Los pronombres demostrativos pueden funcionar también como pronombres personales de manera independiente. Derivan su caso de la función que ejercen en la oración. Adoptan el género y el número de su antecedente (el sustantivo al que hacen referencia). Al traducir al español podría ser necesario incluir algún sustantivo adecuado.

Ejemplos

οὗτός ἐστιν ὁ υἱός μου.	Este es mi hijo.
αὗται βλέπουσιν τὸν κύριον.	Estas (*mujeres*) ven al Señor.
ταῦτα λέγει αὐτῷ.	Le dice estas *cosas*.

Declinación de τοιοῦτος

Τοιοῦτος puede funcionar como un adjetivo y significa «tal». Por lo general, carece de artículo. Puede funcionar también como un sustantivo y significa «el tal, los tales, las tales» y normalmente tiene artículo. Al igual que ocurre con οὗτος, la raíz cambia de ου a αυ cuando la vocal de enlace de la desinencia es α o η.

	Masculino	**Femenino**	**Neutro**
Nom sing.	τοιοῦτος	τοιαύτη	τοιοῦτο
Gen sing.	τοιούτου	τοιαύτης	τοιούτου
Dat sing.	τοιούτῳ	τοιαύτῃ	τοιούτῳ
Ac sing.	τοιοῦτον	τοιαύτην	τοιοῦτο
Nom pl.	τοιοῦτοι	τοιαῦται	τοιαῦτα
Gen pl.	τοιούτων	τοιούτων	τοιούτων
Dat pl.	τοιούτοις	τοιαύταις	τοιούτοις
Ac pl.	τοιούτους	τοιαύτας	τοιαῦτα

Ejemplos

τοιαύτη ἀγάπη παρὰ θεοῦ γίνεται.	Tal amor viene de Dios.

οἱ τοιοῦτοι γινώσκουσιν τὸν κύριον.	Los tales conocen al Señor.

Otros usos del caso acusativo

Aparte de su función como complementos directos o complementos preposicionales, los sustantivos en caso acusativo pueden emplearse como complementos de varias maneras más complejas. Pueden desempeñar también una función adverbial. A continuación aparece una lista de algunos usos comunes con una traducción adecuada al español.

Usos como complemento

Doble acusativo: persona y cosa Algunos verbos aceptan dos complementos en caso acusativo, uno de ellos se refiere a una persona y el otro a una cosa.	διδάσκω τὸν δοῦλον τὰ ἀγαθά. Estoy enseñando al esclavo cosas buenas.
Doble acusativo: Objeto directo y complemento predicativo Algunos verbos aceptan dos complementos en caso acusativo, uno de ellos funciona como objeto directo y el otro como complemento predicativo. A menudo es preciso incluir un verbo equiparativo antes del complemento.	καλεῖς αὐτὸν τὸν υἱὸν τοῦ θεοῦ. Lo llamarás el hijo de Dios.
Complemento conservado: Algunos verbos que pueden aceptar dos complementos en acusativo en la voz activa conservarán uno de ellos cuando la oración cambia a la voz pasiva.	ὁ δοῦλος διδάσκεται τὰ ἀγαθά. Literalmente: El esclavo está siendo enseñado buenas cosas. (En español se traduciría como: «Al esclavo están enseñándole buenas cosas»).
Complemento cognado: A veces el complemento directo expresa la misma idea que el verbo. Esto se debe a menudo a la influencia semítica y puede intensificar la idea verbal.	φοβεῖται φόβον μέγαν. Teme con gran temor. – o – Tiene mucho temor.

Usos adverbiales

Modo: Indica cómo se realiza una acción. Por lo general, se emplea un adjetivo neutro en caso acusativo.	πρῶτον βλέπω τὸν οἰκόν. Primero veo la casa.
Tiempo:: Indica cuánto tiempo se prolonga una acción, y responde a la pregunta: ¿Por cuánto tiempo? Normalmente indica la duración de la acción.	λέγει ὁ υἱος τὴν ἡμέραν ὅλην. El hijo habla todo el día.

Espacio: Indica la distancia que abarca la acción y responde a la pregunta: «¿(a) qué distancia? o ¿cuán lejos?».	πορεύονται σταδίους δύο. Están caminando dos millas.

Vocabulario

Forma léxica	Definición	Apariciones
ἀποστέλλω	envío, mando (a una persona o mensaje con autoridad)	132
ἀρχή, -ῆς, ἡ	iniciación, gobernante, autoridad	55
ἄρχω	gobierno (voz activa) inicio (voz media)	86
δοξάζω	alabo, honro, glorifico	61
ἐκεῖνος, -ή, -ό	(sing.) ese, esa, eso, aquel, aquello (pl.) esos, esas, aquellos, aquellas	265
ἔτι	aún, todavía	93
θρόνος, -ου, ὁ	trono	62
ὅτε	cuando	103
οὗτος, αὕτη, τοῦτο	(sing.) este, esta, esto, (pl.) estos, estas	1391
Παῦλος, -ου, ὁ	Pablo	158
σημεῖον, -ου, τό	señal, milagro	77
συναγωγή, -ῆς, ἡ	sinagoga	56
τοιοῦτος, τοιαύτη, τοιοῦτο	tal, el tal	57

Palabras nuevas	Total de palabras	Nuevas apariciones	Total de apariciones	Apariciones en el NT	% de apariciones en el NT
13	159	2.596	87.491	138.162	63,32

Unidad 13. Pronombres relativos

Introducción

Se llama *cláusula relativa* a la cláusula subordinada que modifica un nombre u otro sustantivo. Se llama *pronombre relativo* al que aparece en una cláusula relativa y relaciona esa cláusula con el sustantivo que modifica. Por ejemplo, la oración «el hombre que ve a Jesús» contiene la cláusula relativa «que ve a Jesús». Esta cláusula modifica la frase «el hombre» y el pronombre relativo «que» relaciona la cláusula relativa con «el hombre». El sustantivo al que se refiere el pronombre relativo es llamado su antecedente. Los pronombres relativos concuerdan con sus antecedentes en género y número. Su caso gramatical depende de la función que desempeñan en la cláusula relativa. A continuación aparece una lista de los pronombres relativos en español.

	Masculino/Femenino	Neutro
Sujeto	quien, quienes	lo que, lo cual[1]
Complemento	que, quien, el cual, la cual, los cuales, las cuales	lo que, lo cual
Posesivo	cuyo, cuya, cuyos, cuyas	cuyo, cuyos

[1] «Que» se usa para introducir una cláusula que es esencial para identificar correctamente el antecedente, como en «el libro que está sobre la mesa». «El cual, la cual, los cuales, las cuales» se usan para introducir una cláusula que ofrece alguna información ajena que no es esencial para identificar el antecedente, como en «mi diario, el cual nadie puede leer». Por lo general, esta cláusula se separa por comas. «Lo que» se usa cuando una cláusula relativa neutra funciona como una cláusula nominal, como en «yo veo lo que están haciendo».

Declinaciones

	Masculino	Femenino	Neutro	
Nom sing.	ὅς	ἥ	ὅ	Todas las formas llevan espíritu áspero y se acentúan. Compara estas formas con las del artículo. Es fácil confundirlas.
Gen sing.	οὗ	ἧς	οὗ	
Dat sing.	ᾧ	ᾗ	ᾧ	
Ac sing.	ὅν	ἥν	ὅ	
Nom pl.	οἵ	αἵ	ἅ	
Gen pl.	ὧν	ὧν	ὧν	
Dat pl.	οἷς	αἷς	οἷς	
Ac pl.	οὕς	ἅς	ἅ	

Sintaxis y traducción

- Al igual que ocurre con sus equivalentes en español, los pronombres relativos en griego normalmente introducen cláusulas relativas y suelen aparecen al principio de las mismas.

Ejemplos

πιστεύουσιν τῷ λόγῳ **ὃν** λέγει ὁ Ἰησοῦς.	Creen en la palabra **que** Jesús dice.
οὐ πιστεύετε τὰ ἔργα **ἃ** ἐγὼ ποιῶ;	¿No creéis en las obras **que** yo hago?
ἔρχεται ὥρα ἐν **ᾗ** αὐτοὶ ἀκούσουσιν τῆς φωνῆς αὐτοῦ.	Vendrá la hora en **que** ellos oirán su voz.

- Los pronombres relativos concuerdan con sus antecedentes en género y número.

Ejemplos

πιστεύουσιν τῷ **λόγῳ ὃν** λέγει ὁ Ἰησοῦς.	Creen en la palabra que Jesús dice.
πιστεύετε τὰ **ἔργα ἃ** ἐγὼ ποιῶ;	¿No creéis en las obras **que** yo hago?
ἔρχεται **ὥρα** ἐν **ᾗ** αὐτοὶ ἀκούσουσιν τῆς φωνῆς αὐτοῦ.	Viene la hora en **que** ellos oirán su voz.

- El caso de los pronombres relativos se basan en su función en la frase.

Ejemplos

πιστεύουσιν τῷ λόγῳ **ὃν** λέγει ὁ Ἰησοῦς. **(complemento directo)**	Creen en la palabra que Jesús dice.
οὐχ οὗτός ἐστιν Ἰησοῦς, **οὗ** ἡμεῖς οἴδαμεν τὸν πατέρα; **(posesivo)**	¿No es este Jesús, cuyo padre conocemos?
ἔρχεται ὥρα ἐν **ᾗ** αὐτοὶ ἀκούσουσιν τῆς φωνῆς αὐτοῦ. **(complemento preposicional)**	Viene la hora en que ellos oirán su voz.

- Las cláusulas relativas normalmente preceden o siguen a la cláusula principal. En muy raras ocasiones se encuentra dentro de la cláusula principal, como en «el que cree será salvo». Este tipo de cláusula relativa insertada que aparece en español suele expresarse en griego por medio de una cláusula de participio con artículo.

Ejemplos

πιστεύομεν τῷ λόγῳ **ὃν** λαλεῖ ὁ Ἰησοῦς.	Creemos el mensaje que habla Jesús.
ὁ ἄνθρωπος **ὁ πιστευῶν** σωζεται.	El que cree será salvo.

- Se dice que ocurre una *atracción* cuando el caso del pronombre relativo coincide con el caso del antecedente, o cuando el caso del antecedente coincide con el caso del pronombre relativo aunque debiera ser diferente debido a su función gramatical. La mayoría de las veces el pronombre relativo es atraído hacia el caso del antecedente, pero puede ocurrir lo contrario y que el antecedente sea atraído hacia el caso del pronombre relativo. La atracción ocurre con más frecuencia cuando el antecedente y el pronombre relativo están muy cerca el uno del otro.

Ejemplos

ἀκούετε τοῦ **δούλου οὗ** μένει ἐν τῇ οἰκίᾳ. **(el pronombre relativo tiene función nominal)**	Estáis escuchando al esclavo que vive en la casa.
φέρει ἁμαρτία **θάνατον ὃν** δουλῶι σε. **(el pronombre relativo tiene función nominal)**	El pecado produce la muerte que te esclaviza.
οὗτος ἐστιν **τὸν λόγον ὃν** λαλῶ. **(el antecedente tiene función nominal)**	Esta es la palabra que hablo.

- Cuando traduzca los pronombres relativos, use el pronombre relativo adecuado en español. Recuerde que el género en español, al igual que en griego, es una característica gramatical. Por ejemplo, «voz» en español es un sustantivo femenino y asimismo en griego el término φωνή es femenino, y por tanto, en ambos idiomas se representa por medio de un pronombre relativo femenino

Ejemplo

πιστεύουσιν τῷ λόγῳ ὃν λέγει ὁ Ἰησοῦς.	Creen en la palabra que Jesús dice.
ἔρχεται ὥρα ἐν ᾗ αὐτοὶ ἀκούσουσιν τῆς φωνῆς αὐτοῦ.	Vendrá la hora en que oirán su voz.

- Los pronombres relativos en griego pueden usarse como sustantivos, ocupando el lugar de un sustantivo en la cláusula principal. Si el concepto es neutro, utiliza el pronombre relativo «lo que».

Ejemplos

ὃς ἔχει ὦτα ἀκούειν ἀκουέτω.	*El* que tiene oídos para oír, que oiga.
ἐγω εἰμὶ ὃν ὑμεῖς οὐκ γινώσκετε.	Yo soy *aquel* a quien vosotros no conocéis.
ἃ βλέπομεν, λέγομεν αὐτοῖς.	Lo que estamos viendo, se lo estamos diciendo.

Vocabulario

Forma léxica	Definición	Apariciones
δώδεκα	doce	75
ἐνώπιον	(gen.) ante, en frente de	94
λαός, -οῦ, ὁ	pueblo, gentes, masas	142
μακάριος, -ία, -ιον	bienaventurado, bendito, feliz	50
ὅπου	donde, hasta donde	84
ὅς, ἥ, ὅ	quien, cual, lo que, que	1365
ὅσος, -η, -ον	tanto como, tantos como, tan grande como, en la medida en que	110
οὗ	donde	54
οὔτε	ni, ni... ni	87
παραβολή, -ῆς, ἡ	parábola	50
συνάγω	reúno, uno, convoco, congrego	59
φέρω	llevo, traigo, cargo	66
χαρά, -ᾶς, ἡ	alegría, gozo	59

- δώδεκα no admite declinaciones. οἱ δώδεκα se refiere a los 12 discípulos.
- οὔτε ... οὔτε puede ser una conjunción correlativa que se traduce como «ni... ni», como en la oración: οὔτε ἐν τῷ ὄρει τούτῳ οὔτε ἐν Ἱεροσολύμοις προσκυνήσετε, «ni en este monte ni en Jerusalén adorarán» (Jn 4:21).
- ὅπου es un adverbio relativo de lugar e introduce una cláusula relativa adverbial, como en la oración: ὅπου εἰμὶ ἐγὼ ὑμεῖς οὐ δύνασθε ἐλθεῖν, «a donde yo estaré, ustedes no podrán venir» (Jn 7:34).
- El adverbio relativo οὗ, «donde» es idéntico en su forma a los pronombres relativos posesivos neutros masculinos y femeninos «de quien», «del cual» o «de la cual». El contexto debe determinar de qué palabra se trata.

Palabras nuevas	Total de palabras	Nuevas apariciones	Total de apariciones	Apariciones en el NT	% de apariciones en el NT
13	172	2.295	89.786	138.162	64,99

Unidad 14. Imperfecto de indicativo activo y medio/pasivo

Introducción al tiempo imperfecto

El griego emplea diferentes tiempos verbales para describir una acción que ocurrió en el pasado. El uso de esos tiempos depende de la manera en que el autor desee presentar la acción. El tiempo imperfecto describe una acción pasada como continua, repetida, o habitual. Tomando como ejemplo el verbo «estudiar» en primera persona del singular (y puede aplicarse a cualquier persona), el equivalente en español sería «(yo) estudiaba», «(yo) estaba estudiando» y «(yo) solía estudiar». El tiempo imperfecto en griego solo aparece en el modo indicativo.

Forma del tiempo imperfecto

La fórmula: Para obtener el tiempo imperfecto se usa la raíz del verbo en presente. Para obtener las formas activa, media y pasiva de indicativo se usa la siguiente fórmula:

Aumento	+	Raíz del presente	+	Desinencias secundarias (vocales de enlace ο/ε)
ἐ	+	**λυ**	+	**ον**

Reglas para el aumento

El aumento temporal es una épsilon que se añade a la raíz verbal a modo de prefijo. Cuando el aumento se añade a varias raíces, pueden ocurrir pequeños cambios, los cuales se describen a continuación.

Raíces que comienzan con una consonante

Se añade el prefijo ε con un espíritu suave.

λύω	⟶	ἔλυον
γράφω	⟶	ἔγραφον

Raíces que comienzan con una sola vocal

Las vocales cortas se alargarán pero las vocales largas no sufrirán ninguna modificación

α	⟶	η
ε	⟶	η
ο	⟶	ω

η	⟶	η
ι	⟶	ι
υ	⟶	υ
ω	⟶	ω

ἔχω tiene un aumento irregular εἶχον, εἶχες, etc.

Raíces que comienzan con un diptongo

Se alarga los diptongos de la siguiente manera.

αι	⟶	ῃ
αυ	⟶	ηυ
οι	⟶	ῳ

ει	⟶	ῃ
ευ	⟶	ηυ, ευ (se quedan como ευ o reciben un aumento después de ευ)

Raíces que comienzan con una preposición

Añade el aumento de la manera en que se describió anteriormente *después de la preposición. Si la preposición termina con una vocal corta, esta desaparecerá.* ἐκ se transformará en ἐξ.

συνεγείρω	⟶	συνήγειρον
προσδέχομαι	⟶	προσεδεχόμην
ἀναβλέπω	⟶	ἀνέβλεπον
κατακρίνω	⟶	κατέκρινον
ἐπιβλέπω	⟶	ἐπέβλεπον
ἐκδύω	⟶	ἐξέδυον

Desinencias del imperfecto activo y medio/pasivo

Las desinencias que se usan con el imperfecto se llaman desinencias *secundarias* y son ligeramente diferentes de las desinencias primarias que se utilizan para el tiempo presente. El imperfecto usa desinencias secundarias que tengan vocales de enlace ο/ε.

Desinencias del imperfecto activo

	Singular	Plural
1ra	-ον	-ομεν
2da	-ες	-ετε
3ra	-ε (ν)	-ον[1]

Desinencias del imperfecto medio/pasivo

	Singular	Plural
1ra	-ομην	-ομεθα
2da	-ου	-εσθε
3ra	-ετο	-οντο

Observe las similitudes y las diferencias con las desinencias *primarias* que se emplean en el tiempo presente.

[1] Algunas veces se usa οσαν en lugar de ον.

Conjugaciones

Conjugación de λυω

	Activo	**Medio/pasivo**
1ra Persona Singular	ἔλυον	ἐλυόμην
2da Persona Singular	ἔλυες	ἐλύου
3ra Persona Singular	ἔλυε(ν)	ἐλύετο
1ra Persona Plural	ἐλύομεν	ἐλυόμεθα
2da Persona Plural	ἐλύετε	ἐλύεσθε
3ra Persona Plural	ἔλυον	ἐλύοντο

Conjugación de verbos contractos

Activo

	Ποιέω	**ἀγαπάω**	**πληρόω**	**ζάω (irregular)**
1ra Persona Singular	ἐποίουν	ἠγάπων	ἐπλήρουν	ἔζων
2da Persona Singular	ἐποίεις	ἠγάπας	ἐπλήρους	ἔζης
3ra Persona Singular	ἐποίει	ἠγάπα	ἐπλήρου	ἔζη
1ra Persona Plural	ἐποιοῦμεν	ἠγαπῶμεν	ἐπληροῦμεν	ἐζῶμεν
2da Persona Plural	ἐποιεῖτε	ἠγαπᾶτε	ἐπληροῦτε	ἐζῆτε
3ra Persona Plural	ἐποίουν	ἠγάπων	ἐπλήρουν	ἔζων

Medio/pasivo

	ποιέω	**ἀγαπάω**	**πληρόω**
1ra Persona Singular	ἐποιούμην	ἠγαπώμην	ἐπληρούμην
2da Persona Singular	ἐποιοῦ	ἠγαπῶ	ἐπληροῦ
3ra Persona Singular	ἐποιεῖτο	ἠγαπᾶτο	ἐπληροῦτο
1ra Persona Plural	ἐποιούμεθα	ἠγαπώμεθα	ἐπληρούμεθα
2da Persona Plural	ἐποιεῖσθε	ἠγαπᾶσθε	ἐπληροῦσθε
3ra Persona Plural	ἐποιοῦντο	ἠγαπῶντο	ἐπληροῦντο

Observe que en el tiempo imperfecto la sílaba contraída normalmente no lleva acento circunflejo como sí ocurre con el tiempo presente.

***Conjungación de* εἰμί**

	Imperfecto	Traducción
1ra Persona Singular	ἤμην	era (existía)
2da Persona Singular	ἦς[1]	eras (existías)
3ra Persona Singular	ἦν	era (existía)
1ra Persona Plural	ἦμεν[2]	éramos (existíamos)
2da Persona Plural	ἦτε	eran (existían)
3ra Persona Plural	ἦσαν	eran (existían)

[1] a veces ἦσθα

[2] a veces ἤμεθα

Sintaxis y traducción

El tiempo imperfecto describe una acción que tuvo lugar en el pasado y que se prolongó por algún tiempo, se repitió, ocurrió con regularidad o se intentaba llevar a cabo. El contexto indicará en cuál de estas situaciones el autor estaba pensando. Cuando traduzca un verbo en imperfecto, trate de darle a la traducción uno de estos matices basándose en el contexto. Estas son algunas maneras posibles de traducir la oración: ἐδίδασκεν ὁ Ἰησοῦς τοὺς μαθητάς.

Imperfecto descriptivo: Describe la acción como un hecho que estuvo ocurriendo en el pasado. Se traduce normalmente al español con el tiempo imperfecto progresivo (continuo).	Jesús estaba enseñando a los discípulos.
Imperfecto habitual: Describe la acción como un hecho que se repetía habitualmente en el pasado. Para traducirlo al español normalmente se emplea el imperfecto de indicativo, o palabras como «solía», «habitualmente», etc.	Jesús solía enseñar a los discípulos (habitualmente enseñaba a los discípulos).
Imperfecto de sentido iterativo: Describe la acción como un hecho que se repetía en el pasado pero no a intervalos específicos. Normalmente se traduce con expresiones como «de vez en cuando».	Jesús de vez en cuando enseñaba a sus discípulos.
Imperfecto ingresivo: Describe la acción como un hecho que comenzó y prosiguió. Se traduce normalmente como «comenzó a».	Jesús comenzó a enseñar a sus discípulos.
Imperfecto volitivo: Describe la intención de llevar a cabo una acción que no se concretó. Normalmente se traduce como «estaba tratando», «estaba a punto de», «procuraba» «intentaba».	Jesús estaba tratando de enseñar a los discípulos.

Oraciones condicionales del 2do tipo

Las oraciones condicionales del 2do tipo suponen que la condición no es cierta, como en «si fuera inteligente, habría sabido a qué me refería». El griego forma las condiciones del 2do tipo de la siguiente manera:

Prótasis	εἰ con un verbo en tiempo imperfecto, aoristo o pluscuamperfecto
Apódosis	ἄν con un verbo en tiempo imperfecto, aoristo o pluscuamperfecto

Ejemplos

εἰ ἦς προφήτης, ἐγίνωσκες ἄν ὅτι λαλῶ ἀλήθειαν.	Si fueras profeta, sabrías que hablo verdad.
εἰ τυφλοὶ ἦτε, οὐκ ἄν εἴχετε ἁμαρτίαν.	Si fuerais ciegos, no tendríais pecado.

Vocabulario

Forma léxica	Definición	Apariciones
ἁμαρτωλός, -όν	pecaminoso, (sust.) pecador	47
διδάσκαλος, -ου, ὁ	maestro	59
διδάσκω	enseño	97
ἕκαστος, -η, -ον	cada	82
ἐπερωτάω	pregunto	56
ἰδού	¡Ved! ¡Mirad! ¡He aquí!	200
κάθημαι	me siento (del verbo «sentar»)	91
κηρύσσω	proclamo, predico	61
κρατέω	agarro, retengo, aferro, prendo	47
οὕτως	por consiguiente, así, de esta manera	208
πέμπω	envío	79
προσφέρω	traigo, ofrezco, presento	47
ὑπάρχω	existo, estoy presente, poseo	60

- ἁμαρτωλός es un adjetivo, Sin embargo, se usa a menudo como un sustantivo para referirse a un pecador. Las formas femeninas usan las desinencias masculinas de la 2da declinación.
- ἐπερωτάω significa preguntar como en «preguntó: —¿cómo estás?». Αἰτέω significa pedir como en «pidió un pan».

- Cuando κρατέω adopta su complemento en el caso acusativo significa «agarrar, retener» y cuando su complemento está en el caso genitivo significa «echar mano de», «detener» o «prender».
- La raíz de κάθημαι termina en η y asimila las vocales de enlace de las desinencias (κάθημαι, κάθῃ, κάθηται, etc.).

Palabras nuevas	Total de palabras	Nuevas apariciones	Total de apariciones	Apariciones en el NT	% de apariciones en el NT
13	185	1.134	90.920	138.162	65,81

El aparato crítico

Algunas ediciones impresas y digitales del Nuevo Testamento griego incluyen un aparato crítico que puede usarse para evaluar las evidencias externas de las variantes. Por lo general, las evidencias se categorizan como externas e internas. Las evidencias externas son las que se encuentran en los manuscritos neotestamentarios, los leccionarios antiguos, las traducciones antiguas y las citas de los padres de la iglesia.

Estas evidencias pueden ser bastante numerosas, y por esa razón, los editores suelen usar símbolos y abreviaturas para identificar las fuentes. Dado que esas identificaciones varían de un aparato crítico a otro, es imposible enumerarlas todas en un breve artículo. Yo, empero, le sugiero que lea la introducción del aparato crítico al que tenga acceso y conozca cuáles son las identificaciones que usa el autor.

Algunas identificaciones son convencionales y, por tanto, merecen algún comentario. En primer lugar, los manuscritos en papiro están identificados por la letra 𝔓 seguida de un superíndice, como en $𝔓^{45}$. A los manuscritos unciales se les asignó originalmente una letra mayúscula latina, griega o hebrea. Cuando todas las letras en estos alfabetos se agotaron, comenzaron a emplearse números a partir del cero. Algunos ejemplos de manuscritos unciales son B, ℵ, Ψ y 0239. A los manuscritos minúsculos se les asignaron números del 1-2900. A las versiones más antiguas se les asignaron letras minúsculas como «vg» para la Vulgata Latina. Cuando existen diferentes versiones para el mismo idioma, estas se distinguen por medio de letras escritas como superíndices como en «sy^{p}» para la versión siríaca Peshitta. Las citas de los padres de la iglesia normalmente se identifican con las abreviaturas de los nombres comenzando con una letra mayúscula como en «Ambr» para Ambrosio.

Todo lo que hemos dicho podrá resultarle bastante confuso hasta que le dedique algún tiempo a aprender más acerca de los métodos de crítica textual. Por el momento, le animo a ojear el aparato crítico para identificar las variantes. Las variantes importantes exigirán que realices un estudio más profundo.

Unidad 15. Futuro de indicativo activo y medio

Introducción al tiempo futuro

El futuro de indicativo se usa casi siempre para describir una acción que tendrá lugar en el futuro. Por lo general, el aspecto es holístico, tal como ocurre en la expresión en español «iré». A diferencia del presente y del imperfecto de indicativo, las formas media y pasiva del futuro son distintas. Esta unidad estudia las formas activa y media. La formas pasivas se estudiarán en la unidad 18.

Forma del tiempo futuro

La fórmula: Para obtener las formas activa y media del futuro de indicativo se usa la siguiente fórmula:

Raíz del presente + σ + Desinencia primaria	
Activa	Media/Pasiva
λυ + σ + ω	**λυ + σ + ομαι**

Desinencias primarias

Las desinencias son las mismas que se usaron para crear las formas del presente de indicativo. Sin embargo, el tiempo futuro tienen formas pasivas exclusivas que no usan las desinencias medias.

	Activo	Medio
1ra Persona singular	-ω	-ομαι
2da Persona singular	-εις	-ῃ
3ra Persona singular	-ει	-εται
1ra Persona plural	-ομεν	-ομεθα
2da Persona plural	-ετε	-εσθε
3ra Persona plural	-ουσι(ν)	-ονται

Conjugación de λυω (tiempo futuro)

	Activo	Medio
1ra Persona singular	λύσω	λύσομαι
2da Persona singular	λύσεις	λύσῃ

	Activo	Medio
3ra Persona singular	λύσει	λύσεται
1ra Persona plural	λύσομεν	λυσόμεθα
2da Persona plural	λύσετε	λύσεσθε
3ra Persona plural	λύσουσι(ν)	λύσονται

Modificaciones en la raíz

La raíz de muchos verbos en tiempo presente se ve afectada por la σ que se le añade. Estos cambios siguen reglas convencionales.

Resumen de las reglas de raíces que terminan con

una vocal larga	υ, ου, ευ,	Se añade σ
una vocal contraída	α, ε, ο	Se alarga la vocal, se añade σ
una consonante labial	π, β, φ	Se cambian por ψ
una consonante palatal	κ, γ, χ o σσ	Se cambian por ξ
una consonante dental	τ, δ, θ	Se elimina la consonante dental, se añade la σ
una consonante sibilante	ξ, ζ, ψ	Se elimina la consonante sibilante, se añade la σ
una consonante líquida	λ, μ, ν, ρ	Normalmente se elimina σ, se retiene la consonante líquida, se le añade ε y se acentúa como en los verbos contractos.

Ejemplos de las reglas

	Presente	Futuro
A **las raíces que terminan con vocales** que no sean α, ε, ο se les añade una σ y no se hace ninguna otra modificación.	λύω ἀκούω	λύσω ἀκούσω
Los **verbos contractos** alargan la vocal contraída antes de añadir la σ.	ἀγαπάω ποιέω πληρόω καλέω	ἀγαπήσω ποιήσω πληρώσω καλέσω (**irregular**)
Las raíces que terminan con una consonante labial (π, β, φ) o con πτ cambian por ψ.	βλέπω γράφω τρίβω	βλέψω γράψω τρίψω

	Presente	Futuro
Las raíces que terminan con una consonante palatal (κ, γ, χ) o con σσ cambian por ξ.	ἄγω ἔχω κηρύσσω	ἄξω ἕξω **(espíritu áspero)** κηρύξω
Las raíces que terminan con una consonante dental (τ, δ, θ) o **con una sibilante** (ξ, ζ, ψ, σ) eliminan la última consonante y añaden la σ.	ᾄδω πείθω βαπτίζω	ᾄσω πείσω βαπτίσω
Las raíces que terminan con una consonante líquida (λ, μ, ν, ρ) normalmente retienen la líquida y reemplazan la σ por ε, comportándose como un verbo contracto. La vocal contraída se acentúa. Es posible que este cambio en el acento sea lo único que permita distinguir el tiempo presente del futuro. Podrían ocurrir también algunas irregularidades al formar el futuro. Por lo general, la raíz del futuro se abrevia.	ἀποκτείνω ἀποστέλλω αἴρω βάλλω κρίνω πίνω	ἀποκτενῶ ἀποστελῶ ἀρῶ βαλῶ κρινῶ πίομαι **(dep)**

El presente y el futuro de κρίνω

Observa cómo el futuro se comporta de la misma manera que un verbo contracto cuya raíz termina en ε. Esta es la clave para distinguir el tiempo presente del futuro en los verbos líquidos.

	Presente	Futuro
1ra Persona singular	κρίνω	κρινῶ
2da Persona singular	κρίνεις	κρινεῖς
3ra Persona singular	κρίνει	κρινεῖ
1ra Persona plural	κρίνομεν	κρινοῦμεν
2da Persona plural	κρίνετε	κρινεῖτε
3ra Persona plural	κρίνουσι(ν)	κρινοῦσι(ν)

Raíces irregulares del futuro

Muchos verbos tienen raíces que no se ajustan a las reglas anteriores y es preciso aprenderlos de memoria.

Raíz del presente	Raíz del futur
βαίνω	βήσομαι **(deponente)**
γίνομαι	γενήσομαι **(deponente)**
γινώσκω	γνώσομαι **(deponente)**
ἔρχομαι	ἐλεύσομαι **(deponente)**
ἔχω	ἕξω **(espíritu áspecro)**

Raíz del presente	Raíz del futuro
ἐσθίω	φάγομαι **(deponente)**
πίπτω	πεσοῦμαι **(deponente)**
λέγω	ἐρῶ
ὁράω	ὄψομαι **(deponente)**
φέρω	οἴσω

Algunos verbos solo tienen formas deponentes en futuro. Por consiguiente, se conjugan en voz media pero se traducen en voz activa.

Raíz del presente	Raíz del futuro	Traducción
ἀποθνῄσκω	ἀποθανοῦμαι	moriré
βαίνω	βήσομαι	iré
γινώσκω	γνώσομαι	sabré
ἐσθίω	φάγομαι	comeré
πίνω	πίομαι	beberé
πίπτω	πεσοῦμαι	(me) caeré
ὁράω	ὄψομαι	veré

El futuro de εἰμί

El futuro de indicativo de εἰμί se forma añadiendo a la raíz verbal ἐσ las desinencias medias. Compara esto con el presente de indicativo, que también usa la raíz ἐσ (ἐστιν, ἐσμεν, etc.) pero le añade desinencias activas. Véanse las *Formas de* εἰμί en los Apéndices.

	Futuro	Traducción
1ra Persona singular	ἔσομαι	seré
2da Persona singular	ἔσῃ	serás
3ra Persona singular	ἔσται	será
1ra Persona plural	ἐσόμεθα	seremos
2da Persona plural	ἔσεσθε	serán
3ra Persona plural	ἔσονται	serán

Sintaxis y traducción

El marco temporal del futuro de indicativo normalmente es futuro, y el aspecto es simple u holístico. El futuro progresivo exige una construcción perifrástica (el futuro de εἰμι con el participio de presente, y en español se usaría el gerundio).

Los diferentes usos del futuro pueden influir en la manera de traducir.

Futuro predictivo: Se usa para indicar lo que ocurrirá en el futuro con certeza. Si la predicción no tiene lugar, la afirmación fue falsa.	αὐτὸς βαπτίσει ὑμᾶς ἐν πνεύματι ἁγίῳ. Él os bautizará con el Espíritu Santo (Marcos 1:8).
Futuro previsto: Se usa para indicar una acción futura que se prevé que ocurrirá pero sin llegar a hacer una predicción. Puede traducirse añadiendo expresiones como «trataré de... », «intentaré...».	αὔριον πορευσόμεθα εἰς τὴν πόλιν. Mañana trataremos de ir a la ciudad (Santiago 4:13).
Futuro imperativo: Se usa para expresar una orden. Este uso es habitual en el Antiguo Testamento, normalmente aparece en segunda persona y puede traducirse como un futuro simple en español.	καλέσεις τὸ ὄνομα αὐτοῦ Ἰησοῦν. Llamarás su nombre Jesús (Mateo 1:21).
Futuro deliberativo: Puede usarse en preguntas que expresan cierto grado de incertidumbre en cuanto a la manera en que se ha de proceder. En esas preguntas suele emplearse la primera persona y puede traducirse como un futuro simple en español.	τὶ ἐροῦμεν; ¿Qué diremos? (Romanos 9:14).

Vocabulario

Forma léxica	Definición	Apariciones
αἴρω	elevo, alzo, levanto, quito	101
ἀναβαίνω	subo, asciendo, (me) embarco	82
ἀποκτείνω	mato	74
ἄρτος, -ου, ὁ	pan, comida	97
βάλλω	lanzar, echar, poner	122
ἐσθίω	como	158
καθώς	como, así como	182
καρπός, -οῦ, ὁ	fruto, cultivo	66
καταβαίνω	(me) bajo, desciendo, desembarco	81
ὁράω	veo	449
πίνω	bebo	73

Palabras nuevas	Total de palabras	Nuevas apariciones	Total de apariciones	Apariciones en el NT	% de apariciones en el NT
11	196	1.485	92.405	138.162	66,88

Raíces irregulares del futuro que es preciso aprender

Raíz del presente	Raíz del futuro
βαίνω	βήσομαι (**deponente**)
γίνομαι	γενήσομαι (**deponente**)
γινώσκω	γνώσομαι (**deponente**)
ἔρχομαι	ἐλεύσομαι (**deponente**)

Raíz del presente	Raíz del futuro
ἐσθίω	φάγομαι (**deponente**)
πίπτω	πεσοῦμαι (**deponente**)
λέγω	ἐρῶ
ὁράω	ὄψομαι (**deponente**)
φέρω	οἴσω

Unidad 16. Aoristo primero de indicativo activo y medio

Introducción al aoristo de indicativo

En griego se usan diferentes tiempos verbales para describir una acción que tuvo lugar en el pasado. Esos usos dependen de la manera en que el autor quiera representar la acción. El aoristo de indicativo se emplea para describir una acción pasada sin hacer referencia al progreso de la misma o a sus resultados, tal como ocurre con el pasado simple (o pretérito indefinido) en español «fue».

Dos patrones morfológicos para el tiempo aoristo

El tiempo aoristo de indicativo para un verbo determinado suele formarse usando uno de dos criterios. Cada uno de estos criterios da por resultado un tipo diferente de aoristo que tradicionalmente se conocen como aoristo primero y aoristo segundo. En esta unidad trataremos con los verbos que emplean el criterio para el aoristo primero. Los verbos que utilizan el criterio para el aoristo segundo se estudiarán en la unidad 17. Cada verbo usa uno de los criterios pero no los dos. Por tanto, tiene que memorizar qué criterio se emplea para cada verbo.

Forma del tiempo del aoristo primero – activa y media

La fórmula: Para obtener las formas activa y media del aoristo primero se usa la siguiente fórmula:

Aumento + Raíz del presente + **σ** + Desinencias del aoristo segundo	
Voz activa	Voz media
ἐ + λυ + σ + α	**ἐ + λυ + σ + αμην**

Las desinencias del aoristo segundo

	Desinencias activas	Desinencias medias	
1ra Persona singular	-α	-αμην	Observa el uso de la vocal de enlace α. Este rasgo diferencia las desinencias secundarias del aoristo de las desinencias secundarias del imperfecto.
2da Persona singular	-ας	-ω	
3ra Persona singular	-ε(ν)[1]	-ατο	
1ra Persona plural	-αμεν	-αμεθα	
2da Persona plural	-ατε	-ασθε	[1] La ν movible casi siempre está presente.
3ra Persona plural	-αν	-αντο	

Conjugación de λυω

	Voz activa	Voz media
1ra Persona singular	ἔλυσα	ἐλυσάμην
2da Persona singular	ἔλυσας	ἐλύσω
3ra Persona singular	ἔλυσε(ν)	ἐλύσατο
1ra Persona plural	ἐλύσαμεν	ἐλυσάμεθα
2da Persona plural	ἐλύσατε	ἐλύσασθε
3ra Persona plural	ἔλυσαν	ἐλύσαντο

Reglas para aumentar

El aumento temporal consiste en añadir una épsilon como prefijo a la raíz verbal. Cuando el aumento se añade a varias raíces, pueden ocurrir pequeños cambios, los cuales se describen a continuación.

Raíces que comienzan con una consonante

Se añade una ε como prefijo con un espíritu suave.

λύω	→	ἔλυσα
γράφω	→	ἔγραψα

Raíces que comienzan con una sola vocal

Las vocales cortas se alargarán, pero las vocales largas no cambian.

α	→	η
ε	→	η
ο	→	ω

η	→	η
ι	→	ι
υ	→	υ
ω	→	ω

Raíces que comienzan con un diptongo

Los diptongos se alargan de la siguiente manera:

αι	→	ῃ
αυ	→	ηυ
οι	→	ῳ

ει	→	ῃ
ευ	→	ηυ

Raíces que comienzan con una preposición

Se añade el aumento después de la preposición de la manera en que se describió anteriormente. Si la preposición comienza con una vocal corta, dicha vocal corta desaparece. ἐκ *se transformaá en* ἐξ.

ἀναβλέπω	⟶	ἀνέβλεψα

κατακρίνω	⟶	κατέκρινα

Modificaciones de la raíz cuando se añade σ

Resumen de las reglas que terminan con:

una vocal larga	υ, ου, ευ,	Se añade σ
una vocal contraída	α, ε, ο	Se alarga la vocal, se añade σ
una consonante labial	π, β, φ	Se cambian por ψ
una consonante palatal	κ, γ, χ o σσ	Se cambian por ξ
una consonante dental	τ, δ, θ	Se elimina la consonante dental, se añade σ
una consonante sibilante	ξ, ζ, ψ	Se elimina la consonante sibilante, se añade σ
una consonante líquida	λ, μ, ν, ρ	Normalmente se retiene la líquida y se elimina la σ

Ejemplos de las reglas

	Presente	**Aoristo**
A **las raíces que terminan con vocales** que no sean α, ε, ο se les añade una σ y no se hace ninguna otra modificación.	λύω ἀκούω	ἔλυσα ἤκουσα
Los **verbos contractos** alargan la vocal contraída antes de añadir la σ.	ἀγαπάω ποιέω πληρόω καλέω	ἠγάπησα ἐποίησα ἐπλήρωσα ἐκάλεσα **(no se alarga)**
Las raíces que terminan con una consonante palatal (κ, γ, χ) o con σσ cambian por ξ.	διδάσκω δέχομαι κηρύσσω	ἐδίδαξα ἐδεξάμην ἐκήρυξα
Las raíces que terminan con una consonante labial (π, β, φ) o con πτ cambian por ψ.	βλέπω γράφω ἀποκαλύπτω	ἔβλεψα ἔγραψα ἀπεκάλυψα
Las raíces que terminan con una consonante dental (τ, δ, θ) o con una **sibilante** (ξ, ζ, ψ, σ) eliminan la última consonante y añaden la σ.	πείθω βαπτίζω	ἔπεισα ἐβάπτισα

	Presente	Aoristo
Las raíces que terminan con una consonante líquida (λ, μ, ν, ρ) normalmente retienen la líquida y eliminan la σ. Pueden ocurrir pequeños cambios.	κρίνω ἐγείρω μένω ἁμαρτάνω ἀγγέλλω	ἔκρινα ἤγειρα ἔμεινα ἡμάρτησα, ἥμαρτον ἤγγειλα

Principales verbos con formas del aoristo primero (50 veces o más en el NT)

Presente	Aoristo
ἀγαπάω	ἠγάπησα
ἀπολύω	ἀπέλυσα
ἀποστέλλω	ἀπέστειλα[2]
αἴρω	ἦρα[2]
αἰτέω	ᾔτησα
ἀκούω	ἤκουσα
ἀκολουθέω	ἠκολούθησα
ἀνοίγω	ἀνέῳξα, ἠνέῳξα, ἤνοιξα[3]
ἀποκρίνομαι	ἀπεκρινάμην
ἀποκτείνω	ἀπέκτεινα
ἄρχω	ἦρξα, ἠρξάμην
ἀσπάζομαι	ἠσπασάμην
βαπτίζω	ἐβάπτισα
βλέπω	ἔβλεψα
γεννάω	ἐγέννησα
γράφω	ἔγραψα
δέχομαι	ἐδεξάμην
διδάσκω	ἐδίδαξα[3]
δοκέω	ἔδοξα[3]
δοξάζω	ἐδόξασα
ἐγείρω	ἤγειρα
ἐπερωτάω	ἐπηρώτησα
ἐρωτάω	ἠρώτησα

Presente	Aoristo
εὐαγγελίζω	εὐηγγέλισα
ζάω	ἔζησα
ζητέω	ἐζήτησα
θέλω	ἠθέλησα[2]
θεωρέω	ἐθεώρησα
καλέω	ἐκάλεσα[1]
κηρύσσω	ἐκήρυξα
κράζω	ἔκραξα[3]
κρίνω	ἔκρινα
λαλέω	ἐλάλησα
μαρτυρέω	ἐμαρτύρησα
μένω	ἔμεινα[2]
παρακαλέω	παρεκάλεσα[1]
πείθω	ἔπεισα
πέμπω	ἔπεμψα
περιπατέω	περιεπάτησα
πιστεύω	ἐπίστευσα
πληρόω	ἐπλήρωσα
ποιέω	ἐποίησα
προσεύχομαι	προσηυξάμην
προσκυνέω	προσεκύνησα
σῴζω	ἔσωσα
τηρέω	ἐτήρησα
φέρω	ἤνεγκα[3]

[1] Alargamiento irregular de la forma contraída

[2] Raíz que termina en consonante líquida irregular

[3] Cambio irregular de la raíz

Sintaxis y traducción

El aoristo presenta la acción como un hecho simple u holístico. Contempla la acción de manera integral o en su conjunto. Sin embargo, la acción puede ocurrir en un momento o en un lapso de tiempo. En el modo indicativo, el marco cronológico normalmente se ubica en el pasado, pero puede referirse al presente, al futuro o incluso a algo atemporal.

El aoristo describe la acción como una impresión fotográfica instantánea, mientras que el tiempo perfecto la describe como una película. En las narraciones suelen mezclarse el aoristo con el imperfecto. Por lo general, el imperfecto se usa cuando el narrador quiere ser más descriptivo y centrarse en la acción. El aoristo normalmente es menos descriptivo. Recuerde también que el tiempo presente se usa a menudo en la narración para atraer la atención del lector y dramatizar la acción. Es importante que observe y considere la manera en que el narrador selecciona los tiempos verbales.

Las diversas formas en que se usa el aoristo pueden influir a la hora de traducirlo. A continuación se ofrece una breve explicación con respecto a cada uno de sus usos. Cuando traduzca el aoristo, debe tratar de matizar su traducción de una de las siguientes maneras.

Aoristo constativo: Con este uso se describe la acción en su conjunto, como una acción simple sin ninguna referencia al comienzo, el final o el resultado de la misma. Normalmente se traduce al español con el pasado simple (o pretérito indefinido).	περὶ ἐμοῦ ἐκεῖνος ἔγραψεν. Él (ese/aquel) escribió con respecto a mí.
Aoristo ingresivo: Con este uso se hace hincapié en el comienzo de la acción sin indicar si esta continuó. Por lo general se traduce al español por medio de la expresión «comenzó a...» o alguna otra equivalente.	Πάλιν οὖν αὐτοῖς ἐλάλησεν ὁ Ἰησοῦς λέγων... Otra vez Jesús comenzó a hablarles y les dijo...
Aoristo perfectivo: Cuando se usa de esta manera el aoristo sufre un cambio y adopta una forma muy parecida a la del pretérito perfecto. Esto se debe casi siempre al significado de ciertos verbos que sugieren un cambio en el estatus o en la situación. Para traducirlo se emplea una forma del verbo «haber».	Λάζαρος ἀπέθανεν. Lázaro ha muerto.
Aoristo epistolar: Se usa así para describir una acción que está ocurriendo en el momento en que el autor está escribiendo pero se considerará pasada cuando se lea. Este uso aparece solo en las epístolas y puede traducirse al español usando el pasado simple o algún tiempo perfecto.	ἔπεμψα αὐτὸν ὑμῖν. Lo he enviado a ustedes.

Vocabulario

Forma léxica	Definición	Apariciones
δέχομαι	recibo, acepto, tomo, doy la bienvenida	56
διώκω	persigo, prosigo, sigo	45
δοκέω	pienso, imagino, supongo; parece...	63
ἔξω	(gen.) fuera de; (adv.) afuera, exterior	63
ἤδη	ahora, ya	61
θεωρέω	miro, contemplo, observo	58
κράζω	grito, aclamo, alzo la voz	56
οὐχί	no	53
πείθω	convenzo, persuado; (pas.) estoy seguro	52
πρεσβύτερος, -α, ον	más viejo, mayor; (sust.) presbítero, anciano	66
προσκυνέω	adoro, reverencio, me postro	60
σωτηρία, -ας, ἡ	salvación, liberación	46
τότε	entonces	160

Palabras nuevas	Total de palabras	Nuevas apariciones	Total de apariciones	Apariciones en el NT	% de apariciones en el NT
13	209	839	93.224	138.162	67,47

Unidad 17. Aoristo segundo de indicativo activo y medio

Dos patrones morfológicos para el tiempo aoristo

El tiempo aoristo de indicativo para un verbo determinado suele formarse usando uno de dos criterios. Cada uno de estos criterios da por resultado un tipo diferente de aoristo que tradicionalmente se conocen como aoristo primero y aoristo segundo. En esta unidad trataremos con los verbos que emplean el criterio para el aoristo segundo. Los verbos que utilizan el criterio para el aoristo primero se estudiaron en la unidad 16. Cada verbo usa uno de los criterios pero no los dos. Por tanto, tiene que memorizar qué criterio se emplea para cada verbo.

Forma del tiempo del aoristo segundo – activo y medio

La fórmula: Para obtener las formas del aoristo segundo activo y medio se usa la siguiente fórmula:

Aumento + Raíz del aoristo segundo	+ Desinencias secundarias (vocales ο/ε)
Voz activa **ἐ + λαβ + ον**	Voz media **ἐ + γεν + ομην**

Las desinencias secundarias del aoristo segundo

Las formas del aoristo segundo usan las mismas desinencias del tiempo imperfecto.

	Voz activa[1]	**Voz media**
1ra Persona singular	-ον	-ομην
2da Persona singular	-ες	-ου
3ra Persona singular	-ε(ν)	-ετο
1ra Persona plural	-ομεν	-ομεθα
2da Persona plural	-ετε	-εσθε
3ra Persona plural	-ον[1]	-οντο

[1] Las raíces que terminan en vocales largas (γνω, βη) carecen de vocales de enlace, y la desinencia activa de la 3ra persona del plural es σαν (ἔγνωσαν, ἔβησαν).

En algunas ocasiones las desinencias del aoristo primero se usan con las raíces del aoristo segundo. Por ejemplo, frecuentemente aparece la forma εἶπαν en lugar de εἶπον. Esto es especialmente cierto con respecto a las formas de la 3ra persona del plural para distinguirlas de las formas de la 1ra persona del singular.

Ejemplo de conjugaciones del tiempo aoristo segundo

	Activo de λαμβάνω
1ra Persona singular	ἔλαβον
2da Persona singular	ἔλαβες
3ra Persona singular	ἔλαβε(ν)
1ra Persona plural	ἐλάβομεν
2da Persona plural	ἐλάβετε
3ra Persona plural	ἔλαβον

Deponente medio de γίνομαι
ἐγενόμην
ἐγένου
ἐγένετο
ἐγενόμεθα
ἐγένεσθε
ἐγένοντο

Comparación con el tiempo imperfecto

El único elemento que nos permite diferenciar una forma del aoristo segundo de una forma del imperfecto es el cambio en la raíz. La raíz del aoristo segundo es diferente de la raíz del presente a partir de la cual se construye el tiempo imperfecto. Compare las formas activas de indicativo de la primera persona singular de λέγω.

Imperfecto	ἔλεγον
Aoristo segundo	εἶπον

Principales raíces del aoristo segundo

La raíz del aoristo segundo no se basa en la raíz del presente, razón por la cual debemos aprenderlo de manera independiente. A continuación aparecen las raíces del aoristo segundo para los verbos que hemos aprendido en esta unidad o en las anteriores. En unidades posteriores, se mencionarán todas las raíces del aoristo segundo. Los verbos compuestos con la misma raíz de los verbos mencionados aquí usarán la misma raíz del aoristo segundo (συνάγω, ἀναβαίνω, καταβαίνω).

Presente	Aoristo segundo	Raíz
ἄγω	ἤγαγον	αγαγ
ἀποθνῄσκω	ἀπέθανον	θαν
βαίνω	ἔβην	βη
βάλλω	ἔβαλον	βαλ
γίνομαι	ἐγενόμην	γεν
γινώσκω	ἔγνων	γνω
ἐσθίω	ἔφαγον	φαγ
ἔρχομαι	ἦλθον	ελθ
εὑρίσκω	εὗρον	εὑρ

Presente	Aoristo segundo	Raíz
ἔχω	ἔσχον	σχ
λαμβάνω	ἔλαβον	λαβ
λέγω	εἶπον	ειπ
ὁράω	εἶδον	ιδ
πάσχω	ἔπαθον	παθ
πίπτω	ἔπεσον	πεσ
πίνω	ἔπιον	πι
φέρω	ἤνεγκα[1]	ἐνεγκ

[1] Usa las desinencias del aoristo primero en el modo indicativo.

Las conjugaciones de βαίνω y de γινώσκω (aoristo activo)

Las raíces del aoristo de βαίνω y de γινώσκω terminan en vocales largas eta y omega. Estas vocales asimilan las vocales de enlace de las desinencias y usan una desinencia ligeramente diferente para la 3ra persona del plural, -σαν.

	βαίνω
1ra Persona singular	ἔβην
2da Persona singular	ἔβης
3ra Persona singular	ἔβη
1ra Persona plural	ἔβημεν
2da Persona plural	ἔβητε
3ra Persona plural	ἔβησαν

γινώσκω
ἔγνων
ἔγνως
ἔγνω
ἔγνωμεν
ἔγνωτε
ἔγνωσαν

Principales partes de los verbos

Dado que los tiempos verbales muchas veces son irregulares, es habitual enumerar las *partes principales de los mismos*. Esto es muy semejante a lo que ocurre en español cuando conjugamos las distintas formas de un verbo (voy, fui, he ido, iré, etc.). Los verbos griegos tienen seis partes principales: *el presente activo, el futuro activo, el aoristo activo, el perfecto activo, el perfecto pasivo y el aoristo pasivo*, y se mencionan en ese orden. A partir de esta unidad, al final de la sección de vocabulario se enumerarán todos los verbos nuevos que tengan partes irregulares. Las formas que no aparecen en el Nuevo Testamento se sustituirán por guiones.

Sintaxis y traducción

No existe ninguna diferencia sintáctica entre el aoristo primero y el segundo. Lo mismo ocurre en español. El pasado simple (o pretérito indefinido) para la primera persona del singular del verbo *mirar* es *miré* y el pasado simple (o pretérito indefinido) de *ir* es *fui*. Aunque el pasado de ambos verbos se forma de manera diferente, en ambos casos se trata del pasado simple (o pretérito indefinido) de los verbos y representa una acción que ocurrió en el pasado. En los ejemplos que aparecen a continuación, ambos verbos se traducen al español con el pasado simple (o pretérito indefinido) aun cuando en griego uno de los verbos es una forma del aoristo primero y el otro una forma del aoristo segundo.

Ejemplos

ἐγὼ ἔβλεψα. ἐγὼ εἶδον.	Yo vi. Yo vi.	Aoristo de βλέπω Aoristo de ὁράω

Vocabulario

Forma léxica	Definición	Apariciones
ἄγω	guío, conduzco, traigo	67
διό	por tanto, por esta razón	53
ἐκβάλλω	lanzo, arrojo, expulso	81
ἔρημος, -ον	vacío, desierto; (sust. fem.) desierto, yermo	48
ἐρωτάω	pido, solicito	63
εὑρίσκω	encuentro, descubro	176
οὐκέτι	ya no, no más	47
παρακαλέω	insto, animo, consuelo, exhorto	109
ποῦ	¿dónde?	48
προσεύχομαι	oro	86
ὑπάγω	voy, ando, me aparto	79

- Principales partes de ἄγω: ἄγω, ἄξω, ἤγαγον, --------, --------, ἤχθην
- Principales partes de εὑρίσκω: εὑρίσκω, εὑρήσω, εὗρον, εὕρηκα, --------, εὑρέθην
- El verbo ἐρωτάω se usa a veces como sinónimo de ἐπερωτάω «preguntar», y en otras ocasiones como sinónimo de αἰτέω «pedir».

Palabras nuevas	Total de palabras	Nuevas apariciones	Total de apariciones	Apariciones en el NT	% de apariciones en el NT
11	220	857	94.101	138.162	68,11

Raíces del aoristo segundo de algunas palabras aprendidas anteriormente

Presente	Aoristo segundo	Raíz
βαίνω	ἔβην	βη
βάλλω	ἔβαλον	βαλ
γίνομαι	ἐγενόμην	γεν
γινώσκω	ἔγνων	γνω
ἐσθίω	ἔφαγον	φαγ
ἔρχομαι	ἦλθον	ελθ

Presente	Aoristo segundo	Raíz
ἔχω	ἔσχον	σχ
λέγω	εἶπον	ειπ
ὁράω	εἶδον	ιδ
Πίπτω	ἔπεσον	πεσ
Πίνω	ἔπιον	πι
Φέρω	ἤνεγκα	ἐνεγκ

Unidad 18. Futuro y aoristo de indicativo pasivo

Formas pasivas propias del futuro y el aoristo

A diferencia del tiempo presente y del imperfecto, cuyas formas medias y pasivas son idénticas, tanto el tiempo futuro como el aoristo tienen formas pasivas propias. El patrón normal que debe seguirse para obtener estas formas consiste en adjuntar θη al final de la raíz.

Forma del futuro pasivo

La fórmula: Para obtener el futuro pasivo se usa la siguiente fórmula:

Raíz del presente	+	**θησ**	+	Desinencias primarias pasivas
λυ	+	**θησ**	+	**ομαι**

La conjugación de λύω

1ra Persona singular	λυθήσομαι	seré desatado
2da Persona singular	λυθήσῃ	serás desatado
3ra Persona singular	λυθήσεται	será desatado/da
1ra Persona plural	λυθησόμεθα	seremos desatados/das
2da Persona plural	λυθήσεσθε	serán desatados/das
3ra Persona plural	λυθήσονται	serán desatados/das

Forma del aoristo pasivo

La fórmula: Para obtener el aoristo pasivo se usa la siguiente fórmula:

Aumento	+	Raíz del presente	+	**θη**	+	Desinencias secundarias activas
ἐ	+	**λυ**	+	**θη**	+	**ν**

La conjugación de λύω (Aoristo pasivo)

1ra Persona singular	ἐλύθην[1]	fui desatado/a
2da Persona singular	ἐλύθης	fuiste desatado/a
3ra Persona singular	ἐλύθη	fue desatado/a
1ra Persona plural	ἐλύθημεν	fuimos desatados/as
2da Persona plural	ἐλύθητε	fueron desatados/as
3ra Persona plural	ἐλύθησαν[2]	fueron desatados/as

[1] Obsérvese que las vocales de enlace son absorbidas por la η.

[2] La desinencia de la 3ra persona del plural es σαν.

Modificaciones de la raíz con la adición de θ

Cuando se adjunta θη al final de la raíz verbal, pueden ocurrir pequeñas modificaciones. Estas modificaciones se describen en el siguiente cuadro.

Resumen de las reglas de raíces que terminan con

vocal larga	υ, ου, ευ	Se añade θ y no se hace ninguna otra modificación
una vocal contraída	α, ε, ο	Se alarga la vocal contraída, se añade θ
una consonante labial	π, β, φ, ο πτ	Se cambian por φθ
una consonante palatal	κ, γ, χ, ο σσ	Se cambian por χθ
una consonante dental	τ, δ, θ	Se elimina la consonante dental, se añade σθ
una consonante sibilante	ξ, ζ, ψ	Se elimina la consonante sibilante, se añade σθ
una consonante líquida	λ, μ, ν, ρ	Se retiene la consonante líquida o la θ, pero no ambas. Pueden ocurrir algunos pequeños cambios.

Ejemplos de las reglas

	Presente	**Futuro pasivo**	**Aoristo pasivo**
A las **raíces que terminan con vocales** que no sean α, ε, ni ο, se les añade una θ y no se hace ninguna otra modificación.	λύω ἀκούω	λυθήσομαι ἀκουσθήσομαι	ἐλύθην ἠκούσθην

	Presente	Futuro pasivo	Aoristo pasivo
Los **verbos contractos** alargan la vocal contraída antes de añadir la θ.	ἀγαπάω ποιέω πληρόω	ἀγαπηθήσομαι ποιηθήσομαι πληρωθήσομαι	ἠγαπηθην ἐποιηθην ἐπληρώθην
Las raíces que terminan con una consonante palatal (κ, γ, χ), con σκ y con σσ cambian por χ.	ἄγω διδάσκω διώκω δέχομαι κηρύσσω	ἀχθήσομαι διδαχθήσομαι διωχθήσομαι δεχθήσομαι κηρυχθήσομαι	ἤχθην ἐδιδάχθην ἐδιώχθην ἐδέχθην ἐκηρύχθην
Las raíces que terminan con una consonante labial (π, β, φ) o con πτ, cambian por φ.	πέμπω καλύπτω	πέμφθήσομαι καλυφθήσομαι	ἐπέμφθην ἐκαλύφθην
Las raíces que terminan con una consonante dental (τ, δ, θ) o con una consonante **sibilante** (ξ, ζ, ψ, σ) eliminan la última consonante y añaden σθ.	πείθω βαπτίζω δοξάζω σῴζω	πεισθήσομαι βαπτισθήσομαι δοξασθήσομαι σωσθήσομαι	ἐπείσθην ἐβαπτίσθην ἐδοξάσθην ἐσώθην
Las raíces que terminan con una consonante líquida (λ, μ, ν, ρ) retienen la consonante líquida o la θ pero no ambas. Pueden ocurrir pequeños cambios.	αἴρω ἀποκτείνω βάλλω ἐγείρω κρίνω	ἀρθήσομαι ἀποκτανθήσομαι βληθήσομαι ἐγερθήσομαι κριθήσομαι	ἤρθην ἀπεκτάνθην ἐβλήθην ἠγέρθην ἐκρίθην

Raíces irregulares

Algunas raíces del aoristo y el futuro pasivo no siguen las reglas mencionadas anteriormente con respecto a las modificaciones. Es necesario aprenderlas de memoria.

Presente	Futuro pasivo	Aoristo pasivo
ἀκούω	ἀκουσθήσομαι	ἠκούσθην
ἀποκτείνω	ἀποκτανθήσομαι	ἀπεκτάνθην
γίνομαι	γενηθήσομαι	ἐγενήθην
γινώσκω	γνωσθήσομαι	ἐγνώσθην
εὑρίσκω	εὑρεθήσομαι	εὑρέθην
καλέω	κληθήσομαι	ἐκλήθην
λαμβάνω	λημφθήσομαι	ἐλήμφθην
λέγω	----------------	ἐρρέθην
ὁράω	ὀφθήσομαι	ὤφθην[1]
φέρω	-----------------	ἠνέχθην

[1] El aoristo pasivo de ὁράω suele tener un complemento dativo y se traduce «se apareció a», como en ὤφθη ἄγγελος αὐτῷ, «se le apareció un ángel»

Formas pasivas del aoristo segundo y del futuro segundo

Algunos verbos no incluyen la θ formadora de la raíz en el futuro pasivo o en el aoristo pasivo. Estos verbos a menudo tienen raíces del presente que terminan en -ελλω, -ασσω, -τρεφω, -αιρω o -ειρω.

Presente	Futuro pasivo	Aoristo pasivo
φαίνω γράφω ἀποστέλλω	φανήσομαι γραφήσομαι ἀποσταλήσομαι	ἐφάνην ἐγράφην ἀπεστάλην

Sintaxis y traducción

Para traducir al español los verbos que no son deponentes se emplean formas activas del futuro simple o del pasado simple (o pretérito indefinido). Los verbos deponentes usan formas medias o pasivas y se traducen con la voz activa.

Ejemplos

ποιηθήσομαι	Me hará(n).	No deponente (ποιέω)
ἐδιδάχθην	Me enseñó o enseñaron.	No deponente (διδάσκω)
ἀπεκρινάμην	Yo respondí.	Deponente (ἀποκρίνομαι)
ἀπεκρίθην	Yo respondí.	Deponente (ἀποκρίνομαι)

El agente

La voz pasiva no identifica al que realiza la acción. Sin embargo, a menudo se hace referencia a este agente por medio de un sintagma preposicional. Pueden expresarse tres tipos de agentes.

	Construcción	Ejemplo
Agente directo – la persona directamente responsable de la acción.	ὑπό con el genitivo	ὑπὸ τοῦ κυρίου por el Señor
Agente intermediario – la persona mediante la cual se lleva a cabo la acción.	διά con el genitivo	διὰ τοῦ υἱοῦ por medio del Hijo
Agente impersonal – el instrumento usado para realizar la acción.	ἐν con el dativo o el dativo solo	ἐν νόμῳ por ley, o en la ley

Vocabulario

Forma léxica	Definición	Apariciones
ἀνοίγω	abro	77
ἀπολύω	libero, pongo en libertad, me divorcio	67
ἔμπροσθεν	(adv.) en frente de, delante (gen.) ante, delante de, antes de	48
ἕτερος, -α, -ον	otro, diferente	99
κατά	(gen.) abajo, contra (ac.) según, por todo	476
μᾶλλον	más, más bien	81
παραλαμβάνω	tomo, asumo, llevo conmigo	50
πρό	(gen.) ante, delante de	47
σταυρόω	crucifico	46
φανερόω	revelo, doy a conocer	49

- Principales partes de ἀνοίγω: ἀνοίγω, ἀνοίξω, ἤνοιξα, ἀνέῳγα, --------, ἠνοίχθην
- κατά con el caso acusativo tiene un amplio abanico de significados incluyendo muchas expresiones idiomáticas. Por ejemplo, κατ᾽ οἶκον significa «de casa en casa». Consulte un léxico para otros significados.
- μᾶλλον, un adverbio de comparación, suele ir seguido de ἤ traducido como «que». Por ejemplo, en ἠγάπησαν οἱ ἄνθρωποι μᾶλλον τὸ σκότος ἢ τὸ φῶς. «Los hombres amaron más las tinieblas que la luz».

Palabras nuevas	Total de palabras	Nuevas apariciones	Total de apariciones	Apariciones en el NT	% de apariciones en el NT
10	230	1.040	95.141	138.162	68,86

El Textus Receptus

APOCALYPSIS

angeli qui mihi hæc ostendebat. Et dicit mihi. Vide ne feceris. Cõseruus enim tuus sũ, & fratrũ tuorũ, pphetarũ & eorũ qui seruant uerba, pphetiæ libri huius. Deum adora. Et dicit mihi. Ne signaueris uerba prophetiæ libri huius. Tẽpus enim prope est. Qui nocet, noceat adhuc, & qui in sordibus est, sordescat adhuc, & qui iustus est, iustificetur adhuc, & sctũs scẽficetur adhuc, & ecce uenio cito, & merces mea mecũ est, ut reddã unicuiq; ut opus illius erit. Ego sum alpha & ω, primus & nouissimus, principium & finis. Beati qui seruant mandata illius ut sit potestas eorum in ligno uitæ, & per portas intrent in ciuitatem. Foris autem canes & uenefici & impudici & homicidæ & idolis seruientes, & omnis qui amat & facit mendacium. Ego Iesus misi angelũ meũ testificari uobis hæc in ecclesijs. Ego sum genus & radix Dauid, stella splendida & matutina. Et spiritus & sponsa dicunt, ueni. Et qui audit dicat ueni. Et qui sitit ueniat, & qui uult, accipiat aquam uitæ gratis. Contestor enim omni audienti uerba, pphetiæ libri huius. Si quis apposuerit ad hæc, apponet deus super illum plagas scriptas in libro isto. Et si qs diminuerit de uerbis libri, pphetiæ huius, auferet deus partẽ eius de libro uitæ, & de ciuitate sancta. & de his q̃ scripta sunt in libro isto. Dicit qui testimoniũ phibet istorũ. Etiã uenio cito. Amẽ. Etiam Veni dñe Iesu. Gratia dñi nostri Iesu Christi cũ oĩbus uobis. Amen.

Finis Testamenti totius ad græcã ueritatẽ uetustissimorũq; Codicum Latinorũ fidem & ad pbatissimorũ authorũ citationẽ & interpretationem accurate recogniti, opera studioq; D. Erasmi Roterodami.

La invención de la imprenta de tipos móviles por parte de Johannes Gutenberg en 1450 revolucionó la reproducción manual de los libros. Muchos de los primeros libros que se imprimieron fueron Biblias. Entre estos se imprimió el Nuevo Testamento griego de Desiderio Erasmo en 1515.

Lamentablemente, al editar el texto griego, la prisa de Erasmo por imprimir su Biblia hizo que consultara muy pocos manuscritos y se basara mayormente en dos manuscritos del siglo XII. Estos carecían de algunas secciones del Nuevo Testamento, y él las creó traduciendo al griego el texto de la Vulgata latina. Aunque publicó varias revisiones (la última de las cuales vio la luz en 1535) que mejoraron el texto reemplazando sus traducciones del latín con el griego que encontró en otros manuscritos, a fin de cuentas, solo consultó unos cuantos manuscritos tardíos.

Durante el resto del siglo XVI solo surgieron algunas modestas revisiones (Stephanus 1546, 1549, 1550, 1551; Beza 1565, 1582, 1589, 1598; los hermanos Elzevir 1563-1565). Este texto griego impreso ya se encontraba disponible y se extendió rápidamente por toda Europa y sirvió de base para la Biblia alemana de Lutero y para algunas de las primeras traducciones inglesas, incluyendo la versión King James. A mediados del siglo XVII este texto fue considerado como el «texto recibido» y por tanto se le dio el nombre de *Textus Receptus*. La veneración que se le rindió fue tal que muchos llegaron a considerar que estaba exento de todo error.

En la actualidad, muy poco eruditos aceptan que esta edición sea exacta. De hecho, muchos la consideran alterada y la ven como el resultado de una enmienda accidental y deliberada del texto. En 1 Juan 5:7-8 se pone de relieve un error flagrante por cuanto el *Textus Receptus* añade una cláusula trinitaria que solo aparece en los últimos tres manuscritos griegos.

Textus Receptus de Stephanus de 1550	Texto de Sociedades Bíblicas Unidas 1979
7 οτι τρεις εισιν οι μαρτυρουντες εν τω ουρανω ο πατηρ ο λογος και το αγιον πνευμα και ουτοι οι τρεις εν εισιν	7 ὅτι τρεῖς εἰσιν οἱ μαρτυροῦντες,
8 και τρεις εισιν οι μαρτυρουντες εν τη γη το πνευμα και το υδωρ και το αιμα και οι τρεις εις το εν εισιν	8 τὸ πνεῦμα καὶ τὸ ὕδωρ καὶ τὸ αἷμα, καὶ οἱ τρεῖς εἰς τὸ ἕν εἰσιν.

Unidad 19. Perfecto de indicativo activo y medio/pasivo

Introducción al tiempo perfecto

El tiempo perfecto presenta la acción como una condición estática, es decir, como un estado de situación o una condición que se deriva de un hecho que ocurrió en el pasado. En español, esta idea se expresa por medio del pretérito perfecto, es decir, mediante la combinación de una forma del verbo «haber» con el participio pasivo del verbo que describe la acción. De este modo, «yo he caído» da a entender que aunque la acción ocurrió en el pasado, yo sigo ahora en esa misma condición, sigo caído. En griego, el tiempo perfecto indica una condición o un estado actual, «yo he caído» o «yo estoy caído», y el tiempo pluscuamperfecto indica una condición o un estado pasado, «yo había caído» o «yo estaba caído». Dado que el tiempo pluscuamperfecto solo aparece en 16 ocasiones en el Nuevo Testamento, limitaremos nuestro análisis al tiempo perfecto. Véase la unidad 31 para la conjugación del pluscuamperfecto.

Forma del tiempo perfecto de indicativo

La fórmula: El perfecto de indicativo activo se obtiene usando la fórmula siguiente:

Raíz del presente reduplicada	+	κ	+	Desinencias primarias en voz activa (vocales de enlace α)
λε + λυ	+	κ	+	α

La fórmula: Las formas medias y pasivas del tiempo perfecto son idénticas. El perfecto de indicativo medio/pasivo se obtiene usando la siguiente fórmula:

Raíz del presente reduplicada	+	κ	+	Desinencias primarias en voz media/pasiva (sin vocal de enlace)
λε	+	κ	+	μαι

Las desinencias del tiempo perfecto

Las desinencias activas del tiempo perfecto son iguales a las desinencias activas del aoristo primero salvo para la 3ra persona del plural. Las desinencias medias/pasivas no tienen vocales de enlace.

	Activas	Medias/Pasivas
1ra Persona singular	-α	-μαι
2da Persona singular	-ας	-σαι
3ra Persona singular	-ε(ν)	-ται
1ra Persona plural	-αμεν	-μεθα
2da Persona plural	-ατε	-σθε
3ra Persona plural	-ασι[1]	-νται

[1] En algunas ocasiones se usa la desinencia αν en lugar de ασι.

Conjugación de λύω (Perfecto)

Voz activa

1ra Persona singular	λέλυκα	he desatado
2da Persona singular	λέλυκας	has desatado
3ra Persona singular	λέλυκε(ν)	ha desatado
1ra Persona plural	λελύκαμεν	hemos desatado
2da Persona plural	λελύκατε	han desatado
3ra Persona plural	λελύκασι(ν)	han desatado

Voz media/pasiva

1ra Persona singular	λέλυμαι	he sido desatado[2]
2da Persona singular	λέλυσαι	has sido desatado
3ra Persona singular	λέλυται	ha sido desatado
1ra Persona plural	λελύμεθα	hemos sido desatados
2da Persona plural	λέλυσθε	han sido desatados
3ra Persona plural	λέλυνται	han sido desatados

[2] Hay traducciones en voz pasiva de principio a fin.

Reglas para la reduplicación en la raíz del perfecto

	Presente	Perfecto activo
Las raíces que comienzan con una consonante simple no aspirada (π, β, κ, γ, τ, δ) o con una consonante muda y una líquida (πτ, πλ, etc.) repiten la consonante inicial y añaden ε.	λύω πληρόω	λέλυκα πεπλήρωκα
Las raíces que comienzan con consonantes aspiradas (φ, θ, χ) se reduplican con las consonantes no aspiradas relacionadas (π, κ, τ).	φιλέω θεάομαι χωρίζω	πεφίληκα τεθέαμαι **(deponente)** κεχώρικα
Las raíces que comienzan con ρ se reduplican en forma irregular.	ῥαντίζω ῥίπτω	ῥεράντισμαι **(pasivo)** ἔρριμμαι **(pasivo)**
Las raíces que comienzan con una vocal, dos consonantes (salvo cuando se trata de una muda y una líquida) o una consonante doble se reduplican con ε. Al igual que ocurre con el aumento temporal, las raíces que comienzan con vocales cortas alargan la vocal.	ἁμαρτάνω στέλλω ψάλλω ζητέω	ἡμάρτηκα ἔσταλκα ἔψαλκα ἐζήτηκα

Reglas para añadirle κ a la raíz

Cuando se añade κ a la raíz para obtener el tiempo verbal, pueden ocurrir pequeñas modificaciones. Estas se resumen en la siguiente tabla:

	Presente	Perfecto activo
Verbos contractos: La vocal corta de la raíz se alarga normalmente cuando se añade la κ.	φιλέω ἀγαπάω πληρόω	πεφίληκα ἠγάπηκα πεπλήρωκα
Raíces que terminan en consonante: La adición de la κ a una raíz que termina en una consonante provoca cambios fonéticos importantes. En el siguiente cuadro se resumen estos cambios.		

Consonante	Se convierte en	Presente	Perfecto
ρ, λ	ρκ, λκ	αἴρω	ἦρκα
ν	κ	κρίνω	κέκρικα
κ, γ, χ	χ	διώκω	δεδιώχα
π, β, φ	φ	γράφω	γέγραφα
σ, ζ, ξ, ψ	κ	σῴζω	σέσωκα

Reglas para las desinencias medias/pasivas

Las desinencias medias/pasivas no tienen vocales de enlace. Por esa razón, cuando las desinencias se adjuntan a la raíz pueden ocurrir pequeñas modificaciones. Estas modificaciones se resumen a continuación:

	Presente	Perfecto medio/ pasivo
Verbos contractos: La vocal corta de la raíz se alarga normalmente antes de añadir la desinencia.	φιλέω ἀγαπάω πληρόω	πεφίλημαι ἠγάπημαι πεπλήρωμαι
Raíces con consonantes: El perfecto medio/pasivo no tiene formadores de tiempos, ni tampoco usa vocales de enlace con las desinencias. La siguiente tabla resume los cambios fonéticos que ocurren cuando las consonantes de las desinencias entran en contacto con una raíz que termina en consonante.		

Consonante de la raíz	Consonante de la desinencia media/pasiva				
	μ	**σ**	**τ**	**σθ**	**ντ**
π, β, φ	μμ	ψ	πτ	φθ	Todas las raíces evitan la terminación ντ. En su lugar, forman el perfecto usando una construcción perifrástica, es decir, una forma del verbo εἰμὶ con un participio de pretérito perfecto.
κ, γ, χ	γμ	ξ	κτ	ξθ	
τ, δ, θ	σμ	σ	στ	σθ	
λ	λμ	λσ	λτ	λθ	
ρ	ρμ	ρσ	ρτ	ρθ	
ν	μμ	νσ	ντ	νθ	
σ, ζ, ξ, ψ	σμ	σ	στ	σθ	

Raíces irregulares del tiempo perfecto

La raíz del perfecto para muchos verbos es diferente de la raíz del presente. Por esta razón debemos memorizarlas.

Presente	Perfecto activo
αἴρω	ἦρκα
ἀκούω	ἀκήκοα
βαίνω	βέβηκα
βάλλω	βέβληκα
ὁράω	ἑώρακα
ἔχω	ἔσχηκα
λέγω	εἴρηκα
πίπτω	πέπτωκα
στέλλω	ἔσταλκα

Raíces del perfecto segundo

Algunas raíces no usan el infijo κ como un formador de tiempo. A estas formas se les llama formas del perfecto segundo y normalmente difieren de las raíces del presente. Es preciso aprenderlas de memoria.

Presente	Perfecto activo
ἀκούω	ἀκήκοα
γίνομαι	γέγονα
ἐγείρω	ἐγρήγορα
ἔρχομαι	ἐλήλυθα
κράζω	κέκραγα
κρύπτω	κέκρυφα
λαμβάνω	εἴληφα
πάσχω	πέπονθα
πείθω	πέποιθα

Sintaxis y traducción

El aspecto del tiempo perfecto es estático. Es decir, la idea verbal se interpreta como una condición o estado que se deriva de una acción anterior. A veces el contexto puede hacer más hincapié en el estado actual o en la acción consumada que produjo este estado. Esto da lugar a dos tipos diferentes de traducción. Cuando el hincapié se hace en el estado o condición actual, se dice que el perfecto es *intensivo*. Cuando el hincapié se hace en la acción consumada que produjo el estado, se dice que el perfecto es *extensivo*. Con algunos verbos, se usa el tiempo perfecto por razones léxicas. En esos casos el tiempo perfecto se traduce al español con el tiempo presente.

Perfecto intensivo: Se usa para hacer hincapié en un estado o condición actual. Normalmente se traduce al español con el presente simple. El intensivo suele usarse con la voz pasiva.	Χριστῷ συνεσταύρωμαι. Crucificado estoy con Cristo (Gálatas 2:20).
Perfecto extensivo: Se usa para hacer hincapié en una acción consumada que produjo un estado o condición. Por lo general, se traduce al español con el pretérito perfecto.	ἐμοὶ παραδέδοται. Me ha sido entregada (Lucas 4:6).
Perfecto con fuerza de presente: Se usa en reemplazo del tiempo presente con ciertos verbos cuyo sentido léxico es estático. Entre los verbos más comunes están οἶδα (yo conozco), ἵστημι, πείθω y μιμήνσκω. Estos perfectos se traducen al español con el tiempo presente.	οὐκ οἶδα τὸν ἄνθρωπον. No conozco al hombre (Mateo 26:72).

Vocabulario

Forma léxica	Definición	Apariciones
διέρχομαι	atravieso, paso por	43
ἐξουσία, -ας, ἡ	poder, autoridad	102
ἑπτά	siete	88
θεραπεύω	cuido, sano	43
θηρίον, -ου, τό	animal, bestia	46
ἱμάτιον, -ου, τό	abrigo, vestidura, ropas	60
λίθος, -ου, ὁ	piedra	59
μέν	de hecho, ahora bien, a la verdad	180
πῶς	¿cómo?	103
τέ	y, ambos, ambas, tanto como (con καί)	215
χρόνος, -ου, ὁ	tiempo (normalmente duración de tiempo)	54

- μέν es una partícula pospositiva y suele aparecer junto con δε en la construcción correlativa μέν ... δε con el significado de «por (de) un lado... por el (del) otro». Esto puede resultar un tanto engorroso en la traducción, y por eso, a menudo μέν no se traduce.
- Cuando μέν aparece sola funciona como un adverbio intensivo y se traduce como «ciertamente» o «de hecho». Sin embargo, esto podría resultar demasiado largo en español y por tanto, con frecuencia μέν no se traduce.
- τέ normalmente es pospositiva y suele aparecer con καί en una construcción correlativa que significa «tanto... como», tal como ocurre en πονηρούς τε καὶ ἀγαθούς, «tanto malos como buenos» (Mateo 22:10 LBLA).

Palabras nuevas	Total de palabras	Nuevas apariciones	Total de apariciones	Apariciones en el NT	% apariciones en el NT
11	241	993	96,134	138,162	69.58

Raíces irregulares del perfecto que es preciso aprender

En el siguiente cuadro aparecen las formas perfectas de los verbos que ya hemos estudiado. Estas deben aprenderse de memoria.

Presente	Perfecto activo
αἴρω	ἦρκα
ἀκούω	ἀκήκοα
ἀποστέλλω	ἀπέσταλκα
βαίνω	βέβηκα
γίνομαι	γέγονα
ἐγείρω	ἐγήγερμαι (med./pas.)
ἐκβάλλω	ἐκβέβληκα
ἔρχομαι	ἐλήλυθα
ἔχω	ἔσχηκα

Presente	Perfecto activo
κράζω	κέκραγα
κρύπτω	κέκρυφα
λαμβάνω	εἴληφα
λέγω	εἴρηκα
ὁράω	ἑώρακα
πάσχω	πέπονθα
πείθω	πέποιθα
πίπτω	πέπτωκα

Evaluación de variantes textuales

Desde que se imprimió el texto griego de Erasmo en 1516, se han descubierto y catalogado muchos miles de manuscritos. El aparato crítico del Nuevo Testamento griego nos ofrece variantes de esos manuscritos. Sin embargo, no nos proporciona un método para evaluar dichas variantes. ¿Cuál de ellas representa el original? Se han sugerido diversos métodos.

El primer método consiste en suponer que la lectura mayoritaria es la correcta. Este método casi siempre da lugar a la aceptación de las lecturas que se encuentran en el *Textus Receptus*. De hecho, un número muy grande de manuscritos son idénticos, y a estos se les llama el *Texto mayoritario*. No obstante, hay un problema. Estos manuscritos son predominantemente minúsculos que datan del siglo XI en adelante. El hecho de que estas lecturas no existan en los manuscritos más antiguos constituye un problema.

Con el descubrimiento de otros manuscritos más antiguos tanto unciales como papiros, algunos eruditos llegaron a la conclusión de que los manuscritos más antiguos eran correctos. Dos de esos eruditos fueron Brooke Foss Westcott y Fenton John Anthony Hort, los cuales propusieron la teoría de que cada vez que los dos manuscritos unciales del siglo IV, B y א coincidían, la lectura era original. Sin embargo, en la actualidad suele aceptarse que la mayoría de las lecturas variantes fueron introducidas mucho antes del siglo IV. Por tanto, incluso los manuscritos más antiguos disponibles no son lo suficientemente antiguos.

Los métodos mencionados se basan en el examen de las pruebas externas de los manuscritos, pero hay otros tipos de pruebas que es preciso tener en cuenta. Entre otras pruebas externas se encuentran las que aparecen en los escritos de los primeros padres de la iglesia, los leccionarios más antiguos y las traducciones más antiguas. La suma de todo esto deja bien claro que las lecturas que se encuentran exclusivamente en el *Texto mayoritario* datan de fechas recientes. Uno de los grandes servicios que prestaron Westcott y Hort fue el estudio exhaustivo que realizaron de estas fuentes y la conclusión a la que llegaron de que las lecturas exclusivas del *Texto mayoritario* tienen, por lo general, un origen reciente.

Varios críticos textuales de los siglos XIX y XX descubrieron que los manuscritos normalmente pueden agruparse de acuerdo con las lecturas que tienen en común. Estos grupos o tipos de texto incluyen un texto occidental, un texto alejandrino y un texto bizantino o mayoritario. Estos grupos reflejan comentarios locales, pero ninguno de dichos comentarios es puro. Todos contienen errores.

Por tanto, está claro que las pruebas externas no bastan para determinar qué lectura debe aceptarse. Otro método consiste en usar las pruebas internas. Estas contemplan las pruebas externas y preguntan cuáles de ellas son intrínsecamente más probables. ¿Cómo surgieron las lecturas variantes? ¿Qué tipos de variantes pudieron introducirse a causa de problemas al copiar? ¿Qué tipos de variantes podrían ser deliberadas? Los críticos textuales modernos toman en consideración todos estos detalles. Para un ejemplo de la manera en que estos eruditos sacan sus conclusiones, puedes leer un buen comentario textual como el que aparece a continuación.

Metzger, Bruce Manning, y United Bible Societies. *Un Comentario Textual al Nuevo Testamento Griego.* New York, NY: American Bible Society, 2017.

Unidad 20. Sustantivos de 3ra declinación

Características de los sustantivos de la 3ra declinación

Al igual que los sustantivos de 1ra y 2da declinación, los de 3ra declinación modifican su forma según el caso y el número, y estas modificaciones se producen añadiendo una desinencia a la raíz del sustantivo. Sin embargo, la adición de estas desinencias no es tan simple como en la 1ra y la 2da declinaciones. Cuando se añaden las desinencias ocurren muchos cambios fonéticos. Esto se debe a varias razones.

- Las desinencias en caso nominativo singular y dativo plural no tienen vocales de enlace. Si las raíces a las que se añaden estas desinencias terminan en una consonante, pueden ocurrir pequeños cambios. Por ejemplo, la raíz σαρκ se convierte en σάρξ (nom. sing.) y σάρξι (dat. pl.).
- Las formas neutras singulares en caso nominativo y acusativo no tienen desinencias. Esto también produce pequeños cambios en la raíz. Por ejemplo, la raíz πνευματ elimina la τ final y se transforma en πνεῦμα en nominativo y acusativo singular.
- Algunas raíces de la 3ra declinación terminan en vocales. Cuando se añaden desinencias con vocales de enlace a las raíces que terminan en una vocal, ocurrirán pequeños cambios. Esto es lo que normalmente sucede salvo para el nominativo singular y el dativo plural. Por ejemplo, el nominativo singular ἱερεύς se transforma en ἱερεῖ en el dativo plural y en ἱερέα en el acusativo singular.
- Dado que la forma léxica, el nominativo singular, suele verse afectada por estos cambios en la raíz, debemos tomar la raíz del genitivo singular y aprenderla cada vez que analicemos un sustantivo de la 3ra declinación.
- Al igual que las demás declinaciones, tenemos que memorizar el género de los sustantivos.

Desinencias de los sustantivos de 3ra declinación

3ra declinación – desinencia masc/fem

	Singular	Plural
Nominativo	-ς	-ες
Genitivo	-ος	-ων
Dativo	-ι	-σι(ν)
Acusativo	-α/ν	-ας

3ra declinación – desinencia neutra

	Singular	Plural
Nominativo	----	-α
Genitivo	-ος	-ων
Dativo	-ι	-σι(ν)
Acusativo	----	-α

- Las desinencias para los sustantivos de ambos géneros son las mismas.
- Las formas neutras singulares en caso nominativo y acusativo no tienen desinencias (se le llama desinencia nula). Cuando no se añade ninguna desinencia, las raíces que terminan en τ normalmente eliminan la τ, y las raíces que terminan en una consonante líquida suelen retenerla y alargar la última vocal de la raíz. Véanse los ejemplos que aparecen a continuación.

- No confunda la desinencia del genitivo singular, ος, con la desinencia singular masculina de la 2da declinación en caso nominativo.

Cambios fonéticos frecuentes en los sustantivos de 3ra declinación

<table>
<tr><th colspan="2">Cuando se añade σ</th><th colspan="2">Cuando se añaden formas neutras de desinencia nula</th></tr>
<tr><th>Al final de la raíz</th><th>Se convierten en</th><th>Al final de la raíz</th><th>Resultado</th></tr>
<tr><td>κ, γ, χ</td><td>ξ</td><td>τ</td><td>elimina la τ</td></tr>
<tr><td>π, β, φ</td><td>ψ</td><td colspan="2" rowspan="2"></td></tr>
<tr><td>τ, δ, θ</td><td>σ</td></tr>
<tr><td>μ, ν, ρ</td><td colspan="3">En el caso nominativo singular: se elimina la σ y se alarga la última vocal.
En el caso dativo plural: se elimina la consonante líquida y se retiene la σ.</td></tr>
</table>

Ejemplos

κ, γ, χ al final de la raíz se cambia por ξ

	Singular	Plural
Nom	σάρξ	σάρκες
Gen	σαρκός	σαρκῶν
Dat	σαρκί	σαρξί(ν)
Ac	σάρκα	σάρκας

Las raíces neutras (ματ) eliminan la τ

	Singular	Plural
Nom	πνεῦμα	πνεύματα
Gen	πνεύματος	πνευμάτων
Dat	πνεύματι	πνεύμασι
Ac	πνεῦμα	πνεύματα

π, β, φ al final de la raíz se cambia por ψ

	Singular	Plural
Nom	Ἄραψ	Ἄραβες
Gen	Ἄραβος	Ἀράβων
Dat	Ἄραβι	Ἄραψι(ν)
Ac	Ἄραβα	Ἄραβας

Las raíces que terminan en οντ eliminan ντ y alargan la vocal

	Singular	Plural
Nom	ἄρχων	ἄρχοντες
Gen	ἄρχοντος	ἀρχόντων
Dat	ἄρχοντι	ἄρχουσι(ν)
Ac	ἄρχοντα	ἄρχοντας

Las raíces que terminan en τ, δ, θ eliminan la última consonante

	Singular	Plural
Nom	ἐλπίς	ἐλπίδες
Gen	ἐλπίδος	ἐλπίδων
Dat	ἐλπίδι	ἐλπίσι
Ac	ἐλπίδα	ἐλπίδας

Raíces vocálicas con ε o ι

	Singular	Plural
Nom	πόλις	πόλεις
Gen	πόλεως	πόλεων
Dat	πόλει	πόλεσι
Ac	πόλιν	πόλεις

Las raíces que terminan en εν eliminan la σ y alargan la ε a η

	Singular	Plural
Nom	ποιμήν	ποιμένες
Gen	ποιμένος	ποιμένων
Dat	ποιμένι	ποιμέσι
Ac	ποιμένα	ποιμένας

Raíces vocálicas con ευ

	Singular	Plural
Nom	ἱερεύς	ἱερεῖς
Gen	ἱερέως	ἱερέων
Dat	ἱερεῖ	ἱερεῦσι(ν)
Ac	ἱερέα	ἱερεῖς

Las raíces que terminan en εν eliminan la σ y alargan la ε a η

	Singular	Plural
Nom	ποιμήν	ποιμένες
Gen	ποιμένος	ποιμένων
Dat	ποιμένι	ποιμέσι
Ac	ποιμένα	ποιμένας

Raíces vocálicas con ευ

	Singular	Plural
Nom	ἱερεύς	ἱερεῖς
Gen	ἱερέως	ἱερέων
Dat	ἱερεῖ	ἱερεῦσι(ν)
Ac	ἱερέα	ἱερεῖς

Raíces que terminan en ερ (líquida sincopada)

	Singular	Plural
Nom	πατήρ	πατέρες
Gen	πατρός	πατέρων
Dat	πατρί	πατράσι
Ac	πατέρα	πατέρας

Raíces vocálicas neutras con ο/ε

	Singular	Plural
Nom	γένος	γένη
Gen	γένους	γενῶν
Dat	γένει	γένεσι(ν)
Ac	γένος	γένη

Principales sustantivos de 3ra declinación

Raíces vocálicas con ε ο ι

πόλις, -εως	ciudad
ἀνάστασις, -εως	resurrección
ἀποκάλυψις, -εως	revelación
ἀπόκρισις, -εως	respuesta, réplica
ἀπολύτρωσις, -εως	redención, salvación
ἄφεσις, -εως	perdón, liberación
γνῶσις, -εως	conocimiento, comprensión
δύναμις, -εως	poder, fuerza, milagro
ἐπίγνωσις, -εως	conocimiento, reconocimiento
θλῖψις, -εως	tribulación, molestia, angustia
καύχησις, -εως	jactancia, orgullo
κρίσις, -εως	juicio, condenación
παράβασις, -εως	transgresión, violación, pecado
πίστις, -εως	fe, creencia
πρᾶξις, -εως	práctica, lo que uno hace
πρόγνωσις, -εως	conocimiento previo, presciencia

Raíces con κ, γ, χ

σάρξ, -κός	carne
δεσμοφύλαξ, - ακος	guardia, carcelero
θώραξ, -ακος	pecho, pectoral
κῆρυξ, -υκος	heraldo, predicador
σάλπιγξ, -ιγγος	trompeta
φλόξ, φλογός	llama
θρίξ, τριχός	cabello

Raíces con τ, δ, θ

ἐλπίς, -ίδος	esperanza
ἔρις, -ιδος	contienda, discordia
κλείς, -ειδός	llave
μερίς, -ίδος	parte, porción
παῖς, παιδός	niño
πατρίς, -ίδος	patria, ciudad natal
προφῆτις, -ιδος	profetisa
μοιχαλίς, -ίδος	adúltera
χάρις, -ιτος	gracia

Raíces con π, β, φ

Ἄραψ, -βος	árabe

Raíces con ερ, ηρ

πατήρ, -τρός	padre
μητήρ, -τρός	madre
θυγάτηρ, -τρός	hija

Raíces neutras (ματ)

αἷμα, -ατος	sangre
βάπτισμα, -ατος	bautismo
βῆμα, -ατος	tribunal, trono del juicio
βρῶμα, -ατος	comida
γράμμα, -ατος	carta, algo escrito
θέλημα, -ατος	voluntad, propósito
κήρυγμα, -ατος	proclamación
κρίμα, -ατος	juicio, veredicto
ὄνομα, -ατος	nombre
πλήρωμα, -ατος	plenitud, cumplimiento
πνεῦμα, -ατος	espíritu, viento
ῥῆμα, -ατος	dicho, mensaje
σπέρμα, -ατος	simiente, progenie
στόμα, -ατος	boca
σῶμα, -ατος	cuerpo
χάρισμα, -ατος	don, habilidad especial

Raíces con οντ

ἄρχων, -οντος	gobernante
γέρων, -οντος	anciano, viejo
δράκων, -οντος	dragón
λέων, -οντος	león

Raíces neutras con ο

γένος, -ους	generación
ἔθνος, -ους	nación, pueblo
ἔθος, -ους	hábito, costumbre
ἔλεος, -ους	misericordia, compasión
ἔτος, -ους	año
μέλος, -ους	miembro, miembro del cuerpo
μέρος, -ους	parte, pieza
ὄρος, -ους	monte, montaña
πλῆθος, -ους	plenitud
σκότος, -ους	oscuridad

Raíces con εν

ἄρσην, -ενος	hombre, macho
λιμήν, -ένος	puerto
ποιμήν, -ένος	pastor

Raíces con ευ

ἁλιεύς , -έως	pescador
ἱερεύς, -έως	sacerdote
βασιλεύς , -έως	rey
γονεύς , -έως	padre, madre
γραμματεύς , -έως	escriba

Sintaxis y traducción

Los sustantivos de 3ra declinación son sintácticamente iguales a los sustantivos de 2da declinación. Sin embargo, suelen ser más difíciles de identificar. Una pista para ello es observar un artículo asociado. Recuerde que el artículo concuerda con el sustantivo que modifica en género, número y caso, aunque pudiera parecer muy diferente en su forma. Por ejemplo, en la expresión τῆς πίστεως, el artículo identifica claramente que se trata de un sustantivo genitivo femenino singular.

Ejemplos

βλέπει ὁ πατὴρ τὸν υἱόν.	El padre ve al hijo.
βλέπει ὁ υἱὸς τὸν πατέρα.	El hijo ve al padre.
ζῶμεν ἐν τῇ πίστει.	Vivimos por fe.
ἐθεραπεύσατε ὑπὸ τοῦ πνεύματος.	Fueron sanados por el Espíritu.
ἐλάλησαν τῷ βασιλεῖ.	Hablaron al rey.

Vocabulario

Forma léxica	Definición	Apariciones
βασιλεῦς, -έως, ὁ	rey	115
δύναμις, -εως, ἡ	poder, fuerza, milagro	119
ἐλπίς, -ίδος, ἡ	esperanza	53
μήτηρ, -τρός, ἡ	madre	83
νύξ, νυκτός, ἡ	noche	61
πατήρ, -τρός, ὁ	padre	414
πίστις, -εως, ἡ	fe, confianza	243
πνεῦμα, -ατος, τό	espíritu, aliento, Espíritu	379
πόλις, -εως, ἡ	ciudad	164
σάρξ, σαρκός, ἡ	carne	147
χάρις, -ιτος, ἡ	gracia, favor	156
χείρ, χειρός, ἡ	mano	178

- Aprenda las formas singulares nominativas y genitivas porque las raíces suelen sufrir alteraciones en el nominativo singular.

- Ponga especial empeño en memorizar el género de los sustantivos de 3ra declinación porque el género es menos obvio.
- Las raíces que terminan en μαт son frecuentes y siempre neutras.
- Por lo general, el acusativo singular de χάρις es χάριν y no χάριτα.
- El dativo plural de χείρ es χερσί(ν).

Palabras nuevas	Total de palabras	Nuevas apariciones	Total de apariciones	Apariciones en el NT	% apariciones en el NT
12	253	2,112	98,246	138,162	71.11

Unidad 21. Otros pronombres

Introducción

Existen varios tipos más de pronombres en griego. Entre ellos hay pronombres interrogativos, indefinidos, relativos indefinidos, reflexivos, recíprocos y posesivos.

Pronombre interrogativo e indefinido

Pronombre interrogativo

	Masc/Fem	Neutro
Nom sing	τίς	τί
Gen sing	τίνος	τίνος
Dat sing	τίνι	τίνι
Ac sing	τίνα	τί
Nom pl	τίνες	τίνα
Gen pl	τίνων	τίνων
Dat pl	τίσι(ν)	τίσι(ν)
Ac pl	τίνας	τίνα

Pronombre indefinido

	Masc/Fem	Neutro
Nom sing	τις	τι
Gen sing	τινος	τινος
Dat sing	τινι	τινι
Ac sing	τινα	τι
Nom pl	τινες	τινα
Gen pl	τινων	τινων
Dat pl	τισι(ν)	τισι(ν)
Ac pl	τινας	τινα

La única diferencia entre las formas de los pronombres interrogativos e indefinidos es la acentuación. El pronombre interrogativo siempre se acentúa y el pronombre indefinido normalmente no.

Pronombre interrogativo

En las preguntas, el pronombre interrogativo se traduce como «¿quién», «¿qué?» o «¿por qué?». Por lo general, aparece al principio de la cláusula que contiene la pregunta. El pronombre τί también puede desempeñar una función adverbial, y en ese caso significa «¿por qué?». Suele utilizarse de esta manera en combinación con εἰς, διὰ y ἵνα. Εἰς τί y ἵνα τί significan «¿con qué propósito?» mientras que διὰ τί significa «¿por qué motivo?», pero la traducción más común es «¿por qué?».

Ejemplos

συ τίς εἶ;	¿Quién eres? (Jn. 1:19)
τίνα θέλετε;	¿A quién quieren? (Mt. 27:17, 21)
τί με λέγεις ἀγαθόν;	¿Por qué me llamas bueno? (Mr. 10:18)

El pronombre interrogativo también aparece en afirmaciones, y funciona como un pronombre relativo cuando la cláusula relativa es la respuesta a una pregunta implícita o indirecta.

Ejemplo

μὴ μεριμνᾶτε τί φάγητε.	No se preocupen por lo que han de comer. (Lc. 12:22)

Pronombre indefinido

Cuando el pronombre indefinido funciona como un pronombre se traduce como «alguien», «alguno» o «algo». No tiene un antecedente o referente específico, y por lo general va seguido de un sustantivo en caso genitivo que indica el grupo más amplio del que forma parte el pronombre.

Ejemplo

τις ὑμῖν εἶπεν.	Alguien les dijo.
τινες τῶν γραμματέων εἶπαν.	Algunos de los escribas dijeron. (Mt. 9:3)

El pronombre indefinido también puede funcionar como un adjetivo con sustantivos genéricos y se traduce como «cierto...» o con el artículo definido en español. Puede preceder o seguir al sustantivo sin artículo que modifica.

Ejemplo

ἄνθρωπός τις κατέβαινεν.	Cierto hombre descendió. (Lc. 10:30)
προσῆλθάν τινες Φαρισαῖοι .	Se acercaron algunos fariseos. (Lc. 13:31)

Pronombre reflexivo

Los pronombres reflexivos se usan cuando el sujeto y el complemento de un verbo se refieren a la misma persona o cosa. El pronombre se declina como αὐτός. Las formas aparecen solamente en los casos acusativo, dativo y genitivo. Las formas del acusativo se muestran a continuación. No existe ninguna diferencia en cuanto a la persona en el plural.

	Masculino	Femenino	Neutro	Traducción
1ra Per singular	ἐμαυτόν	ἐμαυτήν	ἐμαυτό	mí mismo/a, yo mismo/a
2da Per singular	σεαυτόν	σεαυτήν	σεαυτό	tú mismo/a
3ra Per singular	ἑαυτόν	ἑαυτήν	ἑαυτό	sí mismo, él/ella mismo/a
1ra Per plural	ἑαυτούς	ἑαυτάς	ἑαυτά	nosotros/as mismos/as
2da Per plural	ἑαυτούς	ἑαυτάς	ἑαυτά	ustedes o vosotros/as mismos/as
3ra Per plural	ἑαυτούς	ἑαυτάς	ἑαυτά	ellos/as mismos/as

Ejemplos

Ἐὰν ἐγὼ μαρτυρῶ περὶ ἐμαυτοῦ	Si yo doy testimonio de mí mismo (Jn. 5:31)
σὺ περὶ σεαυτοῦ μαρτυρεῖς.	Tú das testimonio de ti mismo. (Jn. 8:13)

ἀπαρνησάσθω ἑαυτὸν.	Niéguese a sí mismo. (Mt. 16:24)
οἱ γραμματεῖς εἶπαν ἐν ἑαυτοῖς.	Los escribas se dijeron a sí mismos.
μαρτυρεῖτε ἑαυτοῖς.	Dan testimonio en contra de ustedes mismos. (Mt. 23:31)

Pronombre relativo indefinido

El pronombre relativo indefinido ὅστις combina el pronombre relativo con el pronombre indefinido. Ambos componentes, el relativo y el indefinido, se declinan. Normalmente se traduce como «quienquiera», «cualquiera», o alguna expresión equivalente. A veces, se traduce como un pronombre relativo simple. En la tabla siguiente se muestran las únicas formas que aparecen en el Nuevo Testamento.

	Masculino	Femenino	Neutro
Nom sing	ὅστις	ἥτις	ὅτι
Gen sing	---------	---------	ὅτου
Dat sing	---------	---------	---------
Ac sing	---------	---------	ὅτι
Nom pl	οἵτινες	αἵτινες	ἅτινα
Gen pl	---------	---------	---------
Dat pl	---------	---------	---------
Ac pl	---------	---------	ἅτινα

Ejemplos

ὅστις ἀκούει μου τοὺς λόγους	Quienquiera que oiga (el que oiga) mis palabras
ἰδοὺ γυνὴ ἥτις ἦν ἐν τῇ πόλει	He aquí, una mujer que estaba en la ciudad
μακάριος ὅστις φάγεται ἄρτον ἐν τῇ βασιλείᾳ τοῦ θεοῦ.	Bienaventurado es *cualquiera (todo aquél, el)* que coma pan en el reino de Dios.

Pronombre recíproco

El pronombre recíproco es ἀλλήλων, «uno a otro, unos a otros». Este pronombre necesita al menos dos sujetos gramaticales para que pueda haber reciprocidad en la acción. La traducción al español exige el uso de las variantes pronominales: «nos» para «nosotros», «os» para «vosotros» y «se» para «ustedes». Expresa una acción, una relación o un intercambio mutuo entre personas. En griego aparece solamente en los casos genitivo, dativo y acusativo.

Genitivo Plural	Dativo Plural	Acusativo Plural
ἀλλήλων	ἀλλήλοις	ἀλλήλους

Ejemplos

ἵνα ἀγαπᾶτε ἀλλήλους	Que se amen los unos a los otros
ὀφείλετε ἀλλήλων νίπτειν τοὺς πόδας.	Deben lavarse [debéis lavaros] los pies los unos a los otros.
προσφητευοῦσιν ἀλλήλοις.	Están profetizándose los unos a los otros (o mutuamente, entre ellos o entre sí).

Pronombre posesivo

A los adjetivos posesivos se les llama comúnmente pronombres posesivos. Cuando modifican un sustantivo, concuerdan con este en género, número y caso y suelen aparecen en la posición atributiva con un sustantivo precedido del artículo. Se declinan del mismo modo que los adjetivos de 1ra y 2da declinación.

	ἐμός (mi, mío, mía)		
	Masculino	**Femenino**	**Neutro**
Nom sing	ἐμός	ἐμή	ἐμόν
Gen sing	ἐμοῦ	ἐμῆς	ἐμοῦ
Dat sing	ἐμῷ	ἐμῇ	ἐμῷ
Ac sing	ἐμόν	ἐμήν	ἐμόν
Nom pl	ἐμοῖ	ἐμαῖ	ἐμά
Gen pl	ἐμῶν	ἐμῶν	ἐμῶν
Dat pl	ἐμοῖς	ἐμαῖς	ἐμοῖς
Ac pl	ἐμούς	ἐμάς	ἐμά

σός (tu, tuyo, tuya), singular		
Masculino	**Femenino**	**Neutro**
σός	σή	σόν
σοῦ	σῆς	σοῦ
σῷ	σῇ	σῷ
σόν	σήν	σόν
σοῖ	σαῖ	σά
σῶν	σῶν	σῶν
σοῖς	σαῖς	σοῖς
σούς	σάς	σά

	ἡμέτερος (nuestro, nuestra)		
	Masculino	**Femenino**	**Neutro**
Nom sing	ἡμέτερος	ἡμετέρα	ἡμέτερον
Gen sing	ἡμετέρου	ἡμετέρας	ἡμετέρου
Dat sing	ἡμετέρῳ	ἡμετέρᾳ	ἡμετέρῳ
Ac sing	ἡμέτερον	ἡμετέραν	ἡμέτερον

ὑμέτερος (de ustedes, suyo, suya, vuestro, vuestra), plural		
Masculino	**Femenino**	**Neutro**
ὑμέτερος	ὑμετέρα	ὑμέτερον
ὑμετέρου	ὑμετέρας	ὑμετέρου
ὑμετέρῳ	ὑμετέρᾳ	ὑμετέρῳ
ὑμέτερον	ὑμετέραν	ὑμέτερον

	ἡμέτερος (nuestro, nuestra)		
	Masculino	**Femenino**	**Neutro**
Nom pl	ἡμέτεροι	ἡμετέραι	ἡμετέρα
Gen pl	ἡμετέρων	ἡμετέρων	ἡμετέρων
Dat pl	ἡμετέροις	ἡμετέραις	ἡμετέροις
Ac pl	ἡμέτερους	ἡμετέρας	ἡμετέρα

ὑμέτερος (de ustedes, suyo, suya, vuestro, vuestra), plural		
Masculino	**Femenino**	**Neutro**
ὑμέτεροι	ὑμετέραι	ὑμετέρα
ὑμετέρων	ὑμετέρων	ὑμετέρων
ὑμετέροις	ὑμετέραις	ὑμετέροις
ὑμέτερους	ὑμετέρας	ὑμετέρα

Ejemplos

ὁ λόγος ὁ σὸς ἀλήθειά ἐστιν.	Tu palabra es verdad. (Jn. 17:17b)
ἐν τῷ σῷ ὀφθαλμῷ	En tu ojo (Mt. 7:3)
ἡ βασιλεία ἡ ἐμὴ	Mi reino (Jn. 18:36)
ταῖς ἡμετέραις γλώσσαις	En nuestras propias lenguas (Hch. 2:11)

Vocabulario

Forma léxica	Definición	Apariciones
ἀλλήλων	uno a otro, unos a otros	100
ἑαυτοῦ, -ῆς, -οῦ	(sing.) de él mismo, de ella misma; (pl.) de ellos mismos	321
ἔσχατος, -η, -ον	último, postrero	52
εὐθύς	inmediatamente	51
λοιπός, -ή, -όν	restante, resto	55
μέσος, -η, -ον	medio, en medio	58
ὄρος, ὄρους, τό	montaña, monte	63
ὅστις, ἥτις, ὅτι	quien, quienquiera, cual, cualquiera	148
ῥῆμα, -ατος, τό	palabra, dicho; cosa, asunto	68
τίς, τί	¿quién? ¿cuál? ¿qué? ¿por qué?	555
τὶς, τὶ	alguno, algo, cualquier persona o cosa; alguien	526
τρίτος, -η, -ον	tercero	56
φῶς, φωτός, τό	luz	73

- ἀλλήλων aparece solamente en genitivo, dativo y acusativo plural.

- Ambos componentes de ὅστις, ὅς y τις, se declinan. Ejemplos: ἥτις, ὅτι.
- μέσος se usa de manera sustantivada en tres frases preposicionales comunes:

ἐν μέσῳ en medio	ἐκ μέσης de en medio	ἀνὰ μέσον entre

- μέσος también se emplea como una preposición con su complemento en genitivo y significa «en medio de», como en μέσος αὐτῶν «en medio de ellos».
- ῥῆμα se refiere a la palabra hablada mientras que λόγος normalmente alude a la palabra escrita.
- El pronombre indefinido τὶς es enclítico, es decir, se acentúa en relación con la palabra que le antecede. Como resultado de eso, el acento a menudo se omite. Esto ayuda a diferenciarlo del pronombre interrogativo τίς que siempre se acentúa.
- ὅτι puede ser el pronombre relativo indefinido en caso nominativo o la conjunción que significa «que» o «porque».

Palabras nuevas	Total de palabras	Nuevas apariciones	Total de apariciones	Apariciones en el NT	% de apariciones en el NT
13	265	2,126	100,372	138,162	72.65

Unidad 22. Adjetivos de 3ra declinación e irregulares

Introducción

Algunos adjetivos se declinan usando las desinencias de 3ra declinación. Esos adjetivos se dividen en dos grupos. Los del primer grupo utilizan siempre las desinencias de 3ra declinación y las mismas desinencias tanto para las formas masculinas como para las femeninas. Los del segundo grupo emplean las desinencias de 3ra declinación para las formas masculinas y neutras y las desinencias de 1ra declinación para las formas femeninas.

Adjetivos de 3ra declinación absoluta (adjetivos 3-3)

Estos adjetivos usan las desinencias de 3ra declinación para todas las formas. Las formas masculinas y las femeninas son idénticas.

ἀληθής		
	Masc/Fem	**Neutro**
Nom sing	ἀληθής	ἀληθές
Gen sing	ἀληθοῦς	ἀληθοῦς
Dat sing	ἀληθεῖ	ἀληθεῖ
Ac sing	ἀληθῆ	ἀληθές
Nom pl	ἀληθεῖς	ἀληθῆ
Gen pl	ἀληθῶν	ἀληθῶν
Dat pl	ἀληθέσι(ν)	ἀληθέσι(ν)
Ac pl	ἀληθεῖς	ἀληθῆ

πλείων		
	Masc/Fem	**Neutro**
Nom sing	πλείων	πλεῖον
Gen sing	πλείονος	πλείονος
Dat sing	πλείονι	πλείονι
Ac sing	πλείονα	πλεῖον
Nom pl	πλείονες	πλείονα
Gen pl	πλειόνων	πλειόνων
Dat pl	πλείοσι(ν)	πλείοσι(ν)
Ac pl	πλείονας	πλείονα

μείζων		
	Masc/Fem	**Neutro**
Nom sing	μείζων	μεῖζον
Gen sing	μείζονος	μείζονος
Dat sing	μείζονι	μείζονι
Ac sing	μείζονα	μεῖζον
Nom pl	μείζονες	μείζονα
Gen pl	μειζόνων	μειζόνων
Dat pl	μείζοσι(ν)	μείζοσι(ν)
Ac pl	μείζονας	μείζονα

τρεῖς		
	Masc/Fem	**Neutro**
Nom pl	τρεῖς	τρία
Gen pl	τριῶν	τριῶν
Dat pl	τρισίν	τρισίν
Ac pl	τρεῖς	τρία

Adjetivos de 3ra declinación parcialmente (adjetivos 3-1-3)

Estos adjetivos usan las desinencias de 3ra declinación para las formas masculinas y neutras y las desinencias de 1ra declinación para las formas femeninas.

πᾶς			
	Masc	**Fem**	**Neut**
Nom sing	πᾶς	πᾶσα	πᾶν
Gen sing	παντός	πάσης	παντός
Dat sing	παντί	πάσῃ	παντί
Ac sing	πάντα	πᾶσαν	πᾶν
Nom pl	πάντες	πᾶσαι	πάντα
Gen pl	πάντων	πασῶν	πάντων
Dat pl	πᾶσι	πάσαις	πᾶσι
Ac pl	πάντας	πάσας	πάντα

εἷς			
	Masc	**Fem**	**Neut**
Nom sing	εἷς	μία	ἕν
Gen sing	ἑνός	μιᾶς	ἑνός
Dat sing	ἑνί	μιᾷ	ἑνί
Ac sing	ἕνα	μίαν	ἕν

Adjetivos irregulares

Los siguientes adjetivos usan las desinencias de 1ra y 2da declinación pero presentan pequeñas irregularidades.

πολύς			
	Masculino	**Femenino**	**Neutro**
Nom sing	πολύς[1]	πολλή	πολύ[1]
Gen sing	πολλοῦ	πολλῆς	πολλοῦ
Dat sing	πολλῷ	πολλῇ	πολλῷ
Ac sing	πολύν[1]	πολλήν	πολύ[1]
Nom pl	πολλοί	πολλαί	πολλά
Gen pl	πολλῶν	πολλῶν	πολλῶν
Dat pl	πολλοῖς	πολλαῖς	πολλοῖς
Ac pl	πολλούς	πολλάς	πολλά

[1] La raíz ligeramente irregular πολυ que parece tener desinencias de 3ra declinación.

μέγας			
	Masculino	**Femenino**	**Neutro**
Nom sing	μέγας[2]	μεγάλη	μέγα[2]
Gen sing	μεγάλου	μεγάλης	μεγάλου
Dat sing	μεγάλῳ	μεγάλῃ	μεγάλῳ
Ac sing	μέγαν[2]	μεγάλην	μέγα[2]
Nom pl	μεγάλοι	μεγάλαι	μεγάλα
Gen pl	μεγάλων	μεγάλων	μεγάλων
Dat pl	μεγάλοις	μεγάλαις	μεγάλοις
Ac pl	μεγάλους	μεγάλας	μεγάλα

[2] La raíz ligeramente irregular μεγα que parece tener desinencias de 3ra declinación.

Grado comparativo y superlativo de los adjetivos

Los adjetivos griegos, al igual que los adjetivos en español, tienen tres grados: el grado afirmativo, el comparativo y el superlativo. El grado afirmativo del adjetivo se usa para hacer una descripción simple, como por ejemplo, ἀγαθός o καλός, «bueno».

El grado comparativo, como sugiere su nombre, suele emplearse para establecer comparaciones. Dichas comparaciones, sin embargo, pueden ser de tres tipos: (1) «de igualdad», como cuando decimos que «Juan es tan inteligente como María»; (2) «de superioridad», «Juan es más inteligente que María» y (3) «de inferioridad», «Juan es menos inteligente que María».

El grado superlativo se utiliza mayormente para comparar más de dos cosas, personas o situaciones y afirmar que una de ellas es superior o inferior a las demás. El superlativo puede ser «relativo» o «absoluto».

El superlativo relativo, a su vez, puede ser de superioridad y de inferioridad. Para expresarlo se usan los adverbios «más» y «menos» respectivamente. Por ejemplo, «Juan es el estudiante <u>más</u> aplicado» (de superioridad) o «Juan es el estudiante <u>menos</u> aplicado» (de inferioridad).

El superlativo «absoluto» se usa para indicar que el sustantivo posee la máxima cualidad del adjetivo. Para formarlo se coloca el adverbio «muy» antes del adjetivo afirmativo o se añade la terminación «ísimo, ísima» a la raíz del mismo. Por ejemplo, «mi mamá es muy bella» o «mi mamá es bellísima».

Hay otros adjetivos que en el grado comparativo y en el superlativo usan términos diferentes, como es el caso de «bueno, mejor, óptimo», «malo, peor, pésimo», «grande, mayor, máximo», «pequeño, menor, mínimo», «alto, superior, supremo».

Muchos verbos griegos tienen formas temáticas comparativas y superlativas que se adjuntan como sufijos a la raíz del adjetivo. Los sufijos comparativos de superioridad son -τερος o -ιων(ονος), y los superlativos son ιστος o τητος. Otros adjetivos tienen formas comparativas y superlativas radicalmente diferentes y es mejor aprenderlas como palabras de vocabulario separadas.

Ejemplos

Afirmativo	Comparativo	Superlativo
ἀγαθός	βελτίων	βέλτιστος
ἀγαθός	κρείττων	-----------------
ἅγιος	ἁγιότερος	ἁγιότητος
καινός	καινότερος	καινότης
μέγας	μείζων	μέγιστος
μικρός	μικρότερος	μικροτάτος
πολύς	πλείων	πλεῖστος

Sintaxis y traducción

El genitivo de comparación

Los adjetivos en grado comparativo y superlativo suelen ir seguidos de un genitivo que se conoce con el nombre de *genitivo de comparación*. Este genitivo identifica lo que se compara y se traduce con la palabra «que».

Ejemplos

ἡ ψυχὴ πλεῖόν ἐστιν τῆς τροφῆς.	La vida es más que la comida. (Lc. 12:23)
μείζων Ἰωάννου	Mayor que Juan (Mt. 11:11)

Uso combinado de los grados afirmativo, comparativo y superlativo

Aunque existen formas específicas para el grado afirmativo, comparativo y superlativo del adjetivo, en algunas ocasiones una forma se utiliza con una función diferente. De este modo, la forma puede ser comparativa pero la idea que se intenta expresar tiene una connotación superlativa, etc. Consideremos, por ejemplo, 1 Corintios 13:13, Νυνὶ δὲ μένει πίστις, ἐλπίς, ἀγάπη, τὰ τρία ταῦτα· μείζων δὲ τούτων ἡ ἀγάπη, «Y ahora permanecen la fe, la esperanza y el amor, estos tres; pero el mayor de ellos es el amor». El amor, ciertamente se está comparando con otras dos cosas —la fe y la esperanza— pero se usa el grado comparativo del adjetivo, μείζων, en lugar del grado superlativo. En esos casos, el traductor debe guiarse por el contexto.

Traducción de πᾶς

Cuando πᾶς funciona como adjetivo suele preceder al sustantivo que modifica y aparece en la posición predicativa con sustantivos que llevan artículo aunque su función es atributiva. Puede usarse también como sustantivo y, en ese caso, no tendrá artículo.

Ejemplos

Como adjetivo	πάντες οἱ ἄνθρωποι	Todos los hombres (Lc. 6:26)
Como sustantivo	ἔφαγον πάντες	Todos comieron. (Mt. 14:20)

Vocabulario

Forma léxica	Definición	Apariciones
αἰών, αιῶνος, ὁ	edad, era, eternidad	122
αἰώνιος, -ον	eterno/a	71
ἀληθής, -ές	verdadero, cierto	26
γραμματεύς, -έως, ὁ	escriba	64
εἷς, μία, ἕν	uno, una	346
μέγας, μεγάλη, μέγα	grande	243
μηδείς, μηδεμία, μηδέν	nadie, nada	89
οὐδείς, οὐδεμία, οὐδέν	nadie, nada	234
πᾶς, πᾶσα, πᾶν	(sing.) cada, todo/a; (pl.) todos/as	1244
πολύς, πολλή, πολύ	(sing.) mucho/a, (pl.) muchos/as; (adv.) a menudo	418
στόμα, -ατος, τό	boca	78
τρεῖς, τρία	tres	67

- αἰώνιος , ἀληθής y τρεῖς emplean las mismas formas para el masculino y para el femenino.
- μείζων (mayor) es el grado comparativo de μέγας (grande).
- πλείων (más) es el grado comparativo de πολύς (mucho).
- εἰς τοὺς αἰῶνας es una expresión idiomática que significa «eternamente, por siempre» y εἰς τοὺς αἰῶνας τῶν αἰώνων significa «por siempre jamás».

Palabras nuevas	Total de palabras	Nuevas apariciones	Total de apariciones	Apariciones en el NT	% apariciones en el NT
12	278	3,002	103,374	138,162	73.28

Ediciones críticas modernas

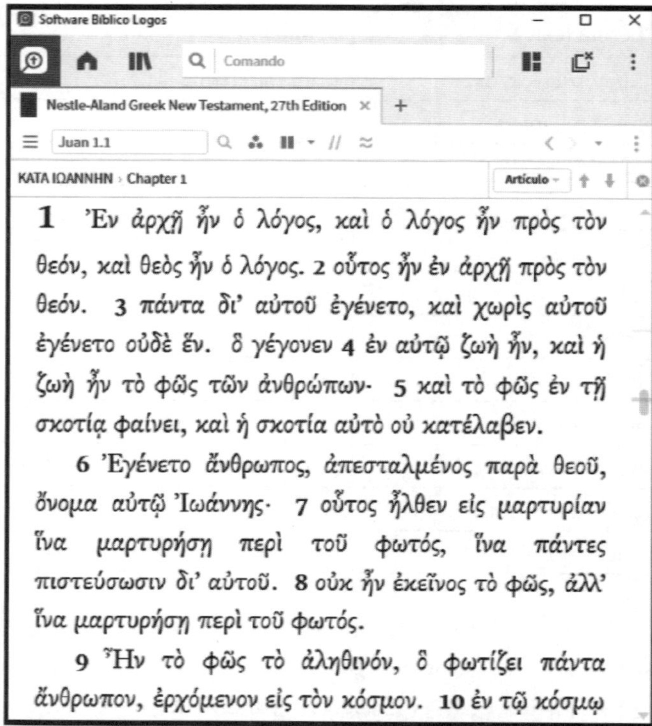

En el siglo XIX los críticos textuales comenzaron a cuestionar la exactitud del *Textus Receptus*. En 1831 Karl Lachmann publicó la primera edición crítica que tomaba decisiones acerca de las lecturas basándose en reglas específicas. Además, Tregelles, Tischendorf, Weymouth y Westcott y Hort produjeron muchas otras ediciones críticas.

La última de estas ediciones del siglo XIX fue elaborada por Eberhard Nestle en 1898. El texto de Nestle, más que una edición crítica basada en un examen exhaustivo de todas las evidencias textuales, hacía una selección de las lecturas mayoritarias de todas las ediciones críticas anteriores. Dicho texto pasó por muchas revisiones y con la ayuda de Kurt Aland comenzó a incluir investigaciones más directas de las evidencias de los manuscritos.

La 26ta edición del texto de Nestle-Aland fue publicada en 1979 y era mucho más que una simple revisión. En la práctica, el texto era el mismo que el de la edición de las Sociedades Bíblicas Unidas. Las decisiones sobre el texto ahora se basaban exclusivamente en los criterios establecidos por una comisión de eruditos. También se incluyó un aparato crítico más completo. La 27ma edición salió a la luz en 1993 y la 28va edición en 2012.

El texto de las Sociedades Bíblicas Unidas, que es el mismo del de la edición de Nestle-Aland y que ahora está en su 4ta edición, fue compilado por Barbara Aland, Kurt Aland, Matthew Black, Bruce M. Metzger, Allen Wikgren, Carlo M. Martini y Johannes Karavidopoulos.

El texto de Nestle-Aland en la actualidad es considerado como patrón aunque tiene ciertas limitaciones. En primer lugar, el conjunto de variantes es limitado. El aparato crítico no incluye las variantes consideradas menos importantes o claramente espurias. Tampoco incluye citas de los padres de Occidente. Por otro lado, el aparato es fácil de usar e incluye evidencias de todos los papiros, los unciales más antiguos, los leccionarios, las versiones y los padres griegos y latinos.

Unidad 23. Participios de presente

Introducción a los participios griegos

Los participios son adjetivos verbales. En español, cuando el infinitivo de un verbo termina en -ar, su participio se obtiene añadiendo el sufijo -ado a la raíz del verbo. Si termina en -er o en -ir, su participio se obtiene añadiendo el sufijo -ido a la raíz del verbo. Hay además otros participios que son irregulares y no siguen estas reglas generales, como por ejemplo, el participio del verbo «hacer» es «hecho», de «escribir» es escrito, de «abrir» es abierto, etc.

Sin embargo, el participio de presente, que apenas se usa en español actualmente, se forma añadiendo las terminaciones -ante, -ente y -iente a la raíz verbal. Por ejemplo, el participio de presente de «cantar» es «cantante», de «salir» es «saliente», de «oír» es «oyente», de «hablar» es «hablante», etc.

Ahora bien, para traducir el participio de presente griego al español, en la mayoría de los casos usamos el «gerundio», es decir, una forma no personal del verbo que expresa duración de la acción verbal y que funciona como adverbio y como verbo. Por ejemplo, el gerundio del verbo «ir» es «yendo». Los participios en griego no tienen sujeto, pero sí pueden tener complementos (directo, indirecto, etc.). El participio con todos sus complementos forma lo que se conoce como «sintagma participial». En la oración «el hombre *(que estaba)* haciendo el voto vio a Jesús», el sintagma participial es «haciendo el voto». Modifica a «hombre» y está compuesto de un participio de presente (un gerundio en español) y su complemento directo.

Los participios griegos comparten las mismas características tanto con los adjetivos como con los verbos finitos. Al igual que los adjetivos, tienen género, número y caso. Del mismo modo que los verbos finitos tienen tiempo y voz. Los participios pueden aparecer en tiempo presente, aoristo, perfecto o futuro. Los participios tienen solamente un tiempo relativo, y su marco temporal real se deriva del contexto. La principal función del tiempo es describir el aspecto de la acción. Los participios de presente en griego describen la acción como un hecho progresivo; los participios de aoristo describen la acción como un hecho estático y los participios perfectos describen la acción como una condición o un estado actual.

Forma de los participios – el patrón general

Los participios se obtienen añadiendo un morfema participial a una raíz verbal seguido de una desinencia de caso de 1ra, 2da o 3ra declinación. Por consiguiente, todos los participios presentan la siguiente estructura general:

Raíz verbal	+	Morfema participial	+	Desinencias de caso
λυ	+	ομεν	+	ος

El tiempo del participio está determinado por la raíz verbal, la voz por el morfema participial y el género, el número y el caso por las desinencias de caso. En el ejemplo anterior, la raíz verbal λυ es la raíz del tiempo presente de λυω; el morfema participial μεν indica que se trata de la voz pasiva o media, y la desinencia de caso ος es la que corresponde al nominativo masculino singular. Para dominar los participios, debe ser capaz de identificar y entender estas tres partes básicas.

Forma de los participios de presente activo

La fórmula: El participio activo se obtiene de una manera muy parecida a un adjetivo 3-1-3. Para el masculino y el neutro hay una sola fórmula, y para el femenino otra.

Participio de presente activo masculino y neutro

Raíz del presente	+	οντ	+	Desinencias de 3ra declinación
λυ	+	οντ	+	ος

Participio de presente activo femenino

Raíz del presente	+	ουσ	+	Desinencias de 1ra declinación
λυ	+	ουσ	+	α

Participio de presente activo de λύω

	Masculino	Femenino	Neutro
Nom sing	λύων[1]	λύουσα[2]	λῦον[1]
Gen sing	λύοντος	λυούσης	λύοντος
Dat sing	λύοντι	λυούσῃ	λύοντι
Ac sing	λύοντα	λύουσαν[2]	λῦον[1]
Nom pl	λύοντες	λύουσαι	λύοντα
Gen pl	λυόντων	λυουσῶν	λυόντων
Dat pl	λύουσι(ν)[1]	λυούσαις	λύουσι(ν)[1]
Ac pl	λύοντας	λυούσας	λύοντα

[1] Las formas masculinas y neutras son afectadas por las desinencias que comienzan con σ en el nominativo singular y en el dativo plural. Esto es exactamente lo mismo que ocurre con los sustantivos y los adjetivos de 3ra declinación. Véase la unidad 20 para una explicación completa sobre estos cambios fonéticos.

[2] Las formas femeninas nominativas y acusativas singulares son afectadas por la σ del morfema, ουσ. Al igual que ocurre con δόξα, la vocal de enlace η de las desinencias se convierte en α.

Forma del participio de presente medio/pasivo

La fórmula: Para obtener el participio de presente medio/pasivo se usa la siguiente fórmula:

Raíz del presente	+	ομεν	+	Desinencias de 1ra o 2da declinación
λυ	+	ομεν	+	ος

Participio de presente medio/pasivo de λύω

	Masculino	Femenino	Neutro
Nom sing	λυόμενος	λυομένη	λυόμενον
Gen sing	λυομένου	λυομένης	λυομένου
Dat sing	λυομένῳ	λυομένῃ	λυομένῳ
Ac sing	λυόμενον	λυομένην	λυόμενον
Nom pl	λυόμενοι	λυόμεναι	λυόμενα
Gen pl	λυομένων	λυομένων	λυομένων
Dat pl	λυομένοις	λυομέναις	λυομένοις
Ac pl	λυομένους	λυομένας	λυόμενα

El participio medio/pasivo funciona de manera muy semejante a un adjetivo de 1ra y 2da declinación y usa las desinencias de la 1ra declinación para las formas del femenino y las desinencias de 2da declinación para las formas del masculino y el neutro.

El participio de presente de εἰμί

	Masculino	Femenino	Neutro
Nom sing	ὤν	οὖσα	ὄν
Gen sing	ὄντος	οὔσης	ὄντος
Dat sing	ὄντι	οὔσῃ	ὄντι
Ac sing	ὄντα	οὖσαν	ὄν
Nom pl	ὄντες	οὖσαι	ὄντα
Gen pl	ὄντων	οὐσῶν	ὄντων
Dat pl	οὖσι(ν)	οὔσαις	οὖσι(ν)
Ac pl	ὄντας	οὔσας	ὄντα

Sugerencia:
Las formas del participio de presente de εἰμί emplean las mismas desinencias de los participios de presente activo de otros verbos.

Traducción del participio de presente sin artículo

Marco temporal

Los participios no tienen un marco temporal absoluto. El tiempo del participio debe deducirse a partir del contexto. *Por lo general, el participio de presente representa una acción simultánea a la del verbo principal.* En otras ocasiones, el contexto puede indicar otro marco temporal.

Aspecto

Los participios de presente describen la acción como un hecho continuo y suelen traducirse al español con el gerundio.

Sentido adverbial

Cuando el participio carece de artículo suele tener un sentido adverbial y de alguna manera modifica un verbo. Puede traducirse con un gerundio, pero es mejor traducirlo con una cláusula adverbial. El participio se convierte en el verbo finito de la cláusula y normalmente se traduce con un verbo que expresa una acción continua y que se encuentra en el mismo marco temporal del verbo principal. El sujeto de la cláusula es el mismo del sustantivo que modifica el participio. El participio concuerda con este sustantivo en género, número y caso. La cláusula normalmente comienza con un adverbio relativo que representa la relación.

Diagrama

El diagrama a continuación ilustra cómo se traducen los participios adverbiales griegos con una cláusula adverbial. En primer lugar, debes determinar cuál es el sujeto de la cláusula. El participio modifica a ἀπόστολος y por tanto, el pronombre «él» [tácito o expreso] resulta pertinente; en español basta la forma verbal correspondiente a la 3ra persona del singular. A continuación, debe traducir el participio con un verbo finito que tenga un marco temporal y un aspecto adecuados. El aspecto para un participio de presente es progresivo. Por tanto, debe emplear en su traducción un gerundio o un imperfecto. Normalmente, el marco temporal de un participio de presente coincide con el del verbo principal. En este ejemplo, el verbo principal es imperfecto. Por esa razón, el marco temporal es pasado. De este modo, el verbo «ser» en imperfecto es correcto. Por último, debe seleccionar la relación adverbial adecuada. Este ejemplo sugiere una relación temporal, por lo cual «mientras» es el adverbio relativo adecuado.

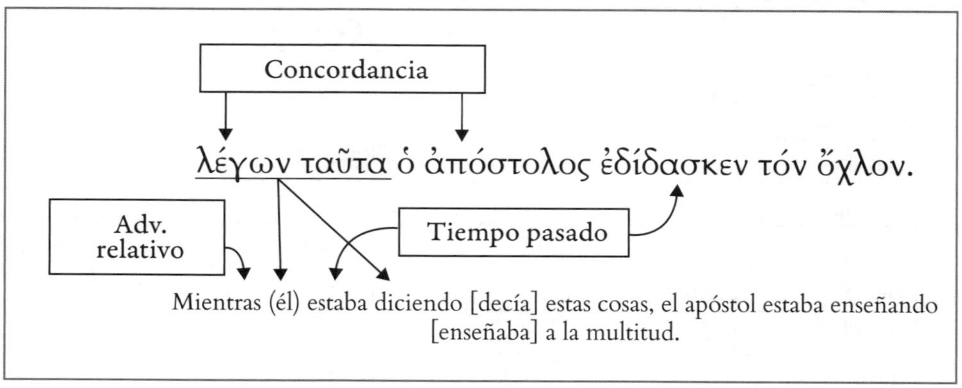

Ejemplos

En estos ejemplos se supone una relación adverbial temporal. Véanse más adelante otras relaciones adverbiales frecuentes.

ἐισερχόμενοι εἰς Ἰερουσαλὴμ οἱ ἄνθρωποι ἐμαρτύρουν περὶ τοῦ Ἰησοῦ. Mientras estaban entrando [entraban] en Jerusalén, los hombres estaban testificando [testificaban] acerca de Jesús.
ὁ Ἰησοῦς δοξαζόμενος ὑπὸ τῶν ἀποστόλων ἀνέβη ἐις τὸν οὐρανόν. Mientras estaba siendo [era] glorificado por los apóstoles, Jesús ascendió al cielo.
βλέπομεν τὰ παιδία λέγοντα τῷ δούλῳ. Estamos viendo a los niños mientras hablan con el esclavo.
ὁ ἄγγελος ἐλάλει τῷ κυρίῳ προσευχομένῳ. El ángel estaba hablando [hablaba] con el Señor mientras él estaba orando [oraba].

Relaciones adverbiales frecuentes

Los participios que se usan como adverbios pueden expresar diversas relaciones adverbiales. Por ejemplo, analicemos la siguiente oración: «El rey, viendo que atacaba un gran ejército, decidió rendirse». En esta oración, el sintagma participial explica por qué el rey decidió rendirse. Vamos a considerar otra oración. «El rey, sentándose en su trono, emitió su decreto». En esta oración, el participio explica la manera en que el rey emitió su decreto.

Los gramáticos han sugerido que con el uso de un participio griego pueden expresarse entre ocho y once relaciones adverbiales diferentes. Las más comunes se citan a continuación. Para otras opciones menos frecuentes, consulta una gramática griega avanzada.

Relación adverbial	La pregunta que se responde	Tipo de traducción
Temporal	¿Cuándo?	Una cláusula con «mientras»
Manera	¿De qué manera?	Gerundio
Vía, medio	¿Por qué vía?	«al + infinitivo» o gerundio
Razón	¿Por qué?	Una cláusula con «puesto que», «ya que», «porque», «al + infinitivo»
Concesión	¿A pesar de qué?	Una cláusula con «aunque» o «a pesar de + infinitivo»
Circunstancia	¿Qué más ocurre?	Como un verbo finito + «y»

Ejemplos

Temporal	ὁ υἱὸς ἐσθίων ἄρτον εἶδεν τὸν κύριον. El hijo, mientras estaba comiendo el pan, vio al Señor.
Vía, medio	ὁ υἱὸς πίπτων ἐπὶ τὴν γῆν προσεκύνησεν. El hijo, cayendo en tierra, adoró.
Razón	ὁ υἱὸς βλέπων τὰ σημεῖα ἐπίστευσεν. El hijo, viendo las señales, creyó.
Concesión	ὁ υἱὸς βλέπων τὰ σημεῖα οὐκ ἐπίστευσεν. El hijo, aunque estaba viendo las señales, no creyó. El hijo, a pesar de ver las señales, no creyó.
Circunstancia	ἐρχόμενος ὁ υἱὸς λαλεῖ τῷ Ἰησοῦ. El hijo viene y habla con Jesús.

Negación – Usando οὐ y μή

- Cuando las partículas οὐ y μή se usan para negar verbos suelen preceder al verbo que niegan.
  Οὐ βλέπω τὸν δοῦλον. No veo al esclavo.
- Οὐ se usa para negar verbos en modo indicativo.
  Οὐ πιστεύετε τοὺς προφήτας. Ustedes no creen a los profetas.
- Μή se usa para negar verbos en otros modos, participios e infinitivos
  Μὴ ἐρχόμενοι πρὸς τὸν ἱερόν no venían al templo
- Οὐ μή se usan juntos para hacer hincapié en lo que se niega.
  οὐ μὴ ἀρνήσομαι σέ. Nunca te negaré.
- Οὐ y μή se usan con otras negaciones para enfatizar.
  ἐγὼ οὐ κρίνω οὐδένα. Yo no estoy juzgando a nadie.
- Εἰ μή significa «excepto», «salvo», «más que».
  οὐδένα εἶδον εἰ μὴ Ἰησοῦν. No vieron a nadie excepto a Jesús.
- En las preguntas negativas que esperan una respuesta positiva se usa οὐ y en las que esperan una respuesta negativa se usa μή.
  Οὐ γινώσκετε αὐτόν; Lo conocen, ¿no es cierto?
  μὴ γινώσκετε αὐτόν; No lo conocen, ¿verdad?

Vocabulario

Forma léxica	Definición	Apariciones
ἀνήρ, ἀνδρός, ὁ	hombre, macho, esposo, marido	216
ἀρχιερεύς, -έως, ὁ	sumo sacerdote, principal sacerdote	122
γυνή, γυναικός, ἡ	mujer, esposa	215
δεξιός, -ιά, -ιόν	derecha (lo contrario de izquierda)	54
ἔθνος, -ους, τό	nación, (pl.) gentiles, gentes	162
εἴτε	si	65
θέλημα, -ατος, τό	voluntad, deseo	62
λαμβάνω	tomo, recibo	260
μή	no	1043
σπείρω	siembro, esparzo	52
σπέρμα, -ατος, τό	semilla, simiente	43
σῶμα, -ατος, τό	cuerpo	142

Palabras nuevas	Total de palabras	Nuevas apariciones	Total de apariciones	Apariciones en el NT	% apariciones en el NT
12	290	2,436	105,810	138,162	76.58

- ἀνήρ es un sustantivo de 3ra declinación y su raíz es ἀνδρ. El nominativo singular es ligeramente irregular.
- γυνή es un sustantivo de 3ra declinación y su raíz es γυναικ. El nominativo singular es ligeramente irregular.
- Formas de λαμβάνω
Fut. Dep. λήμψομαι
Aor. 2 Act. ἔλαβον
Perf. Act. εἴληφα

  Formas de σπείρω
Aor. 1 Act. ἔσπειρα
Aor. 2 Pas. ἐσπάρην
Perf. Pas. ἔσπαρμαι
- Cuando ἡ δεξιά y τὰ δεξιά se usan como sustantivo significan «la mano derecha», y ἐκ δεξιῶν significa «a la derecha de».

Uso de los léxicos

Las palabras tienen diferentes significados, pero es posible que el significado de una palabra en un idioma no coincida exactamente con el significado de esa palabra en otro idioma. Analicemos, por ejemplo, la palabra «fair» en inglés. Podría traducirse como justo, de piel clara, regular, rubio, hermoso, etc. Todas estas ideas pueden expresarse en griego, sin embargo, no existe una sola palabra griega que abarque todos esos significados. Por otra parte, hay conceptos que es posible expresar con una sola palabra en un idioma y en otro no. Como consecuencia de todo eso, la comprensión del significado de las palabras griegas exige mucho más que una simple memorización de los glosarios en español. En última instancia, pues, debemos hacer un estudio más exhaustivo de los significados de las palabras griegas.

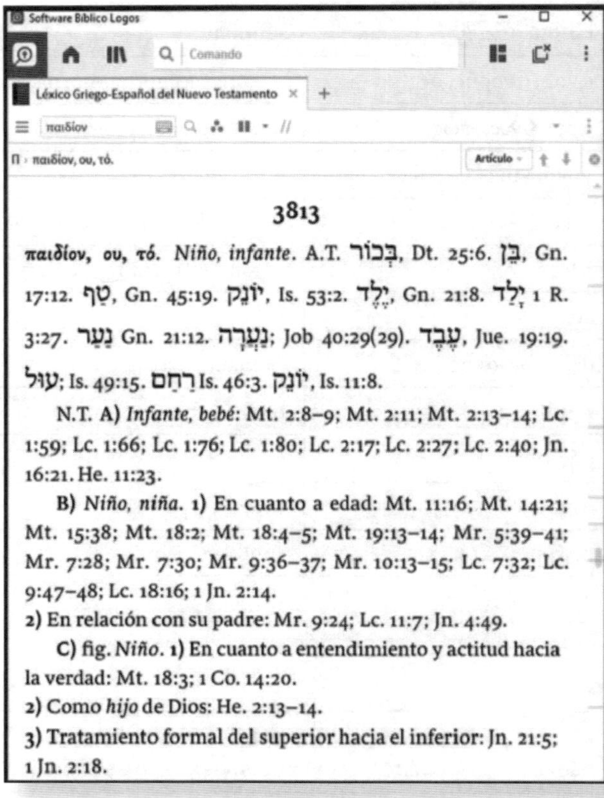

3813

παιδίον, ου, τό. *Niño, infante*. A.T. בְּכוֹר, Dt. 25:6. בֵּן, Gn. 17:12. טַף, Gn. 45:19. יוֹנֵק, Is. 53:2. יֶלֶד, Gn. 21:8. יָלַד 1 R. 3:27. נַעַר Gn. 21:12. נַעֲרָה; Job 40:29(29). עֶבֶד, Jue. 19:19. עוּל; Is. 49:15. רַחַם Is. 46:3. יוֹנֵק, Is. 11:8.

N.T. A) *Infante, bebé*: Mt. 2:8–9; Mt. 2:11; Mt. 2:13–14; Lc. 1:59; Lc. 1:66; Lc. 1:76; Lc. 1:80; Lc. 2:17; Lc. 2:27; Lc. 2:40; Jn. 16:21. He. 11:23.

B) *Niño, niña*. 1) En cuanto a edad: Mt. 11:16; Mt. 14:21; Mt. 15:38; Mt. 18:2; Mt. 18:4–5; Mt. 19:13–14; Mr. 5:39–41; Mr. 7:28; Mr. 7:30; Mr. 9:36–37; Mr. 10:13–15; Lc. 7:32; Lc. 9:47–48; Lc. 18:16; 1 Jn. 2:14.
2) En relación con su padre: Mr. 9:24; Lc. 11:7; Jn. 4:49.

C) fig. *Niño*. 1) En cuanto a entendimiento y actitud hacia la verdad: Mt. 18:3; 1 Co. 14:20.
2) Como *hijo* de Dios: He. 2:13–14.
3) Tratamiento formal del superior hacia el inferior: Jn. 21:5; 1 Jn. 2:18.

Una de las principales herramientas que tenemos para realizar ese estudio es el léxico. Los léxicos son diccionarios de palabras para idiomas antiguos. Al igual que los diccionarios comunes, los léxicos ofrecen el conjunto básico de significados para cada palabra. El objetivo principal que buscamos al usar un léxico es conocer los distintos significados de las palabras.

En la imagen se muestra una página del *Léxico Griego-Español del Nuevo Testamento*. Este léxico proporciona varios de los significado posible de las palabras. Junto con los significados básicos, incluye referencias de apoyo en las que se usa la palabra con un sentido particular. A menudo, estas referencias son pasajes específicos del Nuevo Testamento, lo cual puede ser muy útil; no obstante, debemos proceder con cierta cautela porque en algunas ocasiones, el editor incluye sus opiniones personales con respecto al significado de una palabra en un contexto determinado y las referencias se convierten en un comentario del texto. Nos corresponde, pues, a nosotros, evaluarlas con sensatez.

Los léxicos están disponibles en forma impresa, pero resulta mucho más rápido y fácil trabajar con ellos cuando están incorporados a una biblioteca digital. El léxico de la imagen aparece en el *Software Bíblico Logos* donde un simple clic sobre una palabra griega puede hacer que el léxico se abra en el lugar donde aparece la palabra.

Unidad 24. Participios de aoristo

Introducción a los participios de aoristo

El participio de aoristo describe la acción como un hecho estático o puntual.

El participio activo o participio de presente en español es una forma verbal que actualmente se usa muy poco. Tiene número gramatical pero no cambia en el género, y puede funcionar como adjetivo o como sustantivo. Los participios activos en español terminan en -nte (-ante, -ente, -iente, según la terminación del verbo). El participio activo de «sumar» sería «sumante», que si bien es una palabra que cualquier hispanoparlante puede entender, no es un término que en realidad se use.

Por otra parte, el participio pasivo o «de pretérito» es una forma verbal que se emplea en dos tipos de construcciones gramaticales: la voz pasiva perifrástica (por ejemplo: «los pacientes fueron referidos a otro hospital») y los tiempos verbales compuestos (por ejemplo: «nos hemos referido muchas veces a este asunto»). Este participio se usa en la voz pasiva, y por tanto, es variable (tiene género y número) y puede funcionar como adjetivo («los pacientes referidos al hospital»). Hay muchos participios de este tipo que se han convertido en sustantivos, como por ejemplo, «amado», «tirada», «supuesto», etc., pero esto es un proceso léxico, no gramatical, es decir, no hay ninguna regla que permita usar o transformar cualquier participio pasivo en un sustantivo.

Para traducir al español el participio activo o de presente en griego suele emplearse el gerundio. El gerundio en español considera la acción como un hecho progresivo, mientras que el participio (pasivo o de pretérito) considera la acción como un hecho progresivo o un estado o condición actual.

Una complejidad de los participios activo y medio del aoristo es que siguen dos patrones diferentes, al igual que ocurre en el modo indicativo. Los participios del aoristo primero se construyen a partir de la raíz de un aoristo primero, y los participios del aoristo segundo se construyen a partir de la raíz de un aoristo segundo. Por consiguiente, para la construcción de los participios activo y medio de aoristo hay dos fórmulas diferentes.

Otra característica importante que debemos recordar es que los participios de aoristo no tienen aumento. Esto no representa un gran problema para las formas del aoristo primero por cuanto estas se construyen a partir de la raíz del presente, según vimos anteriormente. Sin embargo, en lo que respecta a los aoristos segundos, la raíz podría ser difícil de reconocer si se le quita el aumento. Por ejemplo, la primera persona del singular del aoristo segundo activo de ἔρχομαι es ἦλθον, y el participio aoristo activo nominativo masculino singular es ἐλθών.

Por último, al igual que en el modo indicativo, las formas del participio de aoristo pasivo difieren de las del participio de aoristo medio.

Forma del participio activo del aoristo primero

La fórmula: Los participios activos del aoristo primero se obtienen añadiendo un morfema participial a la raíz sin aumento del aoristo seguido de las desinencias de 1ra, 2da o 3ra declinación.

Participio activo masculino y neutro del aoristo primero

Raíz del aoristo primero	+	αντ	+	Desinencias de 3ra declinación
λυσ	+	αντ	+	ος

Participio activo femenino del aoristo primero

Raíz del aoristo primero	+	ασ	+	Desinencias de 1ra declinación
λυσ	+	ασ	+	α

Participio activo del aoristo primero de λύω

	Masculino	Femenino	Neutro
Nom sing	λύσας[1]	λύσασα[2]	λῦσαν[1]
Gen sing	λύσαντος	λυσάσης	λύσαντος
Dat sing	λύσαντι	λυσάσῃ	λύσαντι
Ac sing	λύσαντα	λύσασαν[2]	λῦσαν[1]
Nom pl	λύσαντες	λύσασαι	λύσαντα
Gen pl	λυσάντων	λυσασῶν	λυσάντων
Dat pl	λύσασι(ν)[1]	λυσάσαις	λύσασι(ν)[1]
Ac pl	λύσαντας	λυσάσας	λύσαντα

[1] Las formas para el masculino y el neutro son afectadas cuando la desinencia que se añade comienza con σ en el nominativo singular y en el dativo plural y para el neutro por la falta de una desinencia en el nominativo y en el acusativo singular.

[2] Las formas para el femenino singular en los casos nominativo y acusativo son afectadas por la σ del morfema. Al igual que ocurre con δοξα, la vocal de enlace η de las desinencias se convierte en α.

Forma del participio medio del aoristo primero

La fórmula: Los participios medios del aoristo primero se obtienen añadiendo un morfema participial a la raíz sin aumento del aoristo seguido de las desinencias de 1ra o 2da declinación.

Raíz del aoristo primero	+	αμεν	+	Desinencias de 1ra y 2da declinación
λυσ	+	αμεν	+	ος

El participio medio/pasivo funciona de manera muy semejante a un adjetivo de 1ra y 2da declinación y usa las desinencias de 1ra declinación para las formas del femenino y de 2da declinación para las formas del masculino y el neutro.

Participio medio del aoristo primero de λύω

	Masculino	Femenino	Neutro
Nom sing	λυσάμενος	λυσαμένη	λυσάμενον
Gen sing	λυσαμένου	λυσαμένης	λυσαμένου
Dat sing	λυσαμένῳ	λυσαμένῃ	λυσαμένῳ
Ac sing	λυσάμενον	λυσαμένην	λυσάμενον
Nom pl	λυσάμενοι	λυσάμεναι	λυσάμενα
Gen pl	λυσαμένων	λυσαμένων	λυσαμένων
Dat pl	λυσαμένοις	λυσαμέναις	λυσαμένοις
Ac pl	λυσαμένους	λυσαμένας	λυσάμενα

Forma del participio activo del aoristo segundo

La fórmula: Los participios activos del aoristo segundo se obtienen añadiendo un morfema participial a la raíz sin aumento del aoristo seguido de las desinencias de 1ra o 2da declinación.

Participio activo masculino y neutro del aoristo segundo

Raíz del aoristo segundo + οντ + Desinencias de 3ra declinación

βαλ + οντ + ος

Participio activo femenino del aoristo segundo

Raíz del aoristo segundo + ουσ + Desinencias de 1ra declinación

βαλ + ουσ + α

En estas formas se usan el mismo morfema participial y las desinencias que se emplean con los participios de presente. Lo único que nos permite diferenciar los participios de presente de los participios de aoristo segundo es el cambio en la raíz. Por ejemplo, el participio de presente activo nominativo masculino singular de βάλλω es βάλλων y el participio activo nominativo masculino singular del aoristo segundo es βαλών.

El participio activo nominativo masculino singular del aoristo segundo de γινώσκω es γνούς.

Participio activo del aoristo segundo de βάλλω

	Masculino	Femenino	Neutro
Nom sing	βαλών[1]	βαλοῦσα[2]	βαλόν[1]
Gen sing	βαλόντος	βαλούσης	βαλόντος
Dat sing	βαλόντι	βαλούσῃ	βαλόντι
Ac sing	βαλόντα	βαλοῦσαν[2]	βαλόν[1]
Nom pl	βαλόντες	βαλοῦσαι	βαλόντα
Gen pl	βαλόντων	βαλουσῶν	Βαλόντων
Dat pl	βαλοῦσι(ν)[1]	βαλούσαις	βαλοῦσι(ν)[1]
Ac pl	βαλόντας	βαλούσας	Βαλόντα

[1] Las formas para el masculino y el neutro son afectadas cuando la desinencia que se añade comienza con σ en el nominativo singular y en el dativo plural y para el neutro por la falta de una desinencia en el nominativo y en el acusativo singular.

[2] Las formas para el femenino singular en los casos nominativo y acusativo son afectadas por la σ del morfema. Al igual que ocurre con δοξα, la vocal de enlace η de las desinencias se convierte en α.

Forma del participio medio del aoristo segundo

La fórmula: Los participios medios del aoristo segundo se obtienen añadiendo un morfema participial a la raíz sin aumento del aoristo seguido de las desinencias de 1ra o 2da declinación.

Raíz del aoristo segundo + ομεν + Desinencias de 1ra y 2da declinación

βαλ + ομεν + ος

El participio medio/pasivo funciona de manera muy semejante a un adjetivo de 1ra y 2da declinación y usa las desinencias de 1ra declinación para las formas del femenino y las desinencias de 2da declinación para las formas del masculino y el neutro.

En estas formas se usa el mismo morfema participial y las desinencias que se emplean con los participios de presente. Lo único que nos permite diferenciar los participios de presente de los participios de aoristo segundo es el cambio en la raíz.

Participio medio del aoristo segundo de βάλλω

	Masculino	Femenino	Neutro
Nom sing	βαλόμενος	βαλομένη	βαλόμενον
Gen sing	βαλομένου	βαλομένης	βαλομένου

	Masculino	Femenino	Neutro
Dat sing	βαλομένῳ	βαλομένῃ	βαλομένῳ
Ac sing	βαλόμενον	βαλομένην	βαλόμενον
Nom pl	βαλόμενοι	βαλόμεναι	βαλόμενα
Gen pl	βαλομένων	βαλομένων	βαλομένων
Dat pl	βαλομένοις	βαλομέναις	βαλομένοις
Ac pl	βαλομένους	βαλομένας	βαλόμενα

Forma del participio de aoristo pasivo

Las fórmulas: Los participios del aoristo pasivo se obtienen añadiendo un morfema participial a la raíz sin aumento del aoristo pasivo seguido de las desinencias de 1ra y 2da declinación. El masculino y el neutro siguen un mismo patrón y el femenino otro.

Participio masculino y neutro del aoristo pasivo

Raíz del aoristo pasivo	+	**εντ**	+	Desinencias de 3ra declinación
λυθ	+	**εντ**	+	**ος**

Participio femenino del aoristo pasivo

Raíz del aoristo pasivo	+	**εισ**	+	Desinencias de 1ra declinación
λυθ	+	**εισ**	+	**α**

Participio pasivo del aoristo primero de λύω

	Masculino	Femenino	Neutro
Nom sing	λυθείς[1]	λυθεῖσα[2]	λυθέν[1]
Gen sing	λυθέντος	λυθείσης	λυθέντος
Dat sing	λυθέντι	λυθείσῃ	λυθέντι
Ac sing	λυθέντα	λυθεῖσαν[2]	λυθέν[1]
Nom pl	λυθέντες	λυθεῖσαι	λυθέντα
Gen pl	λυθέντων	λυθεισῶν	λυθέντων
Dat pl	λυθεῖσι(ν)[1]	λυθείσαις	λυθεῖσι(ν)[1]
Ac pl	λυθέντας	λυθείσας	λυθέντα

1 Las formas para el masculino y el neutro son afectadas cuando la desinencia que se añade comienza con σ en el nominativo singular y en el dativo plural y para el neutro por la falta de una desinencia en el nominativo y en el acusativo singular.

2 Las formas para el femenino singular en los casos nominativo y acusativo son afectadas por la σ del morfema. Al igual que ocurre con δοξα, la vocal de enlace η de las desinencias se convierte en α.

Participio pasivo del aoristo segundo

Las raíces del aoristo segundo pasivo no emplean θ para formar el tiempo. A no ser por eso, los participios pasivos del aoristo segundo se forman de manera regular.

Conjugación de γράφω como modelo

	Masculino	Femenino	Neutro
Nom sing	γραφείς	γραφεῖσα	γραφέν
Gen sing	γραφέντος	γραφείσης	γραφέντος
Dat sing	γραφέντι	γραφείσῃ	γραφέντι
Ac sing	γραφέντα	γραφεῖσαν	γραφέν
Nom pl	γραφέντες	γραφεῖσαι	γραφέντα
Gen pl	γραφέντων	γραφεισῶν	γραφέντων
Dat pl	γραφεῖσι(ν)	γραφείσαις	γραφεῖσι(ν)
Ac pl	γραφέντας	γραφείσας	γραφέντα

Traducción del participio de aoristo sin artículo

Marco temporal

Los participios no tienen un marco temporal absoluto. El marco temporal debe deducirse a partir del contexto. *Por lo general, el participio de aoristo representa una acción que ocurre con anterioridad a la del verbo principal.* Sin embargo, si el verbo principal está en aoristo, el participio puede representar una acción que tuvo lugar simultáneamente junto con el verbo principal. El contexto puede indicar otro marco temporal.

Aspecto

Los participios de aoristo describen la acción como un hecho indefinido o estático y suelen traducirse al español con una cláusula o con el gerundio compuesto del verbo. Por ejemplo, «habiendo oído al rey, se fueron».

Sentido adverbial

Cuando el participio carece de artículo, tiene un sentido adverbial, y de alguna manera está modificando un verbo. Para traducirlo, se emplea el gerundio compuesto del verbo o una cláusula adverbial en la que la idea verbal del participio se expresa por medio de un verbo estático en el modo indicativo, es decir, el pretérito indefinido del verbo. La cláusula adverbial puede comenzar con «cuando» o «después» cuando el sentido obvio del participio es temporal. Sin embargo, el sentido también podría ser causal, condicional, circunstancial o simplemente descriptivo. El sentido real debe determinarse teniendo en cuenta el contexto.

Diagrama

El diagrama a continuación ilustra cómo se traducen al español los participios adverbiales griegos con una cláusula adverbial. En primer lugar, debes determinar cuál es el sujeto de la cláusula. El participio modifica a Ἰησοῦς y por tanto, el pronombre «él» [tácito o expreso] resulta pertinente; en español es suficiente la forma verbal correspondiente a la 3ra persona del singular. A continuación, debe traducir el participio con un verbo finito que tenga un marco temporal y un aspecto adecuados. El aspecto para un participio de aoristo es estático, por lo cual no debe emplear el gerundio en su traducción. Normalmente, el marco temporal de un participio de aoristo antecede al del verbo principal. Por último, debe seleccionar la relación adverbial adecuada. Este ejemplo sugiere una relación temporal y por tanto, «después» es el adverbio relativo que corresponde.

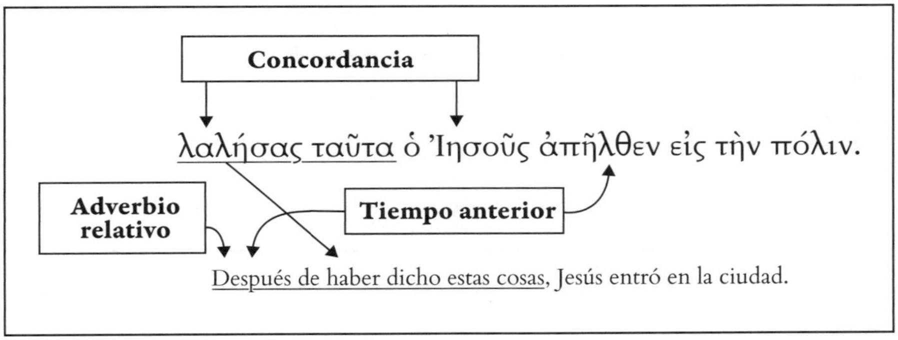

Ejemplos

εἰσελθέντες εἰς Ἰερουσαλὴμ οἱ ἄνθρωποι ἐμαρτύρουν περὶ τοῦ Ἰησοῦ.
Habiendo entrado en Jerusalén, los hombres dieron testimonio de Jesús.
Después de entrar en Jerusalén, los hombres dieron testimonio de Jesús.

ὁ Ἰησοῦς δοξάσθεις ὑπὸ τῶν ἀποστόλων ἀνέβη εἰς τὸν οὐρανόν.
Habiendo sido glorificado por los apóstoles, Jesús ascendió al cielo.
Después de ser glorificado por los apóstoles, Jesús ascendió al cielo.
Tras haber sido glorificado por los apóstoles, Jesús ascendió al cielo.

βλέπομεν τὰ παιδία εἰπόντα τῷ δούλῳ.
Estamos viendo a los niños después de que le hablaron al esclavo.

ὁ ἄγγελος ἐλάλει τῷ κυρίῳ προσευξαμένῳ.
El ángel estaba hablando con el Señor después de que este hubo orado.

Vocabulario

Forma léxica	Definición	Apariciones
αἷμα, αἵματος, τό	sangre	97
ἀποθνῄσκω	muero	111
ἐπαγγελία, -ας, ἡ	promesa	52
κρίσις, -εως, ἡ	juicio, determinación	47
μικρός, -ά, -όν	pequeño, chiquito	46
ὄνομα, -ατος, τό	nombre	231
οὐαί	¡ay!	47
πούς, ποδός, ὁ	pie	93
πῦρ, πυρός, τό	fuego	73
ὑπέρ	(gen.) a favor de, en nombre de (ac.) encima, arriba	150
φυλακή, -ῆς, ἡ	prisión, cárcel, vigilancia, guardián	47
χαίρω	me regocijo, me alegro	74

- αἷμα normalmente aparece como «sangre» en singular en español. Sin embargo, también se usa en plural pero debe traducirse al español en singular.
- Formas de ἀποθνῄσκω
  Futuro ἀποθανοῦμαι (deponente)
  Aoristo activo ἀπέθανον
- πούς es un sustantivo de 3ra declinación y su raíz es ποδ -. El dativo plural es ποσίν.

Palabras nuevas	Total de palabras	Nuevas apariciones	Total de apariciones	Apariciones en el NT	% de apariciones en el NT
12	302	1,068	106,878	138,162	77.36

Uso de búsquedas electrónicas

Las concordancias son libros en los que aparecen palabras o frases de la Biblia. En un sentido, son índices grandiosos. Antes de la existencia de las computadoras, las concordancias eran volúmenes impresos, estáticos y limitados en cuanto a lo que podíamos encontrar en ellos. En la actualidad, los programas informáticos de la Biblia permiten que los usuarios realicen investigaciones complejas y potentes en la Biblia que incluyen la búsqueda creativa de palabras y de construcciones griegas. Por consiguiente, ahora tenemos acceso inmediato a una información que nos habría llevado meses recopilar manualmente. Usando esta información podemos avanzar muchísimo en nuestro conocimiento del griego *koiné* y del mensaje del Nuevo Testamento.

En el cuadro de la derecha aparece un ejemplo de una consulta en el Nuevo Testamento griego usando el *Software Bíblico Logos*. En respuesta a la consulta, el programa muestra todas las veces que aparece el verbo κρατέω. Cuando se familiarice con ese programa, podrá buscar casi cualquier cosa con rapidez.

Es posible elaborar consultas más complejas que le permitan al usuario hacer preguntas mucho más detalladas. Por ejemplo, podríamos preguntar, «¿cuántas veces se usa el verbo διδάσκω en tiempo imperfecto?». Esa pregunta exige una búsqueda que combine la palabra con los criterios morfológicos. Tal vez desee ver cómo se hace este tipo de consulta en el programa *Software Bíblico Logos* y cuáles son los resultados que pueden obtenerse. Las posibilidades son ilimitadas.

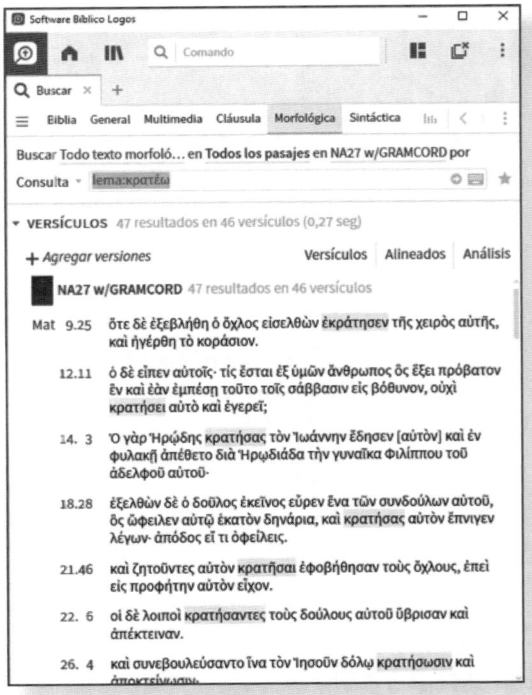

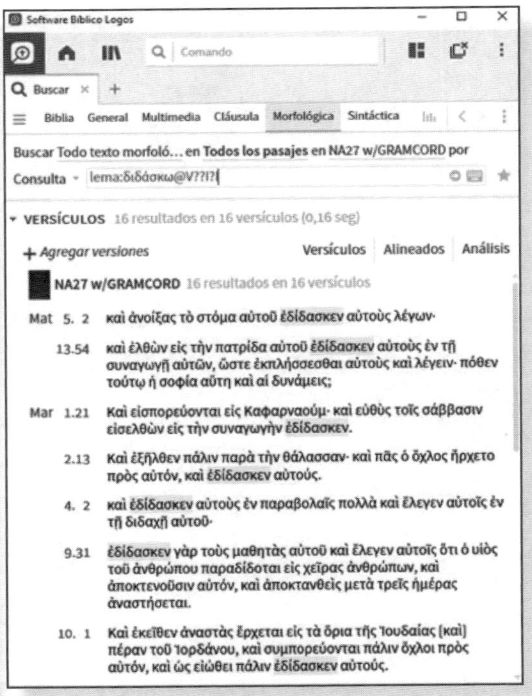

Unidad 25. Participios de perfecto

Introducción a los participios de perfecto

El participio de perfecto describe un estado o condición. El participio pasivo en español (que termina en -ado o -ido en el caso de los verbos regulares y en -to, -so y -cho en el caso de los verbos irregulares) transmite esta idea. El participio pasivo de «romper» es «roto». En la expresión «la pierna rota» está claro que el participio describe el estado o la condición de la pierna. El participio de perfecto en griego se usa de la misma manera. Sin embargo, el griego también tiene un participio de perfecto activo que se expresa en español con «habiendo» y el participio pasivo. La expresión «el niño, habiéndose roto la pierna» es generalmente equivalente al participio de perfecto activo en griego.

Forma del participio de perfecto activo

Las fórmulas: Los participios de perfecto activo se obtienen añadiendo un morfema participial a la raíz del perfecto seguido de las desinencias de 1ra, 2da o 3ra declinación. Las formas para el masculino y el neutro siguen un mismo patrón y las del femenino otro.

Participio de perfecto activo masculino y neutro

Raíz del perfecto + οτ + Desinencias de 3ra declinación
λελυκ + οτ + ος

Participio de perfecto activo femenino

Raíz del perfecto + υι + Desinencias de 1ra declinación
λελυκ + υι + α

El participio de perfecto funciona de manera muy semejante a un adjetivo 3-1-3 y usa las desinencias de 3ra declinación para las formas del masculino y el neutro y las desinencias de 1ra declinación para las formas del femenino.

Participio perfecto activo de λύω

	Masculino	Femenino	Neutro
Nom sing	λελυκώς[1]	λελυκυῖα[3]	λελυκός[2]
Gen sing	λελυκότος	λελυκυίας	λελυκότος
Dat sing	λελυκότι	λελυκυίᾳ	λελυκότι
Ac sing	λελυκότα	λελυκυῖαν	λελυκός[2]

	Masculino	Femenino	Neutro
Nom pl	λελυκότες	λελυκυῖαι	λελυκότα
Gen pl	λελυκότων	λελυκυιῶν	λελυκότων
Dat pl	λελυκόσι(ν)[1]	λελυκυίαις	λελυκόσι(ν)[1]
Ac pl	λελυκότας	λελυκυίας	λελυκότα

[1] Las formas para el masculino y el neutro son afectadas cuando la desinencia que se añade comienza con σ en el nominativo singular y en el dativo plural.

[2] Las formas para el neutro son afectadas por la falta de una desinencia en el nominativo y en el acusativo singular.

[3] Las formas para el femenino singular son afectadas por la ι del morfema. Al igual que ocurre con ἀλήθεια, la vocal de enlace η de las desinencias se convierte en α.

Forma del participio de perfecto medio/pasivo

La fórmula: Los participios de perfecto medio/pasivo se obtienen añadiendo un morfema participial a la raíz del perfecto seguido por las desinencias de 1ra o 2da declinación.

Raíz del perfecto	+	**μεν**	+	**Desinencias de 1ra o 2da declinación**
λελυκ	+	**μεν**	+	**ος**

El participio de perfecto medio/pasivo funciona de manera muy semejante a un adjetivo de 1ra y 2da declinación y usa las desinencias de 1ra declinación para las formas del femenino y las desinencias de 2da declinación para las formas del masculino y el neutro.

Participio de perfecto medio/pasivo de λύω

	Masculino	Femenino	Neutro
Nom sing	λελυμένος	λελυμένη	λελυμένον
Gen sing	λελυμένου	λελυμένης	λελυμένου
Dat sing	λελυμένῳ	λελυμένῃ	λελυμένῳ
Ac sing	λελυμένον	λελυμένην	λελυμένον
Nom pl	λελυμένοι	λελυμέναι	λελυμένα
Gen pl	λελυμένων	λελυμένων	λελυμένων
Dat pl	λελυμένοις	λελυμέναις	λελυμένοις
Ac pl	λελυμένους	λελυμένας	λελυμένα

Traducción del participio de perfecto

Marco temporal

Los participios no tienen un marco temporal absoluto. El marco temporal debe deducirse a partir del contexto. *Por lo general, el participio de perfecto representa un estado o una condición vigente en el momento que indica el contexto.*

Aspecto

Los participios de perfecto describen la acción como un estado o una condición. El participio de perfecto activo puede traducirse con el gerundio compuesto como en «habiéndose roto» o con una cláusula en la que la idea verbal del participio se expresa con el pretérito perfecto como en «que se ha roto». El participio de perfecto pasivo se traduce mejor al español con el pretérito perfecto como en «que se ha roto» o con una cláusula como en «que está rota».

Ejemplos

Ἐγένετο ἄνθρωπος, ἀπεσταλμένος παρὰ θεοῦ. Hubo un hombre enviado de Dios.
τὸ γεγεννημένον ἐκ τῆς σαρκὸς σάρξ ἐστιν. Lo que es nacido de la carne, carne es.
ἔλεγον οὖν οἱ Ἰουδαῖοι τῷ τεθεραπευμένῳ, σάββατόν ἐστιν. Por tanto, los judíos estaban diciendo al que había sido sanado: es día de reposo.
ἔλεγεν οὖν ὁ Ἰησοῦς πρὸς τοὺς πεπιστευκότας αὐτῷ Ἰουδαίους ... Entonces Jesús estaba diciéndoles a los judíos que habían creído en él...

Construcciones perifrásticas perfectas

- Las construcciones perifrásticas se componen de un verbo equiparativo como εἰμί y un participio. El participio de perfecto suele usarse con este tipo de construcción para denotar un estado o condición dentro del marco temporal que indica el verbo εἰμί.

Ejemplos

ἔστιν γεγραμμένον ἐν τοῖς προφήταις. Está escrito en los profetas. (Jn. 6:45)
εὗρεν τὸν τόπον οὗ ἦν γεγραμμένον. Halló el lugar donde estaba escrito. (Lc. 4:17)
ὃ ἐὰν λύσῃς ἐπὶ τῆς γῆς ἔσται λελυμένον ἐν τοῖς οὐρανοῖς Todo lo que aten en la tierra será atado en el cielo. (Mt. 16:19)

Vocabulario

Forma léxica	Definición	Apariciones
ἁμαρτάνω	peco, hago el mal, obro mal	43
ἀνάστασις, -εως, ἡ	resurrección	42
ἄξιος, -α, -ον	digno, adecuado	41
γενεά, -ᾶς, ἡ	familia, generación	43
ἔτος, -ους, τό	año	49
θαυμάζω	admiro, me asombro, me maravillo	43
θλῖψις, -εως, ἡ	tribulación, aflicción	45
καθίζω	me siento, obligo (invito) a sentarse, nombro (figurado)	46
οἶδα	sé, conozco, entiendo, percibo	318
ὅμοιος, -α, -ον	como, semejante, similar	45
ὕδωρ, ὕδατος, τό	agua	78

- Formas de ἁμαρτάνω

  Futuro activo ἁμαρτήσω
  Aoristo primero activo ἡμάρτησα
  Aoristo segundo activo ἥμαρτον
  Perfecto activo ἡμάρτηκα

- καθίζω difiere de κάθημαι porque καθίζω es más causativo, «invitar (obligar) a sentarse, hacer que uno se siente» mientras que κάθημαι es más descriptivo del estado, «está sentado», En sentido figurado, καθίζω significa «nombrar» porque el acto de sentarse connota la idea de asumir la autoridad o tomar el control.

- οἶδα es el perfecto del verbo obsoleto εἴδω y se traduce como un presente. Difiere ligeramente de γινώσκω porque expresa la idea de un conocimiento teórico basado en la observación mientras que γινώσκω supone la adquisición del conocimiento a través de la experiencia. El pluscuamperfecto de οἶδα, ᾔδειν, aparece 33 veces en el Nuevo Testamento.

- ὅμοιος normalmente va seguido de un dativo que indica el objeto de la semejanza como en ὅμοιον αὐτῷ, «como él».

- ὕδωρ es un sustantivo de 3ra declinación y su raíz es ὑδατ-. El nominativo es ligeramente irregular. La forma del dativo plural es ὕδασι.

Palabras nuevas	Total de palabras	Nuevas apariciones	Total de apariciones	Apariciones en el NT	% de apariciones el NT
11	313	793	107,671	138,162	77.93

Mapeo de un texto

Para entender correctamente un texto tiene que identificar las relaciones que existen entre las palabras en una cláusula y todas las cláusulas en la oración. El mapeo es una técnica que puede ayudarle a identificar estas relaciones y reflexionar sobre ellas. Esta técnica le permite exponer el texto de un modo en el que le resulte fácil visualizar las relaciones que existen. El proceso le ayudará a tomar decisiones sobre las relaciones, y el diagrama resultante le ayudará a darse cuenta de los patrones que hay dentro de estas relaciones.

Use las siguientes reglas para analizar una oración.

- Coloque cada cláusula en una línea separada.
- Agregue sangría a las cláusulas subordinadas, de participio y de infinitivo, alineándolas a la derecha de lo que ellas modifican.
- Coloque las demás estructuras coordinadas (grupos de palabras o frases) en líneas separadas alineándolas verticalmente a la derecha de lo que ellas modifican.
- Ponga las conjunciones en líneas separadas ligeramente a la izquierda de los elementos que conectan.

Ejemplo

1 Juan 1:2

```
   καὶ
   ἡ ζωὴ ἐφανερώθη,
καὶ
   ἑωράκαμεν
καὶ
   μαρτυροῦμεν
καὶ
   ἀπαγγέλλομεν ὑμῖν τὴν ζωὴν
                         τὴν αἰώνιον
                         ἥτις ἦν πρὸς τὸν πατέρα
                           καὶ
                              ἐφανερώθη ἡμῖν —
```

Cuando haya completado el diagrama, ha llegado el momento de reflexionar sobre él. Observamos la repetición de ἐφανερώθη al principio y al final de la oración. Observamos también la repetición de καί, los verbos paralelos que comienzan la oración y la repetición triple de la 1ra persona del plural. Los cambios en el tiempo de estos verbos son: aoristo-perfecto-presente. Por último, observamos que ζωή se repite y se modifica al final de la oración. El mapeo del pasaje nos permite darnos cuenta de todas estas observaciones con mayor facilidad y nos ayuda a reflexionar en su significado e importancia.

Unidad 26. Sintaxis y traducción de los participios

Funciones sintácticas

El griego *koiné* hace más uso de los participios que el español. Podríamos decir que el griego es un idioma que adora los participios. Por ese motivo, el participio griego tiene muchos usos que no tienen los participios en español. Pueden funcionar como adverbios, como adjetivos o como sustantivos. Pueden tener un artículo o no tenerlo.

Como adverbios: Los participios que funcionan como adverbios nunca llevan artículo. A veces pueden traducirse al español usando un tiempo verbal adecuado (por ejemplo, el gerundio). Otras veces es necesario valernos de una cláusula adverbial. El sentido adverbial (temporal, causal, concesivo, condicional, etc.) está determinado por el contexto. Cuando se usa una cláusula, el sujeto de esta es el sustantivo con el que concuerda el participio.

περιπατῶν ὁ υἱὸς βλέπει τὸν δοῦλον.	Mientras está caminando, el hijo ve al esclavo.
τὸν δοῦλον περιπατοῦντα ὁ υἱὸς βλέπει.	El hijo ve al esclavo mientras el esclavo está caminando.
ἁμαρτάνοντας, ὁ θεὸς σώσει ἡμᾶς.	Aunque estamos pecando, Dios nos salvará.
φοβούμενος τὴν δεσπότην ὁ δοῦλος ἐκφεύγει ἀπὸ αὐτοῦ.	Temiendo a su amo, el esclavo está huyendo de él.

Como adjetivo: Los participios que funcionan como adjetivos normalmente tienen artículo, aunque si están modificando un sustantivo sin artículo, pueden carecer de él. Deben traducirse al español con una cláusula relativa. El pronombre relativo de la cláusula se derivará del sustantivo con el que concuerda el participio.

ὁ υἱὸς ὁ περιπατῶν βλέπει τὸν δοῦλον.	El hijo que está caminando ve al esclavo.
ὁ υἱὸς βλέπει τὸν δοῦλον τὸν περιπατοῦντα.	El hijo ve al esclavo que está caminando.

Como sustantivo: Los participios que funcionan como sustantivos llevan artículo y no modifican ningún sustantivo. Deben traducirse al español usando un sustantivo, un nombre, un pronombre o una cláusula relativa. El género y el número del participio están determinados por su verdadero referente. El caso depende de su uso en la oración. El nombre o pronombre adecuados se deriva del género, número y caso del participio.

ὁ περιπατῶν βλέπει τὸν δοῦλον.	El que está caminando ve al esclavo.
ὁ υἱὸς βλέπει τὸν περιπατοῦντα.	El hijo ve al que está caminando.
τὰ βλεπόμενα πονηρά ἐστιν.	Las cosas que se ven son malas.

Función del tiempo

Los principales tiempos en los que aparecen los participios en el NT son: presente, aoristo y perfecto. El futuro también se usa pero solo en raras ocasiones. El tiempo no denota ningún marco temporal, aunque algunos de ellos se usan con más frecuencia que otros para indicar ciertos marcos temporales relativos. El tiempo en los participios se usa fundamentalmente para describir el aspecto verbal.

Presente: El participio de presente describe la acción como un hecho continuo o progresivo. Por lo general, los participios de presente deben traducirse al español con el gerundio. El participio adverbial temporal debe traducirse con una cláusula adverbial que comience con «mientras».

ὁ υἱὸς ὁ σώζων τὸν δοῦλον ἀγαπᾷ αὐτόν.	El hijo que está salvando al esclavo lo ama.
ὁ υἱὸς σώζων τὸν δοῦλον λέγει αὐτόν.	El hijo, mientras está salvando al esclavo, está hablando con él.
ὁ σώζων τὸν δοῦλον ἀγαπᾷ αὐτόν.	El que está salvando al esclavo lo ama.

Aoristo: El participio de aoristo describe la acción como un hecho puntual u holístico. Normalmente, los participios de aoristo se traducen al español usando el pretérito indefinido o una cláusula adverbial o relativa. El participio adverbial temporal puede traducirse con una cláusula adverbial que comience con «cuando» o «después».

ὁ υἱὸς ὁ σώσας τὸν δοῦλον ἀγαπᾷ αὐτόν.	El hijo que salvó al esclavo lo ama.
ὁ υἱὸς σώσας τὸν δοῦλον εἶπεν αὐτῷ.	El hijo, después de haber salvado al esclavo, le dijo.
ὁ σώσας τὸν δοῦλον ἀγαπᾷ αὐτόν.	El que salvó al esclavo lo ama.

Perfecto: El participio de perfecto describe la acción como un estado resultante. Por lo general, los participios de perfecto activo y medio pueden traducirse al español con el gerundio compuesto (habiendo...) o con una cláusula adverbial o relativa con un verbo en pretérito perfecto. El participio de perfecto pasivo puede traducirse con un participio pasivo (escrito, roto, leído, etc.).

ὁ υἱὸς ὁ σεσωκὼς τὸν δοῦλον ἀγαπᾷ αὐτόν.	El hijo que ha salvado al esclavo lo ama.
ὁ υἱὸς σεσωκὼς τὸν δοῦλον λέγει αὐτῷ.	El hijo, habiendo salvado al esclavo, está hablando con él.
οἱ σεσῳσμένοι ἀγαπῶσι τὸν υἱόν.	Los que son salvos aman al hijo.

Tiempo relativo

El tiempo del participio a menudo está relacionado con un marco temporal relativo con respecto al verbo principal en la cláusula en la que aparece el participio. Las reglas que se ofrecen a continuación pueden resultar útiles para entender el tiempo relativo de un participio, pero no deben considerarse absolutas. El contexto es el que debe decidir cuál es el marco temporal del participio.

Presente: El participio de presente suele describir una acción que tiene lugar al mismo tiempo que el verbo principal. El participio debe traducirse al español con un verbo en el mismo marco temporal que el del verbo principal en la misma cláusula.

ὁ υἱὸς ὁ σῴζων τὸν δοῦλον ἀγαπᾷ αὐτόν.	El hijo que salva al esclavo lo ama.
ὁ υἱὸς σῴζων τὸν δοῦλον εἶπεν αὐτῷ.	El hijo, mientras salvaba al esclavo, hablaba con él.
ὁ σῴζων τὸν δοῦλον βλέψει τὸν θεόν.	El hijo que salvará al esclavo verá a Dios.

Aoristo: El participio de aoristo normalmente describe una acción que precede a la que expresa el verbo principal. El participio debe traducirse al español con el verbo adecuado que indique un marco temporal anterior al del verbo principal en la misma cláusula. Sin embargo, si el verbo principal es aoristo, el participio puede expresar una acción simultánea.

ὁ υἱὸς ὁ σώσας τὸν δοῦλον ἀγαπᾷ αὐτόν.	El hijo que ha salvado al esclavo lo ama.
ὁ υἱὸς σώσας τὸν δοῦλον εἶπεν αὐτῷ.	El hijo, después de haber salvado al esclavo, habló con él.
ὁ σώσας τὸν δοῦλον βλέψει τὸν θεόν.	El que salvó al esclavo verá a Dios.
ἀποκριθεὶς ὁ Ἰησοῦς εἶπεν.	Jesús respondió y dijo. (acciones simultáneas)

Perfecto: El participio de perfecto indica un tiempo anterior cuando hace hincapié en la consumación de la acción y acciones simultáneas cuando hace hincapié en el resultado permanente de la acción.

ὁ υἱὸς ὁ σεσωκὼς τὸν δοῦλον ἀγαπᾷ αὐτόν.	El hijo que ha salvado al esclavo lo ama. (acción anterior)
ὁ υἱὸς σεσωκὼς τὸν δοῦλον λέγει αὐτῷ.	El hijo, habiendo salvado al esclavo, está hablando con él. (acción anterior)
οἱ σεσῳσμένοι ἀγαπᾷ τὸν υἱόν.	Los que son salvados aman al hijo. (acciones simultáneas)

Futuro: El participio de futuro suele describir una acción que ocurre con posterioridad a la acción que expresa el verbo principal. El participio debe traducirse al español con el verbo adecuado que indique un marco temporal posterior al del verbo principal en la misma cláusula.

τίς ἐστιν ὁ κατακρινῶν σε;	¿Quién es el que os condenará?
ᾔδει ὁ Ἰησοῦς τίς ἐστιν ὁ παραδώσων αὐτόν.	Jesús sabía quién lo entregaría. (Jn. 6:64)

Genitivo absoluto

El genitivo absoluto es una cláusula participial que consta de un participio junto con un sustantivo o un pronombre, ambos en el caso genitivo. Esta cláusula no guarda ninguna relación gramatical con el resto de la oración. Los genitivos absolutos suelen emplearse en las unidades narrativas y aparecen con más frecuencia al principio de la oración antes de la cláusula principal. El participio puede preceder o seguir al sustantivo en genitivo.

El genitivo absoluto debe traducirse como una cláusula adverbial. Suele tener un sentido temporal, pero puede connotar también otras ideas adverbiales. El participio se traduce como un verbo finito, y el sustantivo o pronombre en el genitivo se traduce como el sujeto de ese verbo. El marco temporal es relativo y debe considerarse que depende del tiempo del participio y del contexto.

Mt. 2:1	Τοῦ δὲ Ἰησοῦ γεννηθέντος ἐν Βηθλέεμ τῆς Ἰουδαίας ἐν ἡμέραις Ἡρῴδου τοῦ βασιλέως, ἰδοὺ μάγοι ἀπὸ ἀνατολῶν παρεγένοντο εἰς Ἱεροσόλυμα	Ahora bien, cuando Jesús nació en Belén de Judea en días de Herodes, he aquí, unos magos del oriente vinieron a Jerusalén.
Mt. 2:19	Τελευτήσαντος δὲ τοῦ Ἡρῴδου ἰδοὺ ἄγγελος κυρίου φαίνεται κατ' ὄναρ τῷ Ἰωσὴφ ἐν Αἰγύπτῳ	Ahora bien, cuando murió Herodes, he aquí, un ángel del Señor apareció en sueños a José en Egipto.
Mt. 8:1	Καταβάντος δὲ αὐτοῦ ἀπὸ τοῦ ὄρους ἠκολούθησαν αὐτῷ ὄχλοι πολλοί.	Ahora bien, cuando descendió del monte, le seguía mucha gente.
Mt. 8:5	Εἰσελθόντος δὲ αὐτοῦ εἰς Καφαρναοὺμ προσῆλθεν αὐτῷ ἑκατόνταρχος παρακαλῶν αὐτὸν	Ahora bien, entrando en Capernaúm, vino a él un centurión, rogándole.
Mt. 8:16	Ὀψίας δὲ γενομένης προσήνεγκαν αὐτῷ δαιμονιζομένους πολλούς.	Y cuando llegó la noche, trajeron a él muchos que estaban endemoniados.
Mt. 9:33	καὶ ἐκβληθέντος τοῦ δαιμονίου ἐλάλησεν ὁ κωφός.	Y cuando el demonio fue echado fuera, el mudo habló.

Construcciones perifrásticas

Las construcciones perifrásticas están compuestas por un verbo equiparativo y un participio. Por lo general el verbo equiparativo es εἰμί, pero también se usan otros verbos, como por ejemplo, γίνομαι y ὑπάρχω. El verbo equiparativo puede estar en presente, en imperfecto o en futuro y el participio puede ser de presente o de perfecto.

Las construcciones perifrásticas se consideran semánticamente iguales a un verbo finito pero con un énfasis ligeramente mayor en el aspecto verbal. De este modo, βλέπω y εἰμι βλέπων tienen el mismo significado. La construcción perifrástica aclara que el aspecto es progresivo. El cuadro siguiente es un resumen de las construcciones perifrásticas que aparecen en el Nuevo Testamento.

	Verbo finito	Participio	Ejemplo	
Perifrástica de presente: hace hincapié en el aspecto progresivo en el presente	Presente	Presente	εἰμι βλέπων.	Estoy viendo.
Perifrástica de imperfecto: hace hincapié en el aspecto progresivo en el pasado	Imperfecto	Presente	ἤμην βλέπων.	Estaba viendo.
Perifrástica de futuro: hace hincapié en el aspecto progresivo en el futuro	Futuro	Presente	ἔσομαι βλέπων.	Estaré viendo.
Perifrástica de perfecto: hace hincapié en el estado o condición en el presente	Presente	Perfecto	εἰμι σεσῳσμένος.	Soy salvo.
Perifrástica de pluscuamperfecto: hace hincapié en el estado o condición en el pasado	Imperfecto	Perfecto	ἤμην σεσῳσμένος.	Era salvo.

Vocabulario

Forma léxica	Definición	Apariciones
ἀπαγγέλλω	informo, proclamo	45
ἄρα	así pues, entonces	49
ἄχρι	(gen.) hasta (conj.) hasta	49
δεύτερος, -α, -ον	segundo	43
ἐγγίζω	me acerco, me aproximo	42
ἑτοιμάζω	me preparo, me alisto	40
ἴδιος, -α, -ον	pertinente a uno mismo, propio de uno	114
πάσχω	padezco, sufro, aguanto, soporto	42
σήμερον	hoy	41
τιμή, -ῆς, ἡ	honor, precio, valor	41
ὧδε	aquí	61

- Formas de ἀπαγγέλλω
  Futuro activo ἀπαγγελῶ
  Aoristo primero activo ἀπήγγειλα
  Aoristo pasivo ἀπηγγέλην
- Formas de πάσχω
  Aoristo segundo activo ἔπαθον
  Perfecto aoristo πέπονθα

Palabras nuevas	Total de palabras	Nuevas apariciones	Total de apariciones	Apariciones en el NT	% de apariciones en el NT
11	324	567	108,238	138,162	78.34

Unidad 27. El infinitivo

Introducción a los infinitivos

Los infinitivos son sustantivos verbales. A diferencia de lo que ocurre en español, los infinitivos griegos tienen tiempo y voz al igual que los verbos finitos. Los infinitivos en griego no admiten declinaciones pero suelen estar modificados por un artículo neutro singular. Los infinitivos pueden aparecer en las tres voces y en los tiempos presente, aoristo y perfecto, y en raras ocasiones en futuro. En el Nuevo Testamento solo hay cinco formas de futuro, por lo cual no vamos a analizarlas.

Los accidentes verbales del infinitivo son dos, a saber, tiempo y voz, y por tanto, tienen muy pocas formas. Observa que todas las formas terminan en αι exceptuando las del presente activo y las del aoristo segundo activo.

Forma de los infinitivos de presente

Las fórmulas: Para obtener los infinitivos de presente se usan las fórmulas siguientes:

Infinitivo de presente activo

Raíz del presente + **ειν**[1]
λυ + **ειν**

Infinitivo de presente medio/pasivo

Raíz del presente + **εσθαι**[1]
λυ + **εσθαι**

[1] La contracción para los verbos contractos siguen las reglas normales.

Formas de infinitivo de presente

	λύω	**φιλέω**	**πληρόω**	**ἀγαπάω**
Activo	λύειν	φιλεῖν	πληροῦν	ἀγαπᾶν
Medio/pasivo	λύεσθαι	φιλεῖσθαι	πληροῦσθαι	ἀγαπᾶσθαι

Forma de los infinitivos de aoristo primero activo y medio

Infinitivo de aoristo primero activo

Raíz del aoristo primero + **αι**
λυσ + αι

Infinitivo de aoristo primero medio

Raíz del aoristo primero + **ασθαι**
λυσ + ασθαι

Infinitivos de aoristo primero activo y medio de λύω

Activo	λῦσαι
Medio	λύσασθαι

Forma de los infinitivos de aoristo segundo activo y medio

Infinitivo de aoristo segundo activo

Raíz del aoristo segundo + **ειν**
βαλ + ειν[1]

Infinitivo de aoristo segundo medio

Raíz del aoristo segundo + **ασθαι**
βαλ + ασθαι[1]

[1] Las formas del aoristo segundo usan las mismas desinencias del presente. Solo podemos diferenciarlas observando el cambio en la raíz. Por ejemplo, βάλλειν es el infinitivo de presente activo, mientras que βαλεῖν es el infinitivo de aoristo activo de βάλλω.

Infinitivos de aoristo segundo activo y medio

	βάλλω	**λέγω**	**ὁράω**
Activo	βαλεῖν	εἰπεῖν	ἰδεῖν
Medio	βαλέσθαι	---------	---------

Forma de los infinitivos de aoristo pasivo

Fórmula del infinitivo de aoristo pasivo

Raíz del aoristo pasivo + **ναι**
λυθῆ + **ναι**[1]

[1] Las formas pasivas del aoristo segundo no usan θ para su conjugación de tiempo.

Ejemplos de infinitivo de aoristo pasivo

	λύω	βάλλω	γράφω
Pasivo	λυθῆναι	βληθῆναι	γραφῆναι

Forma de los infinitivos de perfecto

Fórmula para el infinitivo de perfecto activo

Raíz del perfecto + **εναι**
λελυκ + **εναι**

Fórmula para el infinitivo de Perfecto medio/pasivo

Raíz del perfecto[2] + **σθαι**
λελυ + **σθαι**

[2] En las formas medias/pasivas no aparece la κ adjunta a la raíz. No se usan vocales de enlace con la desinencia del perfecto medio/pasivo. Esto provoca modificaciones en las consonantes. Véase la unidad 19 para un análisis completo de estas modificaciones.

Infinitivo de perfecto de λυω

Pasivo	λελυκέναι
Medio/pasivo	λελύσθαι

El infinitivo de εἰμι

Presente	εἶναι
Futuro	ἔσεσθαι (aparece 4 veces en Hechos)

Sintaxis y traducción

Como un infinitivo simple

A menudo el infinitivo griego puede traducirse con un infinitivo equivalente en español, tal como se ilustra a continuación. La principal diferencia entre el presente y el aoristo radica en el aspecto, que resulta muy difícil de distinguir en español cuando se usa un infinitivo simple.

El infinitivo griego puede estar precedido por el artículo neutro singular. Este artículo puede traducirse al español con el artículo masculino singular.

Traducción simple

	λύω	Traducción
Pres Act	λύειν	estar desatando (progresivo)
Pres Med	λύεσθαι	estar desatando (progresivo)
Pres Pas	λύεσθαι	estar siendo desatado (progresivo)
Aor Act	λῦσαι	desatar (holístico, estático)
Aor Med	λύσασθαι	desatar(se) (holístico, estático)
Aor Pas	λυθῆναι	ser desatado (holístico, estático)
Perf Act	λελυκέναι	haber desatado
Perf Med	λελύσθαι	haber(se) desatado
Perf Pas	λελύσθαι	estar desatado (estado o condición)

Ejemplos

ἐλπίζω ἐλθεῖν.	Espero venir.
ἦλθον τοῦ σῶσαι τὸν κόσμον.	Vine a salvar al mundo.

Sujeto de un infinitivo

El infinitivo puede estar acompañado por un sustantivo en el caso acusativo que funciona como el sujeto del infinitivo. A este se le llama «*acusativo de referencia general*». Cuando está presente, el infinitivo debe traducirse por medio de una cláusula. Dado que el infinitivo también puede aceptar un complemento directo, normalmente en caso acusativo, debemos usar el contexto para diferenciar el sujeto del complemento directo. El sujeto en acusativo suele preceder al complemento directo en acusativo, pero no siempre.

Ejemplos

εἶπεν ἐλθεῖν σε.	Dijo que deberías venir.
λέγετε ἐκβάλλειν με τὰ δαιμόνια.	Están diciendo que yo echo fuera a los demonios.
θέλω φαγεῖν τὸν ἄρτον σε.	Quiero que comas el pan.

Como complemento verbal

Muchos verbos tienen un carácter general y necesitan una descripción adicional para completar su acción. Suelen, pues, ir seguidos de un infinitivo. Algunos verbos, como δεῖ y ἔξεστιν, aparecen solo en la tercera persona del singular y son llamados verbos impersonales.

En español, al igual que en griego, se usan verbos finitos generales con un infinitivo para expresar una idea.

Ejemplos

δύναμαι	δύναμαι διδάσκειν.	Soy capaz de enseñar. Puedo enseñar.
δεῖ	δεῖ με ἐλθεῖν.	Es necesario que vaya. Tengo que ir.
ἔξεστιν	ἔξεστιν με φαγεῖν.	Me está permitido comer. Puedo comer.
μέλλω	μέλλω ἐλθεῖν.	Estoy a punto de llegar.
ὀφείλω	ὀφείλω ζητεῖν.	Debo buscar.

Como complemento directo

A menudo el infinitivo se usa como complemento directo después de los verbos de percepción mental.

Ejemplos

ἐλπίζω ἐλθεῖν σοι.	Espero ir a donde estás.
θέλω ἐλθεῖν σοι.	Quiero ir a donde estás.
ἐδόκουν πνεῦμα θεωρεῖν.	Pensaban que veían un espíritu. (Lc. 24:37)

Discurso indirecto

El infinitivo puede aparecer después de los verbos de comunicación para indicar el contenido de la comunicación, como en «él dijo que fuera a casa». En español se usan distintos tiempos verbales según la oración.

Ejemplos

αἰτοῦμαι μὴ ἐγκακεῖν.	Les pido que no se desanimen. (Ef. 3:13)
τίνα με λέγετε εἶναι;	¿Quién dicen ustedes que soy? (Mt. 16:15)
παρεκάλει αὐτὸν εἰσελθεῖν εἰς τὸν οἶκον αὐτοῦ.	Le rogó que entrara en su casa. (Lc. 8:41)

Cláusulas de propósito

El infinitivo puede aparecer solo o con el artículo genitivo, τοῦ, para indicar el propósito de la acción.

Ejemplos

ἦλθον σῶσαι τὸν κόσμον.	Vine para salvar al mundo.
ἦλθον τοῦ σῶσαι τὸν κόσμον.	Vine para salvar al mundo.

Cláusulas de resultado

El infinitivo puede aparecer después de ὥστε para indicar el resultado de una acción.

Ejemplos

ἐθεράπευσεν αὐτούς ὥστε τὸν ὄχλον θαυμάσαι.	Los sanó, de modo que la muchedumbre se maravilló. (Mt. 15:30-31)
ὥστε γενέσθαι ὑμᾶς τύπον πᾶσιν τοῖς πιστεύουσιν ἐν τῇ Μακεδονίᾳ	Como resultado, han llegado a ser un ejemplo para todos los creyentes en Macedonia. (1Ts. 1:7)

En sintagmas preposicionales

El infinitivo suele usarse como complemento de una preposición. En estos casos, para traducir al español los sintagmas preposicionales debemos usar una cláusula adverbial. Las diferentes preposiciones representan diferentes relaciones adverbiales. El tiempo verbal (presente, pasado, futuro) debe derivarse del contexto. El sujeto de la cláusula puede aparecer en caso acusativo, o puede derivarse del contexto. Véase la sección titulada «*El sujeto de un infinitivo*».

Ejemplos

	Relación	Griego	Traducción
ἐν τῷ	Mientras	ἐν τῷ αὐτὸν διδάσκειν	mientras estaba enseñando
μετὰ τὸ	Después	μετὰ τὸ αὐτὸν διδάξαι	después de enseñar
πρὶν (ἤ)	Antes (que)	πρὶν αὐτὸν διδάξαι	antes que él enseñara
πρὸ τοῦ	Antes (de)	πρὸ τοῦ αὐτὸν διδάξαι	antes de enseñar
διὰ τὸ	Porque	διὰ τὸ αὐτὸν διδάξαι	porque les enseñaba
εἰς τὸ	Para que	εἰς τὸ αὐτὸν διδάξαι	para que pudiera enseñar
πρὸς τὸ	Para que	πρὸς τὸ αὐτὸν διδάξαι	para que pudiera enseñar

Para modificar sustantivos o adjetivos

El infinitivo puede modificar sustantivos o adjetivos para aclarar o restringir su alcance. Por ejemplo, «tengo autoridad para liberar al prisionero». El infinitivo «liberar» modifica y aclara el alcance de la autoridad.

Ejemplos

ἔδωκεν αὐτοῖς ἐξουσίαν θεραπεύειν.	Les dio autoridad para sanar.
οὐκ ἔστιν καλὸν λαβεῖν τὸν ἄρτον.	No está bien tomar el pan.

Vocabulario

Forma léxica	Definición	Apariciones
δεῖ	es necesario, hay que	101
δέω	ato, amarro	43
δύναμαι	puedo, soy capaz	210
ἔξεστι(ν)	está permitido, es lícito; es posible	32
ἐργάζομαι	trabajo, hago, llevo a cabo	41
θέλω	deseo, anhelo	209
καιρός, -οῦ, ὁ	tiempo, sazón, momento correcto	86
μέλλω	estoy a punto de, tengo la intención de	109
οἰκοδομέω	construyo, edifico	40
ὀφείλω	debo (de adeudar), debo (en sentido moral)	35
φωνέω	convoco, invito	43
χωρίς	(gen.) fuera de, aparte de	41
ὥστε	por tanto, para que	83

- δεῖ y ἔξεστι son verbos *impersonales* y aparecen solamente en 3ra persona del singular.
- Formas de θέλω
  Imperfecto activo ἤθελον
  Futuro activo θελήσω
  Aoristo primero activo ἠθέλησα

Palabras nuevas	Total de palabras	Nuevas apariciones	Total de apariciones	Apariciones en el NT	% de apariciones en el NT
13	337	1,073	109,311	138,162	79.12

Unidad 28. El modo subjuntivo

Introducción

El subjuntivo es el modo de la probabilidad. El subjuntivo solo aparece en presente y en aoristo salvo las diez veces que aparece en tiempo perfecto con οἶδα. La diferencia entre el presente y el aoristo de subjuntivo es de aspecto. El presente de subjuntivo describe la acción potencial como una actividad continua sin implicaciones con respecto a su consumación. El aoristo de subjuntivo describe la acción potencial integralmente de principio a fin.

Forma del subjuntivo

La fórmula: Para obtener todas las formas del subjuntivo se usa la siguiente fórmula:

Raíz	+	Desinencias del subjuntivo
λυ	+	ω

Desinencias

Todas las formas del subjuntivo usan las desinencias primarias activas y medias con las vocales de enlace alargadas.

	Activa	Media
1ra per. sing.	-ω	-ωμαι
2da per. sing.	-ῃς	-ῃ[1]
3ra per. sing.	-ῃ[1]	-ηται
1ra per. pl.	-ωμεν	-ώμεθα
2da per. pl.	-ητε	-ησθε
3ra per. pl.	-ωσι(ν)	-ωνται

[1] La desinencia activa de la 3ra persona singular y la media de la 2da persona singular son idénticas.

Raíces

Las formas del subjuntivo aceptan las mismas raíces verbales que se emplean en el modo indicativo. Las raíces del aoristo no se aumentan. Los cambios en la raíz que vimos en el modo indicativo también aparecen en el modo subjuntivo.

Presente de subjuntivo de λύω

	Activa	Media	Pasiva
1ra per. sing.	λύω[1]	λύωμαι	λύωμαι
2da per. sing.	λύῃς	λύῃ	λύῃ[2]
3ra per. sing.	λύῃ[2]	λύηται	λύηται
1ra per. pl.	λύωμεν	λυώμεθα	λυώμεθα
2da per. pl.	λύητε	λύησθε	λύησθε
3ra per. pl.	λύωσι(ν)	λύωνται	λύωνται

1 La forma activa de la 1ra persona del singular es idéntica a la forma del presente de indicativo.

2 La forma activa de la 3ra persona del singular es idéntica a la forma en voz media/pasiva de la 2da persona del singular del presente de indicativo.

Aoristo primero de subjuntivo de λύω[3]

	Activa	Media
1ra per. sing.	λύσω[4]	λύσωμαι
2da per. sing.	λύσῃς	λύσῃ
3ra per. sing.	λύσῃ	λύσηται
1ra per. pl.	λύσωμεν	λυσώμεθα
2da per. pl.	λύσητε	λύσησθε
3ra per. pl.	λύσωσι(ν)	λύσωνται

3 En el subjuntivo no hay aumentos. Se aplican las reglas habituales para la adición de la σ.

4 La forma activa de la 1ra persona del singular es idéntica a la forma activa del futuro de indicativo.

Aoristo segundo de subjuntivo de βάλλω[5]

	Activa	Media
1ra per. sing.	βάλω	βάλωμαι
2da per. sing.	βάλῃς	βάλῃ
3ra per. sing.	βάλῃ	βάληται
1ra per. pl.	βάλωμεν	βαλώμεθα
2da per. pl.	βάλητε	βάλησθε
3ra per. pl.	βάλωσι(ν)	βάλωνται

5 Se usa la raíz sin aumento del aoristo segundo.

Aoristo pasivo de subjuntivo[1]

	λύω	γράφω[2]
1ra per. sing.	λυθῶ	γραφῶ[3]
2da per. sing.	λυθῇς	γραφῇς
3ra per. sing.	λυθῇ	γραφῇ
1ra per. pl.	λυθῶμεν	γραφῶμεν
2da per. pl.	λυθῆτε	γραφῆτε
3ra per. pl.	λυθῶσι(ν)	γραφῶσι(ν)

1 Se usa la raíz sin aumento del aoristo segundo.

2 El aoristo segundo pasivo no emplea la θ para formar el tiempo.

3 Podemos distinguir el aoristo segundo pasivo del presente activo por el acento circunflejo sobre la vocal de enlace.

Presente de subjuntivo de εἰμί

1ra per. sing.	ὦ
2da per. sing.	ᾖς
3ra per. sing.	ᾖ
1ra per. pl.	ὦμεν
2da per. pl.	ἦτε
3ra per. pl.	ὦσι(ν)

Perfecto activo de subjuntivo de οἶδα

1ra per. sing.	εἰδῶ
2da per. sing.	εἰδῇς
3ra per. sing.	εἰδῇ
1ra per. pl.	εἰδῶμεν
2da per. pl.	εἰδῆτε
3ra per. pl.	εἰδῶσι(ν)

Sintaxis y traducción

El subjuntivo suele emplearse en cláusulas dependientes. Sin embargo, también puede usarse en cláusulas independientes. Los principales usos del mismo se enumeran a continuación.

En cláusulas dependientes

El subjuntivo normalmente se usa en las siguientes cláusulas dependientes.

Con ἵνα para introducir cláusulas adverbiales de propósito

La conjunción ἵνα normalmente se emplea para introducir una cláusula de propósito que indica el objetivo o la intención que persigue la acción descrita en la cláusula principal. Responde la pregunta «¿por qué?», y se traduce como «para (que)», «a fin de (que)», «con objeto de (que)», «con el propósito de (que)». El verbo de la cláusula aparece en modo subjuntivo y se traduce al español añadiendo a esas frases una forma verbal en subjuntivo o un infinitivo.

Jn. 1:7	οὗτος ἦλθεν εἰς μαρτυρίαν ἵνα μαρτυρήσῃ περὶ τοῦ φωτός.	Este vino para que diese testimonio de la luz.
Jn. 8:59	ἦραν οὖν λίθους ἵνα βάλωσιν ἐπ' αὐτόν.	Tomaron entonces piedras para arrojárselas.

ἵνα μὴ introduce una cláusula negativa de propósito y suele traducirse como «para que no».

Mt. 7:1	Μὴ κρίνετε, ἵνα μὴ κριθῆτε.	No juzguen, para que no sean juzgados.
Mt. 26:41	προσεύχεσθε, ἵνα μὴ εἰσέλθητε εἰς πειρασμόν.	Oren para que no entren en tentación.

Con* ἵνα *para introducir cláusulas de resultado

Por lo general, para expresar el resultado se usa ὥστε con un infinito. En contadas ocasiones, se usa ἵνα para introducir un resultado. En algunos casos resulta difícil establecer la diferencia entre un propósito y un resultado.

Jn. 5:20	μείζονα τούτων δείξει αὐτῷ ἔργα, ἵνα ὑμεῖς θαυμάζητε.	Mayores obras que estas le mostrará, para que ustedes se maravillen.
Jn. 5:40	καὶ οὐ θέλετε ἐλθεῖν πρός με ἵνα ζωὴν ἔχητε.	Y no quieren venir a mí para que tengan vida.

Con* ἵνα *para introducir cláusulas de discurso indirecto

El discurso indirecto normalmente se introduce con una cláusula que comienza con ὅτι. Sin embargo, la conjunción ἵνα con el subjuntivo se usa cuando la declaración indirecta contiene algún aspecto de posibilidad. Esto es común cuando la declaración indirecta conlleva una orden o una petición.

Jn. 4:47	ἠρώτα ἵνα καταβῇ καὶ ἰάσηται αὐτοῦ τὸν υἱόν.	Le rogó que descendiese y sanase a su hijo.
Mt. 28:10	ὑπάγετε ἀπαγγείλατε τοῖς ἀδελφοῖς μου ἵνα ἀπέλθωσιν εἰς τὴν Γαλιλαίαν.	Vayan a decir a mis hermanos que se dirijan a Galilea.

Cláusulas condicionales del 3er tipo

En las oraciones condicionales del 3er tipo se usa la conjunción ἐάν. En la condición se da por sentada la posibilidad de la acción pero no la realidad de la misma. La acción suele considerarse una posibilidad futura.

Jn. 8:54	ἐὰν ἐγὼ δοξάσω ἐμαυτόν, ἡ δόξα μου οὐδέν ἐστιν.	Si yo me glorifico a mí mismo, mi gloria nada es.
Jn. 14:14	ἐάν τι αἰτήσητέ με ἐν τῷ ὀνόματί μου ἐγὼ ποιήσω.	Si algo piden en mi nombre, yo lo haré.

Cláusulas relativas indefinidas

El subjuntivo se usa con los siguientes pronombres y adverbios relativos indefinidos.

ὃς ἐάν (ἄν)	ὃς ἂν ἐσθίῃ τὸν ἄρτον	cualquiera que coma del pan
ὅπου ἐάν	ὅπου ἐὰν ἀπέρχῃ	dondequiera que vayan
ὅταν	ὅταν προσεύχησθε	cada vez que oren
ἕως ἄν	ἕως ἂν ἐξέλθητε	hasta que se vayan

En cláusulas independientes

Subjuntivo deliberativo

El subjuntivo se usa en preguntas cuando el que las formula está indeciso en cuanto a lo que debe hacer o está considerando qué estrategia debe seguir. Para traducir estas preguntas normalmente se emplea el futuro.

Lc. 3:10	τί οὖν ποιήσωμεν;	¿Qué haremos entonces?
1Co. 11:22	τί εἴπω ὑμῖν;	¿Qué les diré?

Subjuntivo exhortativo

La 1ra persona del plural del subjuntivo se usa en las cláusulas independientes para instar a los destinatarios a realizar alguna acción junto con el escritor u orador. Estas cláusulas se traducen con el presente de subjuntivo en español o con la expresión «vamos a» seguida de un infinitivo.

Mt. 27:49	ἴδωμεν εἰ ἔρχεται Ἠλίας	Vamos a ver si viene Elías.
1Jn. 4:7	ἀγαπῶμεν ἀλλήλους	Amémonos unos a otros.

Negación rotunda

El subjuntivo se usa con οὐ μὴ para expresar una negación rotunda. Por lo general, estas oraciones se traducen al español con una oración negativa equivalente o incluyendo alguna expresión negativa fuerte como «nunca», «de ningún modo», «bajo ningún concepto».

Mr. 9:1	οὐ μὴ γεύσωνται θανάτου ἕως ἂν ἴδωσιν τὴν βασιλείαν τοῦ θεοῦ.	No gustarán la muerte hasta que hayan visto el reino de Dios.
Jn. 6:37	οὐ μὴ ἐκβάλω ἔξω	Jamás lo echaré fuera.

Prohibición

El aoristo de subjuntivo con μή se usa para formular una prohibición cuando el aspecto verbal es integral. A menudo sugiere que la acción aún no ha comenzado y que no debe iniciarse. Si la acción ya está en marcha y debe detenerse se emplea el imperativo negativo de presente para expresar la prohibición.

Mt.1:20	μὴ φοβηθῇς	No temas.
Jn. 3:7	μὴ θαυμάσῃς ὅτι εἶπόν σοι·	No te maravilles de que te dije.

Vocabulario

Formar léxica	Definición	Apariciones
ἄν	partícula indefinida: si, alguna vez	167
ἐάν	si, alguna vez, cuando, cuandoquiera	351
ἵνα	a fin de que, para que, por, porque	663
Ἰουδαῖος, -α, -ον	judío (adjetivo gentilicio y sustantivo)	195
κλαίω	lloro a gritos, gimo	40
μέρος, -ους, τό	parte, región	42
μηδέ	y no, pero no	56
μνημεῖον, -ου, τό	sepulcro, tumba	40
ὅπως	(adv.) cómo; (conj.) para que, a fin de que	53
ὅταν	cuandoquiera, cuando sea, cuando	123
πάντοτε	siempre	41

- ἵνα suele introducir una cláusula de propósito y se traduce como «a fin de que» o «para que».

  Ejemplo

ἐθανατώθητε τῷ νόμῳ ἵνα καρποφορήσωμεν τῷ θεῷ.	Ustedes han muerto a la ley a fin de que (nosotros) llevemos fruto para Dios. (Ro. 7:4)

Sin embargo, ἵνα también puede introducir una cláusula de complemento cuando la idea es una posibilidad y no una realidad. En este caso, funciona como y se traduce como «que».

Ejemplo

ταῦτα ἐντέλλομαι ὑμῖν, ἵνα ἀγαπᾶτε ἀλλήλους.	Esto les mando: que se amen unos a otros. (Jn. 15:17)

ἵνα también puede funcionar de manera epexegética. Es decir, se usa para explicar o aclarar una idea y se traduce como «a saber», «esto es» o «es decir».

Ejemplo

Αὕτη ἐστὶν ἡ ἐντολὴ ἡ ἐμή, ἵνα ἀγαπᾶτε ἀλλήλους.	Este es mi mandamiento, a saber, que se amen unos a otros. (Jn. 15:12)

Palabras nuevas	Total de palabras	Nuevas apariciones	Total de apariciones	Apariciones en el NT	% de apariciones en el NT
11	348	1,771	111,082	138,162	80.4

Unidad 29. El modo imperativo

Introducción

El imperativo es el modo que se usa para dar una orden. El imperativo griego tiene tres tiempos verbales: el presente, el aoristo y el perfecto. No incluiremos el análisis del modo imperativo en tiempo perfecto ya que en el Nuevo Testamento solo aparece en cuatro ocasiones. La diferencia entre el imperativo de presente y el imperativo de aoristo radica en el aspecto. El imperativo de presente ordena una actividad continua sin implicaciones en cuanto a su consumación. El imperativo de aoristo ordena una acción completa de principio a fin.

El griego incluye formas del imperativo para la 2da y la 3ra personas. En español, en cambio, el imperativo no se aplica a la 3ra persona, y por tanto, estas formas griegas resultan más difíciles de entender y de traducir. La traducción tradicional con «que» seguido del presente de subjuntivo no siempre tiene la fuerza suficiente. Por tanto, en algunas ocasiones parece mejor traducir estos imperativos usando expresiones como «debe(n)», «tiene(n) que» (u otra equivalente) seguida de un infinitivo. Véase la sección titulada «*Sintaxis y traducción*» más adelante.

Forma del imperativo de presente

La fórmula: Para obtener el imperativo de presente se usa la siguiente fórmula:

Raíz del presente	+	Desinencias del imperativo de presente
λυ	+	ε

Desinencias del imperativo de presente

	Activa	Media/pasiva
2da per. sing.	-ε[1]	-ου
3ra per. sing.	-έτω	-έσθω
2da per. pl.	-ετε[2]	-εσθε[2]
3ra per. pl.	-έτωσαν	-έσθωσαν

[1] Observa las vocales de enlace ε que caracterizan el tiempo presente.

[2] Las desinencias de la 2da persona del plural son idénticas a las que se emplean en el modo indicativo. Debe usar el contexto para determinar si la intención es dar una orden o hacer una declaración.

Imperativo de presente de λύω

	Activa	Media	Pasiva
2da per. sing.	λῦε	λύου	λύου
3ra per. sing.	λυέτω	λυέσθω	λυέσθω
2da per. pl.	λύετε	λύεσθε	λύεσθε
3ra per. pl.	λυέτωσαν	λυέσθωσαν	λυέσθωσαν

Formas del imperativo de presente de εἰμί

2da per. sing.	ἴσθι (aparece 5 veces en el NT)
3ra per. sing.	ἔστω (aparece 12 veces en el NT) ἤτω (aparece 2 veces en el NT)
2da per. pl.	---------------
3ra per. pl.	ἔστωσαν (aparece 2 veces en el NT)

Forma del imperativo de aoristo primero en voz activa y media

La fórmula: Para obtener el imperativo de aoristo primero en voz activa y media se usa la siguiente fórmula:

Raíz del aoristo primero	+	Desinencias del imperativo de aoristo primero
λυσ	+	**ον**

Desinencias del imperativo de aoristo primero en voz activa y media

	Activa	Media
2da per. sing.	-ον	-αι
3ra per. sing.	-άτω[1]	-άσθω
2da per. pl.	-ατε	-ασθε
3ra per. pl.	-άτωσαν	-άσθωσαν

[1] Observe las vocales de enlace α propias de las desinencias del aoristo primero.

Imperativo de aoristo primero de λύω en voz activa y media

	Activa	Media
2da per. sing.	λῦσον	λῦσαι[1]
3ra per. sing.	λυσάτω	λυσάσθω
2da per. pl.	λύσατε	λύσασθε
3ra per. pl.	λυσάτωσαν	λυσάσθωσαν

[1] Esta forma es idéntica a la del infinitivo de aoristo primero activo.

Forma del imperativo de aoristo segundo en voz activa y media

La fórmula: Para obtener el imperativo de aoristo segundo en voz activa y media se usa la siguiente fórmula:

Raíz del aoristo segundo	+	Desinencias del imperativo de presente
βαλ	+	**ε**

Imperativo de aoristo segundo de βάλλω en voz activa y media

	Activa	Media
2da per. sing.	βάλε	βαλοῦ
3ra per. sing.	βαλέτω	βαλέσθω
2da per. pl.	βάλετε	βάλεσθε
3ra per. pl.	βαλέτωσαν	βαλέσθωσαν

Las formas del aoristo segundo emplean las mismas desinencias que las formas del presente. El cambio en la raíz es lo único que nos permite diferenciarlas. Por ejemplo, βάλλε es el imperativo de presente activo, mientras que βάλε es el imperativo de aoristo activo de βάλλω.

Forma del imperativo de aoristo en voz pasiva

La fórmula: Para obtener el imperativo de aoristo en voz pasiva se usa la siguiente fórmula:

Raíz del aoristo en voz pasiva	+	Desinencias del imperativo de aoristo en voz pasiva
λυθη	+	**τι**

Desinencias del imperativo de aoristo en voz pasiva

2da per. sing.	-ητι[1]
3ra per. sing.	-ητω
2da per. pl.	-ητε
3ra per. pl.	-ήτωσαν

[1] Observe las vocales de enlace η propias del aoristo pasivo.

Formas del imperativo de aoristo en voz pasiva

	Λύω	**ράφω**
2da per. sing.	λύθητι	γράφητι[2]
3ra per. sing.	λυθήτω	γραφήτω
2da per. pl.	λύθητε	γράφητε
3ra per. pl.	λυθήτωσαν	γραφήτωσαν

[2] Si la consonante que precede inmediatamente a η es diferente de φ, θ, o χ, la desinencia es θι. (βηθι, στηθι).

Sintaxis y traducción

Diferencia en el tiempo verbal

La diferencia entre los imperativos de presente y de aoristo radica en el aspecto. El imperativo de presente se usa para ordenarle a alguien que comience y/o continúe una acción. El imperativo de aoristo se emplea para ordenarle a alguien que comience y/o termine una acción.

Ejemplos

Mt. 5:44	ἀγαπᾶτε τοὺς ἐχθροὺς ὑμῶν	Amen a sus enemigos.
Mt. 17:27	εἰς θάλασσαν βάλε ἄγκιστρον	Echa el anzuelo en el mar.

Para dar órdenes

El imperativo se usa comúnmente para emitir órdenes. La forma verbal que se usa en español indica si se trata de la segunda persona del singular o del plural.

Ejemplos

Mt. 5:44	ἀγαπᾶτε τοὺς ἐχθροὺς ὑμῶν.	Amen *(ustedes)* a sus enemigos.
Mt. 17:27	εἰς θάλασσαν βάλε ἄγκιστρον.	Echa *(tú)* el anzuelo en el mar.

Las órdenes de tercera persona son más difíciles de expresar en español. Hay pasajes en los que cuando una persona se dirige a un superior usa la tercera persona como expresión de humildad. En esos casos, es adecuado usar en la traducción el presente de subjuntivo precedido por «que»: «Que tu siervo halle gracia a tus ojos» (o bien, «halle tu siervo gracia a tus ojos»). Sin embargo, cuando se emplea la tercera persona para darle una orden a alguien que no está presente, la orden debe traducirse de una manera más enérgica usando expresiones como «debe(n)», «tiene(n) que» (u otra equivalente) seguida del infinitivo. Por ejemplo, «el rico tiene que compartir sus bienes con el pobre».

Ejemplos

Gn. 41:34	Φαραω καταστησάτω τοπάρχας ἐπὶ τῆς γῆς.	Que establezca el faraón gobernadores por todo el país.
1Ti. 3:12	διάκονοι ἔστωσαν μιᾶς γυναικὸς ἄνδρες.	Los diáconos deben tener una sola esposa.

Para formular una prohibición

El imperativo de presente se usa para dar órdenes negativas que prohíben continuar realizando una acción en curso. Puede traducirse con el presente de subjuntivo precedido por la partícula negativa «no» o con alguna expresión como «deja (o dejen) de» seguida del infinitivo o «no continúes (o continúen)» seguida del gerundio. El aoristo de subjuntivo prohíbe una acción en su totalidad o el inicio de la acción. Puede traducirse con expresiones como «no vuelvas a» seguida del infinitivo, con el presente de subjuntivo precedido del adverbio «nunca» o «no empieces (o empiecen) a» seguida del infinitivo.

Ejemplos

Mt. 6:16	μὴ γίνεσθε ὡς οἱ ὑποκριταί.	No continúen siendo como los hipócritas.
Lc. 5:10	καὶ εἶπεν πρὸς τὸν Σίμωνα ὁ Ἰησοῦς· μὴ φοβοῦ.	Jesús dijo a Simón: «Deja de temer».
Mt. 6:13	καὶ μὴ εἰσενέγκῃς ἡμᾶς εἰς πειρασμόν.	Nunca nos dejes caer en tentación.

Para formular un ruego o una súplica

El imperativo se usa también en un sentido mucho más suave para pedirle a alguien, normalmente a un superior, que haga algo. Esto ocurre habitualmente cuando empleamos el imperativo para dirigirnos a Dios oración o para pedirle algo a alguien en forma de una humilde súplica. En esas súplicas suele usarse la tercera persona. El contexto es el que debe determinar la fuerza de la orden o del ruego.

Ejemplos

Mt. 6:10	ἐλθέτω ἡ βασιλεία σου· γενηθήτω τὸ θέλημά σου.	Venga tu reino; hágase tu voluntad.
Jn. 1:46	λέγει αὐτῷ Φίλιππος· ἔρχου καὶ ἴδε.	Le dijo Felipe: «Ven y ve».

Vocabulario

Forma léxica	Definición	Apariciones
ἀσπάζομαι	saludo (conjugación del verbo saludar)	59
ἐπιγινώσκω	sé, entiendo, comprendo	44
εὐλογέω	bendigo	42
καινός, -ή, -όν	nuevo, sin uso	42
κατοικέω	vivo, habito	44
λογίζομαι	pienso, considero, supongo	41
μισέω	aborrezco, odio	40
ὀλίγος, -η, -ον	pequeño, chico, pocos	41
τέλος, -ους, τό	fin, meta, propósito, objetivo	40
Φαρισαῖος, -ου, ὁ	fariseo	98
χρεία, -ας, ἡ	necesidad	49

Palabras nuevas	Total de palabras	Nuevas apariciones	Total de apariciones	Apariciones en el NT	% de apariciones en el NT
11	359	540	111,622	138,162	80.79

Unidad 30. Formas del indicativo de verbos en -μι

Introducción a la conjugación de los verbos en -μι

Los verbos griegos siguen uno de dos patrones o conjugaciones generales. La mayoría de los verbos pertenecen a la conjugación en ω. Con excepción de εἰμι y de ἀπολλυμι, todos los verbos que has aprendido hasta ahora pertenecen a esta conjugación. Sin embargo, hay otros verbos que siguen un patrón diferente conocido como la conjugación en μι. Los nombres de ambas conjugaciones se derivan de la terminación de sus formas léxicas.

En vez de intentar explicar detalladamente la conjugación en μι, vamos a compararla con la conjugación en ω para identificar en qué difieren sus formas conjugadas. Ofreceremos los paradigmas completos solo para los tiempos presente e imperfecto.

El contenido de esta unidad se aplica únicamente al modo indicativo. Las formas para los demás modos, participios e infinitivos pueden deducirse usando los conceptos que se analizarán más adelante. Debe, pues, aprender estas formas de manera inductiva a medida que las descubra en el texto.

Raíz verbal

La raíz de los verbos en μι es normalmente diferente de su forma léxica (presente de indicativo activo). Por lo tanto, es importante que memorice la raíz de cada verbo nuevo que aprenda. En el cuadro siguiente se muestran las raíces de los verbos en μι que aparecen con más frecuencia en el Nuevo Testamento.

Forma léxica	Raíz verbal
δείκνυμι	δεικ
δίδωμι	δο
ἵημι[1]	ε
ἵστημι	στα
ὄλλυμι[2]	ολ
τίθημι	θε
φημί	φα

1 Siempre aparece como parte de un verbo compuesto, por ej. ἀνίημι, ἀφίημι, καθίημι, συνίημι

2 Suele aparecer como parte del verbo compuesto ἀπόλλυμι

Tiempo presente

Raíz reduplicada del presente

La raíz del tiempo presente de la mayoría de los verbos en μι está reduplicada. Sin embargo, el método de reduplicación es diferente del que se usa en el tiempo perfecto. A continuación se enumeran las reglas para la reduplicación en la raíz del presente de los verbos en μι.

- Las raíces que comienzan con una sola consonante se reduplican con una consonante fuerte seguida de iota.

Raíz verbal	Raíz del presente
δο	δίδο
θε	τίθε

- Las raíces que comienzan con una consonante o una vocal doble se reduplican con una iota con espíritu áspero.

Raíz verbal	Raíz del presente
στα	ἱστα
ε	ἱε

- Algunas raíces incorporan el sufijo νυ o λυ en vez de reduplicarse con un prefijo.

Raíz verbal	Raíz del presente
δείκ	δείκνυ
ολ	ολλυ

- Algunas raíces no se reduplican.

Raíz verbal	Raíz del presente
φα	φα

Desinencias personales activas y medio/pasivas del presente

Desinencias activas del presente

	Singular	Plural
1ra persona	-μι	-μεν
2da persona	-ς	-τε
3ra persona	-σι(ν)	-ασι

Desinencias medias/pasivas del presente

	Singular	Plural
1ra persona	-μαι	-μεθα
2da persona	-σαι	-σθε
3ra persona	-ται	-νται

Las desinencias difieren solo ligeramente de la conjugación en ω. Sin embargo, no hay vocales de enlace entre la raíz y la desinencia salvo en la tercera persona del plural en voz activa.

Modificación de la raíz cuando se añaden las desinencias personales

- En las raíces que terminan con las vocales cortas α, ε, ο se alargan esas vocales para las formas del singular en voz activa y se convierten en η, η, ω. En las formas del plural las vocales no se alargan.

1ra per. sing.	1ra per. pl.
δίδωμι	δίδομεν
τίθημι	τίθεμεν
ἵστημι	ἵσταμεν

- La desinencia de la tercera persona del plural en voz activa, ασι, normalmente no se contrae.

3ra per. sing.	3ra per. pl.
δίδωσι(ν)	διδόασι(ν)
τίθησι(ν)	τιθέασι(ν)
ἵστησι(ν)	ἵστασι(ν)

- Las vocales cortas finales α, ε, ο no se alargan en las formas medias y pasivas.

1ra sing.	2da sing.	3ra sing.	1ra pl.	2da pl.	3ra pl.
δίδομαι	δίδοσαι	δίδοται	διδόμεθα	δίδοσθε	δίδονται
τίθεμαι	τίθεσαι	τίθεται	τιθέμεθα	τίθεσθε	τίθενται
ἵσταμαι	ἵστασαι	ἵσταται	ἱστάμεθα	ἵστασθε	ἵστανται

Conjugaciones

Presente Activo

	δίδωμι	τίθημι	ἵστημι	δείκνυμι	ἀφίημι	φημί
1ra. per. sing.	δίδωμι	τίθημι	ἵστημι	δείκνυμι	ἀφίημι	φημί
2da per. sing.	δίδως	τίθης	ἵστης	δεικνύς[1]	ἀφίης	φῇς
3ra per. sing.	δίδωσι(ν)	τίθησι(ν)	ἵστησι(ν)	δείκνυσι(ν)	ἀφίησι(ν)	φήσι(ν)
1ra per. pl.	δίδομεν	τίθεμεν	ἵσταμεν	δείκνυμεν	ἀφίεμεν	φάμεν
2da per. pl.	δίδοτε	τίθετε	ἵστατε	δείκνυτε	ἀφίετε	φάτε
3ra per. pl.	διδόασι(ν)	τιθέασι(ν)	ἵστασι(ν)	δεικνύασι(ν)	ἀφιέασι(ν)	φάσιν

[1] La forma que se usa en el NT es δεικνύεις.

Presente medio/pasivo

	δίδωμι	τίθημι	ἵστημι	δείκνυμι	ἀφίημι	φημί
1ra per. sing.	δίδομαι	τίθεμαι	ἵσταμαι	δείκνυμαι	ἀφίεμαι	φάμαι
2da per. sing.	δίδοσαι	τίθεσαι	ἵστασαι	δείκνυσαι	ἀφίεσαι	φάσαι
3ra per. sing.	δίδοται	τίθεται	ἵσταται	δείκνυται	ἀφίεται	φάται
1ra per. pl.	διδόμεθα	τιθέμεθα	ἱστάμεθα	δεικνύμεθα	ἀφιέμεθα	φάμεθα
2da per. pl.	δίδοσθε	τίθεσθε	ἵστασθε	δείκνυσθε	ἀφίεσθε	φάσθε
3ra per. pl.	δίδονται	τίθενται	ἵστανται	δείκνυνται	ἀφίενται	φάνται

Tiempo imperfecto de indicativo

Raíz aumentada reduplicada del presente

La raíz del presente se aumenta de la manera normal para formar el imperfecto.

Raíz del presente	Raíz del imperfecto
δείκνυ	ἐδείκνυ
δίδο	ἐδίδο
ολλυ	ωλλυ
ἱστα	ἱστα[1]
τίθε	ἐτίθε
φα	ἐφα[2]

[1] La ι corta se convierte en larga.

[2] Las formas son idénticas a las del aoristo.

Formas del imperfecto activo y medio/pasivo

Las desinencias difieren muy poco de las de la conjugación en ω. Lo que sí es diferente es que no hay ninguna vocal de enlace entre la raíz y la desinencias.

Desinencias del imperfecto activo		
	Singular	Plural
1ra	-(ε) ν	-μεν
2da	-(ε) ς	-τε
3ra	-(ε)	-σαν

Desinencias del imperfecto medio/pasivo		
	Singular	Plural
1ra	-μην	-μεθα
2da	-σο	-σθε
3ra	-το	-ντο

Modificación cuando se adjuntan las desinencias personales

- Las formas del singular de algunos verbos se comportan como si la vocal de enlace ε se contrajera con la última vocal corta de las raíces que terminan en α, ε, ο, o bien, alargan la última vocal corta.

	δίδωμι	**τίθημι**	**ἵστημι**
1ra per. sing.	ἐδίδουν	ἐτίθην	ἵστην
2da per. sing.	ἐδίδους	ἐτίθεις	ἵστης
3ra per. sing.	ἐδίδου	ἐτίθει	ἵστη

- En las formas del imperfecto medio/pasivo las últimas vocales cortas no se alargan.

	δίδωμι	**τίθημι**	**ἵστημι**
1ra per. sing.	ἐδιδόμην	ἐτιθέμην	ἱστάμην

Conjugación

Imperfecto Activo

	δίδωμι	**τίθημι**	**ἵστημι**	**δείκνυμι**	**ἀφίημι**	**Φημί**
1ra per. sing.	ἐδίδουν	ἐτίθην	ἵστην	ἐδείκνυν	ἤφιεν	ἔφην
2da per. sing.	ἐδίδους	ἐτίθεις	ἵστης	ἐδείκνυς	ἤφιες	ἔφης
3ra per. sing.	ἐδίδου	ἐτίθει	ἵστη	ἐδείκνυ(ν)	ἤφιε(ν)	ἐφη(ν)
1ra per. pl.	ἐδίδομεν	ἐτίθεμεν	ἵσταμεν	ἐδείκνυμεν	ἠφίεμεν	ἔφημεν
2da per. pl.	ἐδίδοτε	ἐτίθετε	ἵστατε	ἐδείκνυτε	ἠφίετε	ἔφητε
3ra per. pl.	ἐδίδοσαν	ἐτίθεσαν	ἵστασαν	ἐδείκνυσαν	ἠφίεσαν	ἔφησαν

Imperfecto medio/pasivo

	δίδωμι	**τίθημι**	**ἵστημι**	**δείκνυμι**	**ἀφίημι**	**Φημί**
1ra per. sing.	ἐδιδόμην	ἐτιθέμην	ἱστάμην	ἐδεικνύμην	ἠφίεμην	ἐφάμην
2da per. sing.	ἐδίδοσο	ἐτίθεσο	ἵστασο	ἐδείκνυσο	ἠφίεσο	ἔφασο
3ra per. sing.	ἐδίδοτο	ἐτίθετο	ἵστατο	ἐδείκνυτο	ἠφίετο	ἔφατο
1ra per. pl.	ἐδιδόμεθα	ἐτιθέμεθα	ἱστάμεθα	ἐδεικνύμεθα	ἠφιέμεθα	ἐφάμεθα
2da per. pl.	ἐδίδοσθε	ἐτίθεσθε	ἵστασθε	ἐδείκνυσθε	ἠφίεσθε	ἔφασθε
3ra per. pl.	ἐδίδοντο	ἐτίθεντο	ἵσταντο	ἐδείκνυντο	ἠφίεντο	ἔφαντο

Tiempo aoristo de indicativo

Raíz del aoristo

Para construir el aoristo de indicativo se emplea la raíz aumentada sin reduplicación.

Raíz del presente (sin reduplicación)	Raíz del aoristo
δείκνυ	ἐδείκ
δο	ἐδο
ολλυ	ὠλ
στα	ἐστα
θε	ἐθε
φα	ἐφα[1]

[1] Las formas son idénticas a las del imperfecto.

Formas del aoristo activo

Hay tres maneras de obtener la raíz del aoristo activo: añadiendo a la raíz las consonantes σ o κ formadoras del tiempo verbal con las desinencias del aoristo primero, o bien, usando la raíz del aoristo segundo con las desinencias secundarias. Las vocales cortas al final de la raíz normalmente se alargan en la voz activa.

Aoristos con k	ἔδωκα, ἔθηκα, ἀφῆκα
Aoristos con σ	ἔδειξα, ὤλεσα
Aoristos segundos	ἔστην, ἔφην

Desinencias del aoristo activo

Las desinencias del aoristo activo son normales para los verbos en μι, aunque las vocales de enlace para los aoristos segundos se asimilan con la última vocal larga de la raíz.

Formas del aoristo medio

- No hay ninguna vocal de enlace entre la raíz y la desinencia.

Desinencias del aoristo medio

	Singular	Plural
1ra persona	-μην	-μεθα
2da persona	-σο o -ου	-σθε
3ra persona	-το	-ντο

- Los aoristos con κ pierden la κ. Los aoristos con σ, en cambio, suelen retener la σ. La última vocal corta de las raíces que terminan en α, ε, ο no se alarga.

	δίδωμι	**τίθημι**	**δείκνυμι**
1ra persona	ἐδόμην	ἐθέμην	ἐδειξάμην
2da person	ἔδου	ἔθου	ἐδείξασο
3ra persona	ἔδοτο	ἔθετο	ἐδείξατο

- En las formas del aoristo medio las últimas vocales cortas no se alargan.

Forma léxica	Aoristo medio
δίδωμι	ἐδόμην
τίθημι	ἐθέμην
ἵστημι	ἱστάμην

Formas del aoristo pasivo

El aoristo pasivo suele formarse usando la raíz no reduplicada. La última vocal corta de las raíces que terminan en α, ε, ο no se alarga. Las desinencias son normales.

Forma léxica	Aoristo pasivo
δίδωμι	ἐδόθην
τίθημι	ἐτέθην
ἵστημι	ἐστάθην
δείκνυμι	ἐδείχθην
ἀνίημι	ἀνέθην

Conjugaciones

Aoristo activo

	δίδωμι	**τίθημι**	**ἵστημι**	**δείκνυμι**	**ἀφίημι**	**φημί**
1ra per. sing.	ἔδωκα	ἔθηκα	ἔστην	ἔδειξα	ἀφῆκα	ἐφην
2da per. sing.	ἔδωκας	ἔθηκας	ἔστης	ἔδειξας	ἀφῆκες	ἐφης
3ra per. sing.	ἔδωκε(ν)	ἔθηκε(ν)	ἔστη	ἔδειξε(ν)	ἀφῆκε(ν)	ἐφη(ν)
1ra per. pl.	ἐδώκαμεν	ἐθήκαμεν	ἔστημεν	ἐδείξαμεν	ἀφήκαμεν	ἐφημεν
2da per. pl.	ἐδώκατε	ἐθήκατε	ἔστητε	ἐδείξατε	ἀφήκατε	ἐφητε
3ra per. pl.	ἔδωκαν	ἔθηκαν	ἔστησαν	ἔδειξαν	ἀφῆκαν	ἐφησαν

Aoristo medio

	δίδωμι	τίθημι	ἵστημι	δείκνυμι
1ra per. sing.	ἐδόμην	ἐθέμην	ἐστάμην	ἐδείξαμην
2da per. sing.	ἔδου	ἔθου	ἔστω	ἐδείξασο
3ra per. sing.	ἔδοτο	ἔθετο	ἔστατο	ἐδείξατο
1ra per. pl.	ἐδόμεθα	ἐθέμεθα	ἐστάμεθα	ἐδειξάμεθα
2da per. pl.	ἔδοσθε	ἔθεσθε	ἔστασθε	ἐδείξασθε
3ra per. pl.	ἔδοντο	ἔθεντο	ἔσταντο	ἐδείξαντο

Aoristo pasivo

	δίδωμι	τίθημι	ἵστημι	δείκνυμι	ἀφίημι
1ra per. sing.	ἐδόθην	ἐτέθην	ἐστάθην	ἐδείχθην	ἀφέθην
2da per. sing.	ἐδόθης	ἐτέθης	ἐστάθης	ἐδείχθης	ἀφέθης
3ra per. sing.	ἐδόθη	ἐτέθη	ἐστάθη	ἐδείχθη	ἀφέθη
1ra per. pl.	ἐδόθημεν	ἐτέθημεν	ἐστάθημεν	ἐδείχθημεν	ἀφέθημεν
2da per. pl.	ἐδόθητε	ἐτέθητε	ἐστάθητε	ἐδείχθητε	ἀφέθητε
3ra per. pl.	ἐδόθησαν	ἐτέθησαν	ἐστάθησαν	ἐδείχθησαν	ἀφέθησαν

Tiempo futuro indicativo

Futuro activo y medio

Para obtener el futuro activo y medio se usa la raíz no reduplicada con σ. La última vocal corta de las raíces que terminan en α, ε, ο se alarga. Las desinencias del futuro activo y medio son normales.

Forma léxica	Futuro activo	Futuro medio
δείκνυμι	δείξω	δείξομαι
δίδωμι	δώσω	δώσομαι
ἵστημι	στήσω	στήσομαι
τίθημι	θήσω	θήσομαι
ἀφίημι	ἀφήσω	ἀφήσομαι
ἀπόλλυμι	ἀπολέσω, ἀπολῶ	ἀπολέσομαι

Futuro pasivo

Para obtener el futuro pasivo se usa la raíz no reduplicada con θησ. La última vocal corta de las raíces que terminan en α, ε, ο no se alarga. Las desinencias del futuro pasivo son normales.

Forma léxica	Futuro pasivo
δείκνυμι	δειχθήσομαι
δίδωμι	δοθήσομαι
ἵστημι	σταθήσομαι
τίθημι	τεθήσομαι
ἀφίημι	ἀφθήσομαι

Conjugaciones

Futuro Activo

	δίδωμι	**τίθημι**	**ἵστημι**	**δείκνυμι**	**ἀφίημι**
1ra per. sing.	δώσω	θήσω	στήσω	δείξω	ἀφήσω
2da per. sing.	δώσεις	θήσεις	στήσεις	δείξεις	ἀφήσεις
3ra per. sing.	δώσει	θήσει	στήσει	δείξει	ἀφήσει
1ra per. pl.	δώσομεν	θήσομεν	στήσομεν	δείξομεν	ἀφήσομεν
2da per. pl.	δώσετε	θήσετε	στήσετε	δείξετε	ἀφήσετε
3ra per. pl.	δώσουσι(ν)	θήσουσι(ν)	στήσουσι(ν)	δείξουσι(ν)	ἀφήσουσι(ν)

Futuro pasivo

	δίδωμι	**τίθημι**	**ἵστημι**	**δείκνυμι**	**ἀφίημι**
1ra per. sing.	δοθήσομαι	τεθήσομαι	σταθήσομαι	δειχθήσομαι	ἀφεθήσομαι
2da per. sing.	δοθήσῃ	τεθήσῃ	σταθήσῃ	δειχθήσῃ	ἀφεθήσῃ
3ra per. sing.	δοθήσεται	τεήσεται	σταθήσεται	δειχθήσεται	ἀφεθήσεται
1ra per. pl.	δοθησόμεθα	τεθησόμεθα	σταθησόμεθα	δειχθησόμεθα	ἀφεθησόμεθα
2da per. pl.	δοθήσεσθε	τεθήσεσθε	σταθήσεσθε	δειχθήσεσθε	ἀφεθήσεσθε
3ra per. pl.	δοθήσονται	τεθήσονται	σταθήσονται	δειχθήσονται	ἀφεθήσονται

Tiempo perfecto de indicativo

Perfecto activo

Para obtener el perfecto activo se usa la raíz reduplicada con una ε que conecta la consonante duplicada y con una κ como sufijo de la raíz. Se alarga la última vocal de las raíces que terminan en α, ε, ο. Las desinencias son normales.

Forma léxica	Perfecto activo
δείκνυμι	δέδειχα
δίδωμι	δέδωκα
ἵστημι	ἕστηκα
τίθημι	τέθεικα
ἀπόλλυμι	ἀπόλωλα

Perfecto medio/pasivo

Para obtener el perfecto medio/pasivo se usa una raíz reduplicada con una ε que conecta la consonante duplicada. La última vocal corta de las raíces que terminan en α, ε, ο no se alarga aunque τέθειμαι y ἀφέωμαι son ligeramente irregulares. Las desinencias son normales.

Forma léxica	Perfecto medio/pasivo
δίδωμι	δέδομαι
τίθημι	τέθειμαι
ἵστημι	ἕσταμαι
ἀφίημι	ἀφέωμαι

Conjugaciones

Perfecto activo

	δίδωμι	**τίθημι**	**ἵστημι**	**δείκνυμι**
1ra pers. sing.	δέδωκα	τέθεικα	ἕστηκα	δέδειχα
2da per. sing.	δέδωκας	τέθεικας	ἕστηκας	δέδειχας
3ra per. sing.	δέδωκε(ν)	τέθεικε(ν)	ἕστηκε(ν)	δέδειχε(ν)
1ra per. pl.	δεδώκαμεν	τεθείκαμεν	ἑστήκαμεν	δεδείχαμεν
2da per. pl.	δεδώκατε	τεθείκατε	ἑστήκατε	δεδείχατε
3ra per. pl.	δεδώκασι ο δέδωκαν	τέθείκασι ο τέθεικαν	ἑστήκασι ο ἕστηκαν	δεδείχασι ο δέδεικαν

Perfecto Medio/pasivo

	δίδωμι	**τίθημι**	**ἵστημι**	**ἀφίημι**
1ra per. sing.	δέδομαι	τεθειμαι	ἕσταμαι	ἀφέωμαι
2da per. sing.	δέδοσαι	τεθεισαι	ἕστασαι	ἀφέωσαι
3ra per. sing.	δέδοται	τεθειται	ἕσταται	ἀφέωται
1ra per. pl.	δεδόμεθα	τεθείμεθα	ἑστάμεθα	ἀφεώμεθα
2da per. pl.	δέδοσθε	τεθεισθε	ἕστασθε	ἀφέωσθε
3ra per. pl.	δέδονται	τεθεινται	ἕστανται	ἀφέωνται

Principales formas de verbos importantes en μι

Presente activo	Raíz verbal	Imperfecto activo	Futuro activo	Aoristo activo	Aoristo pasivo	Futuro pasivo	Perfecto activo	Perfecto pasivo
ἀπόλλυμι	ἀπ-ολ	----------	ἀπολέσω	ἀπώλεσα	----------	----------	ἀπόλωλα	----------
ἀφίημι	ἀπ-ε	ἤφιον	ἀφήσω	ἀφῆκα	----------	----------	----------	----------
δείκνυμι	δείκ	----------	δείξω	ἔδειξα	ἐδείχθην	----------	δέδειχα	----------
δίδωμι	δο	ἐδίδουν	δώσω	ἔδωκα				
ἐδων	ἐδόθην	δοθήσομαι	δέδωκα	δέδομαι				
ἵστημι	στα	----------	στήσω	ἔστησα				
ἔστην	ἐστάθην	σταθήσομαι	ἕστηκα	----------				
συνίημι	συν-ε	----------	συνήσω	συνῆκα	----------	----------	----------	----------
τίθημι	θε	ἐτίθην	θήσω	ἔθηκα	ἐτέθην	----------	τέθεικα	τέθειμαι
φημί	φα	----------		ἔφη	----------	----------	----------	----------
πίμπλημι	πλα	----------		ἔπλησα	ἐπλήσθην	πλησθήσομαι	----------	----------

Vocabulario

Forma léxica	Definición	Apariciones
ἀνίστημι (στα)	me levanto, levanto, me pongo de pie	108
ἀποδίδωμι (δο)	regalo, devuelvo; recompenso	48
ἀπόλλυμι (ολ)	destruyo, muero, perezco (voz media)	91
ἀφίημι (ε)	abandono, perdono, dejo ir	146
δείκνυμι (δεικ)	demuestro, muestro, explico	33

Forma léxica	Definición	Apariciones
δίδωμι (δο)	doy	415
ἵστημι (στα)	ubico, coloco, establezco, fijo	154
παραδίδωμι (δο)	entrego, paso (en herencia), confío	119
παρίστημι (στα)	estoy presente, estoy preparado, espero	41
τίθημι (θε)	pongo, coloco, constituyo	100
φημί (φα)	digo, declaro	66

- Las letras entre paréntesis después de las formas léxicas son raíces verbales. Véase el análisis sobre las raíces verbales en esta misma unidad.

Palabras nuevas	Total de palabras	Nuevas apariciones	Total de apariciones	Apariciones en el NT	% de apariciones en el NT
11	370	1,321	112,943	138,162	81.75

Unidad 31. Formas menos usadas

Introducción

En el griego *koiné* existen muchas formas gramaticales que se emplean en muy pocas ocasiones en el Nuevo Testamento, y por ese motivo, no las hemos examinado en las unidades anteriores. En esta unidad estudiaremos estas formas que han quedado pendientes incluyendo las formas del caso vocativo, del participio de futuro, del tiempo pluscuamperfecto y las del modo optativo.

El caso vocativo

El *caso vocativo* se usa con el discurso directo. El sustantivo en el caso vocativo identifica a quién o a qué va dirigido el discurso. Por ejemplo, cuando decimos en español: «Señor, déme el libro», el sustantivo «Señor» hace referencia a la persona a quién va dirigida la petición. En griego se diría: κύριε, δὸς μοι τὸ βιβλίον, y en esa oración κύριε está en el caso vocativo.

Formas

Las formas exclusivas del vocativo solo existen en singular. Los vocativos en plural son idénticos a las formas plurales del nominativo. Las formas del femenino de 1ra declinación son idénticas a las del nominativo singular. La desinencia del vocativo para las formas del masculino de 1ra declinación es α. La desinencia del vocativo para las formas del masculino de 2da declinación es ε. Las formas neutras de 2da declinación son idénticas a las del nominativo singular. Las formas de 3ra declinación no tienen desinencias. La consonante final de una raíz que termina en consonante desaparece. La última vocal de una raíz que termina en vocal no se alarga.

Declinación	Nominativo	Vocativo
1ra Femenino	γῆ	γῆ
1ra Femenino	κυρία	Κυρία
1ra Masculino	καρδιογνώστης	καρδιογνῶστα
1ra Masculino	Αἰνέας	Αἰνέα
2da Masculino	κύριος	Κύριε
2da Masculino	Ἰησοῦς	Ἰησοῦ
2da Neutro	τέκνον	Τέκνον
3ra Masculino	πατήρ	Πάτερ
3ra Masculino	βασιλεύς	βασιλεῦ
3ra Femenino	γυνή, γυναικός	Γύναι

Sintaxis

Los vocativos carecen siempre de artículo. Sin embargo, la interjección ὦ aparece en diecisiete ocasiones y da a entender alguna emoción profunda por parte del que habla hacia la persona o la cosa a la que se dirige.

ὦ γύναι, μεγάλη σου ἡ πίστις. «Oh mujer, ¡grande es tu fe!»

Muchos nombres no admiten declinaciones y, por tanto, no tienen formas vocativas, como por ej. Σαούλ, Saúl. Debemos usar el contexto para determinar la función del caso del sustantivo.

Incluso en el singular, a menudo se usa la forma de un caso nominativo en lugar de una forma vocativa, y se le llama *nominativo de discurso directo*. Θεός aparece 11 veces de esta manera mientras que la forma vocativa θεέ en dos ocasiones solamente.

El participio de futuro

En el griego *koiné* existe un participio de futuro y aparece en 13 ocasiones en el Nuevo Testamento.

Formas

Para formar el participio de futuro se usan las raíces del futuro activo y del futuro pasivo y las mismas desinencias del participio de presente. El cuadro siguiente muestra las formas del nominativo y genitivo singular para λύω.

		Masculino	**Femenino**	**Neutro**
Activo	**Nominativo**	λύσων	λύσουσα	λύσον
	Genitivo	λύσοντος	λυσοῦσης	λύσοντος
Medio	**Nominativo**	λυσόμενος	λυσόμενη	λυσόμενον
	Genitivo	λυσομένου	λυσομένης	λυσομένου
Pasivo	**Nominativo**	λυθησόμενος	λυθησόμενη	λυθησόμενον
	Genitivo	λυθησομένου	λυθησομένης	λυθησομένου

Traducción

El participio de futuro describe una acción que ocurre después de la que expresa el verbo principal. Puede funcionar como adverbio, adjetivo o sustantivo. Dado que el participio de futuro en español ha caído prácticamente en desuso, debemos emplear otra estructura para traducirlo. Un participio en función adverbial puede traducirse con una cláusula adverbial adecuada o posiblemente con un infinitivo. Un participio en función adjetiva puede traducirse con una cláusula relativa que alude a una acción que ocurrirá en el futuro. Los participios en función sustantiva pueden traducirse con un pronombre personal adecuado y una cláusula relativa con el verbo en futuro.

Como adverbio	ἴδωμεν εἰ ἔρχεται Ἠλίας σώσων αὐτόν.	Veamos si viene Elías a salvarle. (Mt. 27:49)

Como adjetivo	ὃ σπείρεις, οὐ τὸ σῶμα τὸ γενησόμενον.	Lo que siembras no es el cuerpo que ha de salir. (1Co. 15:37)
Como sustantivo	τίς ὁ κατακρινῶν;	¿Quién es el que condenará? (Ro. 8:34)

El tiempo pluscuamperfecto de indicativo

El tiempo *pluscuamperfecto* describe un estado o condición en el pasado. Se encuentra únicamente en el modo indicativo. Este tiempo verbal es muy raro en el Nuevo Testamento —aparece solo 86 veces, 33 de las cuales son formas del pluscuamperfecto del verbo οἶδα y 14 son formas del pluscuamperfecto de ἵστημι. Las formas del tiempo perfecto de οἶδα y ἵστημι se traducen al español con el presente. Las formas del tiempo pluscuamperfecto de estos dos verbos se traducen al español con el pretérito imperfecto. Véase la sección sobre la sintaxis, «*Perfecto con fuerza de presente*» en la página 103.

Formas

El pluscuamperfecto de indicativo se construye con la raíz del perfecto. Por lo general tiene aumento por cuanto representa un marco temporal pasado. Las formas utilizan las desinencias secundarias y ει funciona como vocal de enlace en las formas activas. Al igual que ocurre con el tiempo perfecto, las desinencias medio/pasivas no tienen vocales de enlace.

λύω		
	Activo	**Med/pasivo**
1ra per. sing.	ἐλελύκειν	ἐλελύμην
2da per. sing.	ἐλελύκεις	ἐλέλυσο
3ra per. sing.	ἐλελύκει	ἐλέλυτο
1ra per. sing.	ἐλελύκειμεν	ἐλελύμεθα
2da per. pl.	ἐλελύκειτε	ἐλέλυσθε
3ra per. pl.	ἐλελύκεισαν	ἐλέλυντο

οἶδα	
	Activo
1ra per. sing.	ᾔδειν
2da per. sing.	ᾔδεις
3ra per. sing.	ᾔδει
1ra per. pl.	ᾔδειμεν
2da per. pl.	ᾔδειτε
3ra per. pl.	ᾔδεισαν

ἵστημι	
	Activo
1ra per. sing.	εἱστήκειν
2da per. sing.	εἱστήκεις
3ra per. sing.	εἱστήκει
1ra per. pl.	εἱστήκειμεν
2da per. pl.	εἱστήκειτε
3ra per. pl.	εἱστήκεισαν

Las siguientes formas que aparecen en el Nuevo Testamento no tienen aumento.

Forma	Forma léxica
γεγόνει	γίνομαι
δεδώκει	δίδωμι
δεδώκεισαν	δίδωμι
ἐληλύθεισαν	ἔρχομαι
ἐξεληλύθει	ἐξέρχομαι
ἑωράκει	ὁράω
κεκρίκει	κρίνω

Forma	Forma léxica
μεμενήκεισαν	μένω
παραδεδώκεισαν	παραδίδωμι
πεπιστεύκεισαν	πιστεύω
πεποιήκεισαν	ποιέω
συνεληλύθεισαν	συνέρχομαι
τεθεμελίωτο	θεμελιόω

Traducción

El pluscuamperfecto normalmente se traduce al español con el pretérito pluscuamperfecto de indicativo, como por ejemplo, ἐλελύκειν, «yo había desatado». Sin embargo, el pluscuamperfecto de οἶδα y de ἵστημι suele traducirse con el pretérito imperfecto o con el indefinido, como por ej., ᾔδειν, «yo conocía o sabía,» y εἱστήκειν, «... estaba (en pie)». Véase la sección sobre la sintaxis, *«Perfecto con fuerza de presente»* en la página 103.

Ejemplos

οἱ γὰρ μαθηταὶ αὐτοῦ ἀπεληλύθεισαν εἰς τὴν πόλιν.	Porque sus discípulos habían ido a la ciudad. (Jn. 4:8)
ὁ δὲ Πέτρος εἱστήκει πρὸς τῇ θύρᾳ ἔξω.	Mas Pedro estaba fuera, a la puerta. (Jn. 18:16)

El modo optativo

El *modo optativo* se usa para expresar un deseo. Es muy raro en el Nuevo Testamento, aparece solamente 68 veces, algunas veces en presente y otras en aoristo.

Formas

En el tiempo presente, las formas del optativo incluyen las vocales de enlace οι antes de las desinencias. Las desinencias activas son un tanto excepcionales aunque no totalmente inusuales. Las formas del aoristo primero activo y medio se crean con la raíz sin aumento del aoristo activo e incluyen las vocales de enlace αι antes de las desinencias. Las formas del aoristo pasivo se crean con la raíz sin aumento del aoristo pasivo e incluyen las vocales de enlace ει. En general, el método para reconocer una forma del optativo consiste en observar la adición de la iota a las vocales de enlace.

	Presente Activo	Presente Med/pasivo	Aoristo primero activo	Aoristo primero medio	Aoristo primero pasivo
1ra per. sing.	λύοιμι	λυοίμην	λύσαιμι	λυσαίμην	λυθείην
2da per. sing.	λύοις	λύοιο	λύσαις	λύσαιο	λυθείης
3ra per. sing.	λύοι	λύοιτο	λύσαι	λύσαιτο	λυθείη
1ra per. pl.	λύοιμεν	λυοίμεθα	λύσαιμεν	λυσαίμεθα	λυθεῖμεν
2da per. pl.	λύοιτε	λύοισθε	λύσαιτε	λύσαισθε	λυθεῖτε
3ra per. pl.	λύοιεν	λύοιντο	λύσαιεν	λύσαιντο	λυθείησαν

Traducción

El modo optativo se usa para expresar deseos, oraciones, bendiciones y maldiciones. También se usa en las oraciones condicionales con εἰ para indicar que la condición es improbable. Una expresión idiomática común en la que se emplea el optativo es la exclamación μὴ γένοιτο, que significa «de ninguna manera». A continuación se ofrecen algunos ejemplos con la traducción en español. Observa el uso de las expresiones en español que comunican el sentido optativo.

Lc. 1:38	εἶπεν δὲ Μαριάμ· ἰδοὺ ἡ δούλη κυρίου· γένοιτό μοι κατὰ τὸ ῥῆμά σου.	Entonces María dijo: «He aquí la sierva del Señor; hágase en mí conforme a tu palabra».
Ro. 15:13	Ὁ δὲ θεὸς τῆς ἐλπίδος πληρώσαι ὑμᾶς πάσης χαρᾶς.	Que el Dios de la esperanza los llene de toda alegría.
Lc. 8:9	Ἐπηρώτων δὲ αὐτὸν οἱ μαθηταὶ αὐτοῦ τίς αὕτη εἴη ἡ παραβολή.	Sus discípulos le preguntaban qué quería decir esta parábola.
1Pe. 3:14	ἀλλ' εἰ καὶ πάσχοιτε διὰ δικαιοσύνην, μακάριοι.	Pero aun si sufren por causa de la justicia, dichosos son.
Ro. 3:31	νόμον οὖν καταργοῦμεν διὰ τῆς πίστεως; μὴ γένοιτο·	Entonces, ¿por la fe invalidamos la ley? ¡De ninguna manera!

La Septuaginta

La Septuaginta es la antigua traducción del Antiguo Testamento hebreo en griego *koiné*. Dicha traducción tuvo lugar en Alejandría, Egipto, en el siglo III a.C. La fábula cuenta que esa tarea fue llevada a cabo por 72 ancianos, 6 de cada una de las 12 tribus de Israel, y que la terminaron de manera milagrosa en 72 días, de ahí que se le haya dado el nombre de Septuaginta (del término latino que significa «setenta»).

Aunque lo más probable es que esa historia no sea cierta, está claro que la Septuaginta se convirtió en la Biblia de los judíos de habla griega en el mundo greco-romano. Los escritores del Nuevo Testamento citan con frecuencia la Septuaginta, que era la versión que solía usarse en la iglesia primitiva.

Existen similitudes y diferencias entre el *koiné* de la Septuaginta y el griego del Nuevo Testamento. En general, el estudiante del griego del Nuevo Testamento no encontrará muchas dificultades al leer la Septuaginta. Sin embargo, dado que la Septuaginta fue escrita unos cuantos cientos años antes que el Nuevo Testamento y que los traductores solían hacer una traducción muy literal del hebreo, existen variaciones entre ambos. Por consiguiente, el lenguaje de la Septuaginta parece más bien una mezcla del hebreo y el griego *koiné*.

No obstante, la familiarización con la Septuaginta le resultará muy útil al lector del Nuevo Testamento griego. En primer lugar, porque proporciona una base para el uso religioso de las palabras y los conceptos. Consideremos, por ejemplo, el concepto de la expiación que aparece en el Nuevo Testamento. En Romanos 3:25 Pablo afirma que Dios puso a Jesús como «propiciación por medio de la fe en su sangre». La palabra que Pablo usó y que aparece traducida como «propiciación» es ἱλαστήριον. Esa palabra se usa en la Septuaginta para referirse a la tapa del Arca del Pacto (Éx. 2, Lv. 16), es decir, el lugar donde el sumo sacerdote rociaba la sangre del becerro y del macho cabrío el día de la expiación. La palabra que usa Pablo alude claramente a este acontecimiento, cuyo cumplimiento definitivo tuvo lugar en la muerte de Jesucristo.

Además, la Septuaginta ofrece una gran variedad de ejemplos de construcciones y de usos del *koiné* que son menos frecuentes en el Nuevo Testamento. Tomemos, por ejemplo, la diferencia en la manera en que se usan los casos acusativo y genitivo con las expresiones de tiempo. El caso acusativo se emplea para indicar la duración de una acción, mientras que el genitivo se usa para describir el modo temporal de la acción. Esto puede verse ilustrado en un mismo contexto, en Génesis 30:15-16. Raquel le dice a Lea: —«Dormirá contigo esta noche». «Esta noche», τὴν νύκτα ταύτην, está en acusativo y transmite la idea de duración. En la oración que sigue leemos que Jacob regresó del campo al atardecer; ἑσπέρας es genitivo y alude al modo temporal en que ocurre la acción, especificando el momento en que regresó. Por tanto, Génesis 30:15-16 ofrece un ejemplo excelente de las diferentes ideas que comunican los dos casos cuando se usan en expresiones de tiempo.

Unidad 32. Avanzando más

Introducción

Si ha aprendido bien el material de las unidades anteriores, va camino de convertirse en un exégeta aprobado del Nuevo Testamento griego. Sin embargo, hay más cosas que aprender. Si se encuentra en un entorno académico formal, le animo a continuar sus estudios, tomar cursos de gramática griega avanzada y de introducción a la exégesis griega, cursos de lectura de la *Septuaginta* y de las obras de otros escritores como Josefo, Filón y los primeros padres de la iglesia, y por último, tomar cursos de exégesis de libros o cartas individuales del Nuevo Testamento.

Ya sea que continúe o no su educación en un contexto académico formal, voy a compartirle las siguientes sugerencias que le ayudarán en el avance de sus estudios. Debe incrementar su vocabulario, profundizar en la sintaxis, aprender a realizar estudios de las palabras griegas, aprender a usar los mejores comentarios exegéticos, y por último, aumentar la velocidad en la lectura a primera vista del Nuevo Testamento griego.

Construyendo tu vocabulario

Mientras más palabras conozcas, más rápido podrá leerlas a primera vista y traducirlas. Un vocabulario elemental adecuado consta de unas 1,000 palabras. Sin embargo, las listas de aprendizaje de palabras no son el mejor método para aprender el vocabulario. Es mucho mejor aprender términos cognados, morfemas léxicos básicos, y luego la manera en que se combinan esos morfemas con otros morfemas para formar diferentes palabras derivadas. Consideremos, por ejemplo, el término cognado «verdadero». De ese término se derivan las palabras verdaderamente, verdad, veraz y veracidad. Todas esas palabras diferentes contienen el término cognado al que adjuntan morfemas para crear palabras derivadas. Por tanto, si entiende la manera en que el griego crea varias palabras diferentes a partir de la misma raíz, es posible duplicar o triplicar su vocabulario con un mínimo esfuerzo de su memoria. Robert E. Van Voorst explica este método en su libro «*Building Your New Testament Greek Vocabulary*» (Grand Rapids, Mich.: Eerdmans, 1990). Le animo a adquirir una copia. Está disponible en el formato digital de Logos y también en forma impresa.

Profundizando en la sintaxis

Su estudio preliminar del griego le ha permitido conocer la mayoría de las categorías sintácticas que influyen directamente en su traducción. Sin embargo, hay muchas otras categorías sintácticas que, aunque resultan menos importantes en la traducción, son extremadamente importantes para la exégesis. Tomemos, por ejemplo, los diversos usos del caso genitivo que no hemos analizado en este texto. Un sustantivo en el caso genitivo, según has aprendido ya, se traduce con un sintagma preposicional que comienza con «de». Por consiguiente, traducimos ἡ ἀγάπη τοῦ θεοῦ como «el amor de Dios». No obstante, esto podría tener diferentes significados. ¿Se trata del amor que Dios nos tiene o del amor que nosotros tenemos a Dios? La respuesta se relaciona con la intención del autor al usar el genitivo. El sustantivo en genitivo puede interpretarse como el sujeto de la idea verbal o como el complemento de la misma. En el primer caso, los gramáticos dicen que «de Dios» es un genitivo *subjetivo* entendiendo a «Dios» como sujeto que ama y en el segundo caso dicen que «de Dios» es un genitivo *objetivo* entendiendo a «Dios» como objeto de nuestro amor, y en tal caso cumpliendo función de complemento directo. Estos son los planteos de los gramáticos avanzados, y es importante que el principiante profundice en estos matices más complejos de la sintaxis griega. Hay varias gramáticas avanzadas disponibles. Yo recomiendo las que menciono a continuación, que están disponibles forma impresa y algunos en el formato digital de Logos.

Wallace, Daniel B. y Steffen, Daniel, *Gramática griego: Sintaxis del Nuevo Testamento*. Miami, Florida: Editorial Vida, 2015.

Grauman, Josías, *Griego para pastores*. Publicaciones Faro de Gracia, 2011.

Wallace, Daniel B. *Greek Grammar Beyond the Basics – Exegetical Syntax of the New Testament*. Grand Rapids: Zondervan Publishing House, 1999.

Young, Richard A. *Intermediate New Testament Greek: A Linguistic and Exegetical Approach*. Broadman & Holman, 1994.

Porter, Stanley E. *Idioms of the Greek New Testament*. Sheffield: JSOT, 1999.

Realizando estudio de palabras

Para aprender el vocabulario es preciso memorizar las listas de palabras griegas y sus glosas, es decir, definiciones simples de las palabras. Sin embargo, la interpretación exacta del significado de las palabras y la razón por la que un autor eligió una palabra específica para comunicar una idea exige mucho más. Una exégesis más profunda requiere una investigación más exhaustiva del significado de las palabras. Para ello, necesitamos usar los léxicos y glosarios griegos que nos permitan comprender más plenamente la naturaleza de los significados que están asociados con las palabras.

Un método sencillo para realizar estudios de las palabras incluye los siguientes pasos. Determinar la palabra griega que vamos a estudiar. Determinar cuál es el rango básico de significados para esta palabra. Observar cómo se usa en otros lugares de la Escritura, y sobre todo cómo la usa el mismo autor. Estudiar el contexto original para buscar pistas que ayuden a determinar cuál es el rango de significados más probable que el autor tuvo en cuenta cuando escribió el pasaje original. Y por último, escribir una definición de la palabra que aclare el significado en el contexto.

Yo sugiero los siguientes léxicos y glosarios en el orden en que aparecen. Algunos están disponibles en el formato digital de Logos y otros en forma impresa.

Kittel, Gerhard, Friedrich Gerhard y Bromiley, Geoffrey W. *Compendio del diccionario teológico del Nuevo Testamento*. Grand Rapids: Libros Desafío, 2002.

Metzger, Bruce, Foulkes, Irene y Tamez Elsa. *Diccionario conciso griego-español del Nuevo Testamento*. Miami, FL: Sociedades Bíblicas Unidas, 2013.

Swanson, James A. *Diccionario de idiomas bíblicos: Griego*. Bellingham, WA: Software Bíblico Logos, 2001.

Tuggy, Alfred. *Léxico griego-español del Nuevo Testamento*. El Paso, TX:Editorial Mundo Hispano, 2003.

Recursos en inglés:

Bauer, Walter y Frederick W. Ed. Danker. *A Greek-English Lexicon of the New Testament and Other Early Christian Literature*. Revisado y editado por Frederick W. Danker. Chicago: University of Chicago Press, 2000.

Louw, Johannes P. y Eugene A. Nida. *Greek-English Lexicon of the New Testament Based on Semantic Domains*. 2 tomos. New York, NY: United Bible Societies, 1988-89.

Balz, Horst y Gerhard Schneider, ed. *Exegetical Dictionary of the New Testament*. 3 tomos. Grand Rapids: Wm. B. Eerdmans, 1993.

Spicq, Ceslas. *Theological Lexicon of the New Testament*. 3 tomos. Traducido por James D. Ernest. Peabody, MA: Hendrickson Publishers, 1998.

Brown, Colin, ed. *The New International Dictionary of New Testament Theology*. 4 tomos. Grand Rapids: Zondervan, 1975-85.

Friedrich, Gerhard, ed. *Theological Dictionary of the New Testament*. Edición abreviada de un solo tomo. Grand Rapids: Eerdmans, 1981.

Liddell, H. G. y R. Scott, eds. *A Greek English Lexicon*. Novena edición. Oxford: Claredon Press, 1940.

Usando comentarios exegéticos

La comprensión del griego nos posibilita el uso de los comentarios exegéticos avanzados que se han escrito pensando en los lectores que saben griego. Estos comentarios suelen referirse con más frecuencia al texto griego y la mayoría de las conclusiones a las que llegan con respecto al significado de los pasajes se basan en la sintaxis griega y en otros temas relacionados en el propio texto. Si quiere aprovechar al máximo su conocimiento de griego, debe consultar esos comentarios. A continuación encontrará las series que le propongo en el orden en que aparecen. Las primeras dos son series recientes disponibles en español y de las siguientes obras en inglés las dos primeras son series recientes, y las últimas dos son más antiguas pero que siguen teniendo un gran valor. Todas estas series están disponibles en el formato digital de Logos y en forma impresa.

Comentario Exegético al Texto Griego del Nuevo Testamento. Barcelona, España: Editorial CLIE.

El Nuevo Comentario Internacional al Testamento Griego. Plano, TX: Fundación Hurtado. Libros de la serie publicados en el español:

Davids, Peter H. *La Epístola de Santiago: Un Comentario Sobre El Texto Griego*. Traducido por Reynaldo Gastón Medina. El Nuevo Comentario Internacional al Testamento Griego. Plano, TX: Fundación Hurtado, 2015.

Knight III, George W. *Las Epístolas Pastorales: Un Comentario Sobre El Texto Griego*. Traducido por Reynaldo Gastón Medina. El Nuevo Comentario Internacional al Testamento Griego. Plano, TX: Fundación Hurtado, 2017.

France, R.T. *El Evangelio de Marcos: Un Comentario Sobre El Texto Griego*. Traducido por Reynaldo Gastón Medina. El Nuevo Comentario Internacional al Testamento Griego. Plano, TX: Fundación Hurtado, 2020.

Longenecker, Richard N. *La Epístola de Santiago: Un Comentario Sobre El Texto Griego*. Traducido por Reynaldo Gastón Medina. El Nuevo Comentario Internacional al Testamento Griego. Plano, TX: Fundación Hurtado, 2019.

Wanamaker, Charles A. *Las Epístolas a los Tesalonicenses: Un Comentario Sobre El Texto Griego*. Traducido por Reynaldo Gastón Medina. El Nuevo Comentario Internacional al Testamento Griego. Plano, TX: Fundación Hurtado, 2019.

Baker Exegetical Commentary on the New Testament. Grand Rapids, MI: Baker Books.

The New International Greek Testament Commentary. Grand Rapids, MI: W.B. Eerdmans

The International Critical Commentary Series. Edinburgh: T&T Clark International

Lenski's Commentary on the New Testament. Minneapolis, MN: Augsburg Publishing House

Cómo aumentar tu velocidad en la lectura y la traducción

Para conservar su conocimiento del griego, tiene que usarlo. El adagio que dice que «lo que no se usa se pierde» es muy cierto. Algunos estudios han demostrado que el 80 por ciento de los pastores que aprendieron griego en el seminario lo olvidaron después de unos pocos años en el ministerio. Dudo que esto ocurra porque los pastores consideren que el estudio del Nuevo Testamento en griego carezca de valor; lo más probable es que esto se deba a que la traducción de un pasaje durante la preparación del sermón exige demasiado tiempo. El conocimiento que pueda proporcionarle ese esfuerzo no justifica el tiempo que hay que dedicarle. La solución para este problema es adquirir velocidad en la lectura y la traducción. Con este fin les comparto algunas sugerencias.

En primer lugar, domine los aspectos fundamentales de la gramática. Dedique tiempo ahora a perfeccionar su comprensión de la morfología, la sintaxis y el vocabulario que aparecen en este texto. Repase con frecuencia lo que ha aprendido usando los ejercicios Anki. Si descubre que ha olvidado algo, dedique un tiempo adicional para volver a aprenderlo.

En segundo lugar, use algún programa informático de la Biblia como el *Software Bíblico Logos* que le ofrece una ayuda inmediata que le permitirá leer a primera vista el Nuevo Testamento griego. Logos le da la posibilidad de colocar el cursor sobre una palabra y ver una glosa y un análisis sintáctico acerca de la misma. Esto le ahorra el tiempo que le tomaría buscar las palabras en un léxico o en un manual de análisis gramatical.

En tercer lugar, fíjese como meta leer a primera vista el griego sin tratar de ajustar el orden de las palabras en la oración en griego al orden de las palabras que siguen en español. Esfuércese por pensar en griego y no en español. Si puede dejar atrás la costumbre de seleccionar los principales componentes de una cláusula y ponerlos en el orden que siguen en español, comenzará a aumentar su velocidad en la lectura a primera vista en forma impresionante. Esto, a su vez, hará que le resulte cada vez más fácil comprender lo que lee sin necesidad de ajustar las cláusulas griegas al orden de las palabras en español.

En cuarto lugar, lea, lea y lea. La práctica es la madre de la perfección. Por tanto, si desea aumentar su velocidad en la lectura del Nuevo Testamento griego a primera vista, tiene que leerlo todos los días. Le sugiero que dedique 15 minutos diarios a la lectura. Personalmente lo hago valiéndome del *Software Bíblico Logos* para no tener que preocuparme por el vocabulario o ciertas formas morfológicas inusuales. Con este fin, creé un formato con mi Nuevo Testamento griego en un panel con letras grandes. Tengo un panel a la izquierda con mi léxico preferido y una versión de la Biblia en español en letras muy pequeñas vinculada a mi Nuevo Testamento griego. Mantengo abierta la ventana del léxico pero cerrada la de la Biblia en español. Si encuentro algún problema específico para entender el griego, hago clic sobre la ventana de la Biblia en español y veo cómo se traduce en esa versión. Lleve un registro de su velocidad y procure aumentarlo lentamente. Fíjese como meta leer alrededor de 10 versículos en 15 minutos o aproximadamente un capítulo en media hora.

La lectura de la Septuaginta

Si desea aumentar su conocimiento del griego *koiné*, trate de leer la Septuaginta, la antigua traducción al griego *koiné* del Antiguo Testamento. El mejor método para ello es usar una edición electrónica que le ayude con el vocabulario y el análisis morfológico. Aunque cualquier edición con etiquetas morfológicas puede servir, yo uso la edición Stuttgart de la Septuaginta de Rahlf con morfología (Stuttgart: Deutsche Bibelgesellschaft, 1996) que puede encontrarse en el *Software Bíblico Logos*. También puede consultarse una versión de la Septuaginta traducida al español por Natalio Fernández y María Victoria Spottorno (Ediciones Sígueme) disponible en internet (***https://www.bibliatodo.com/la-biblia/version/Version-septuaginta***).

Apéndices

Vocabulario

El vocabulario para esta gramática incluye 370 de las palabras más comunes que se encuentran en el Nuevo Testamento griego. En este número se cuentan todas las palabras que aparecen 40 veces o más y más del 80 por ciento de todas las apariciones de las palabras en el Nuevo Testamento.

Vocabulario	Significado	Unidad
A		
ἀγαθός, -ή, -όν	Bueno	6
ἀγαπάω	amo (v. amar)	11
ἀγάπη, -ης, ἡ	amor	5
ἀγαπητός, -ή, -όν	amado, querido	6
ἄγγnumλος, -ου, ὁ	ángel, mensajero	4
ἅγιος; -ία, -ιον	santo (sust. o adj.)	6
ἄγω	llevo, traigo, conduzco	17
ἀδελφός, -οῦ, ὁ	hermano	4
αἷμα, αἵματος, τό	sangre	24
αἴρω	levanto, quito	15
αἰτέω	pregunto, pido	11
αἰών, αἰῶνος, ὁ	edad, era, eternidad	22
αἰώνιος, -ον	eterno/a	22
ἀκολουθέω	sigo	11
ἀκούω	oigo	2
ἀλήθεια, -ας, ἡ	verdad, veracidad	3
ἀληθής, -ές	verdadero	22
ἀλλά	pero, en cambio, sin embargo	5
ἀλλήλων	entre sí, el uno al otro	21
ἄλλος, -η, -ο	otro/a	9
ἁμαρτάνω	peco, hago mal	25
ἁμαρτία, -ας, ἡ	pecado	1
ἁμαρτωλός, -όν	pecaminoso, pecador (sust.)	14
ἀμήν	ciertamente, amén, así sea	9

Vocabulario	Significado	Unidad
ἄν	partícula indefinida: si, alguna vez	28
ἀναβαίνω	subo, asciendo, (me) embarco	15
ἀνάστασις, -εως, ἡ	resurrección	25
ἀνήρ, ἀνδρός, ὁ	hombre, macho, esposo, marido	23
ἄνθρωπος, -ου, ὁ	hombre, ser humano, persona, humanidad	4
ἀνίστημι	levanto, me levanto, me pongo de pie	30
ἀνοίγω	abro	18
ἄξιος, -α, -ον	digno, apto	25
ἀπαγγέλλω	informo, proclamo	26
ἀπέρχομαι	me voy, me marcho	8
ἀπό	(gen.) de, fuera de	7
ἀποδίδωμι	regalo, devuelvo, recompenso	30
ἀποθνῄσκω	muero	24
ἀποκρίνομαι	respondo, replico, contesto	8
ἀποκτείνω	mato	15
ἀπόλλυμι	destruyo, muero o perezco (voz media)	30
ἀπολύω	libero, dejo ir libre, despido	18
ἀποστέλλω	despido, envío	12
ἀπόστολος, -ου, ὁ	apóstol, mensajero	1
ἄρα	así, entonces	26
ἄρτος, -ου, ὁ	pan, comida	15

Vocabulario	Significado	Unidad
ἀρχή, -ῆς, ἡ	comienzo; gobernante, autoridad	12
ἀρχιερεύς, -έως, ὁ	sumo sacerdote, principal sacerdote	23
ἄρχω	gobierno (v. gobernar); comienzo (voz media)	12
ἀσπάζομαι	saludo (v. saludar)	29
αὐτός, -ή, -ό	él, ella, ello, mismo; él, ella	9
ἀφίημι	abandono, perdono, dejo ir	30
ἄχρι, ἄχρις	hasta (gen.) hasta (conj.)	26
Β		
βάλλω	lanzo, echo, pongo	15
βαπτίζω	bautizo	2
βασιλεία, -ας, ἡ	reino, reinado	3
βασιλεῦς, -έως, ὁ	rey	20
βιβλίον, -ου, τό	libro, rollo	1
βλέπω	veo, miro	2
Γ		
γάρ	pues, porque, puesto que	5
γενεά, -ᾶς, ἡ	familia, generación	25
γεννάω	doy a luz, engendro	11
γῆ, γῆς, ἡ	tierra, país	3
γίνομαι	soy, llego a ser, devengo, vengo, acontece	8
γινώσκω	sé, conozco	2
γλῶσσα, -ης, ἡ	lengua, idioma	10
γραμματεύς, -έως, ὁ	escriba	22
γραφή, -ῆς, ἡ	escrito, (pl.) Escrituras	3
γράφω	escribo	2
γυνή, γυναικός, ἡ	mujer, esposa	23
Δ		
δαιμόνιον, -ου, τό	demonio, espíritu maligno	1
δέ	pero, y, ahora bien	3
δεῖ	es necesario, hay que	27
δείκνυμι	muestro, demuestro, explico	30
δεξιός, -ιά, -ιόν	derecho (lo contrario a izquierdo)	23
δεύτερος, -α, -ον	segundo	26
δέχομαι	recibo, acepto, tomo, acojo favorablemente	16
δέω	ato, amarro	27
διά	(gen.) por medio de; (ac.) a causa de, en nombre de	7
διδάσκαλος, -ου, ὁ	maestro	14
διδάσκω	enseño	14
δίδωμι	doy	30
διέρχομαι	atravieso, paso por	19
δίκαιος, -α, -ον	recto, justo	6
δικαιοσύνη, -ης, ἡ	rectitud, justicia	10
διό	por tanto, por esta razón	17
διώκω	busco, persigo	16
δοκέω	pienso, supongo; parece	16
δόξα, -ης, ἡ	gloria, brillo, resplandor	3
δοξάζω	alabo, honro, glorifico	12
δοῦλος, -ου, ὁ	esclavo, siervo	5
δύναμαι	puedo, soy capaz de	27
δύναμις, -εως, ἡ	poder, fortaleza, milagro	20
δύο	dos	10
δώδεκα	doce	13
Ε		
ἐάν	si, cuando, cuandoquiera, en caso de que	28
ἑαυτοῦ, -ῆς, -οῦ	(sing) de sí mismo/a (pl.) de sí mismos	21
ἐγγίζω	me acerco, me aproximo	26
ἐγείρω	me levanto, me despierto	8

Vocabulario	Significado	Unidad
ἐγώ	yo	9
ἔθνος, -ους, τό	nación, (pl.) gentiles	23
εἰ	si (condicional)	8
εἰμί	soy, existo	2
εἰρήνη, -ης, ἡ	paz	3
εἰς	(ac.) a, hacia, en, entre	7
εἷς, μία, ἕν	uno	22
εἰσέρχομαι	entro, llego, ingreso	8
εἴτε	si (condicional)	23
ἐκ, ἐξ	(gen.) de, fuera de	7
ἕκαστος, -η, -ον	cada, todo	14
ἐκβάλλω	echo fuera, expulso	17
ἐκεῖ	allí, a ese lugar, en ese lugar	10
ἐκεῖνος, -η, -ο	(sing.) ese, esa, eso (pl.) esos, esas	12
ἐκκλησία, -ας, ἡ	iglesia, congregación	3
ἐλπίς, -ίδος, ἡ	esperanza	20
ἐμός, -ή, -όν	mi, mío/a	9
ἔμπροσθεν	(adv.) en frente, delante, ante (gen.) en frente de, delante de, antes de	18
ἐν	(dat.) en, por, con	7
ἐντολή, -ῆς, ἡ	mandamiento, mandato, orden	10
ἐνώπιον	(gen.) en presencia de, en frente de	13
ἐξέρχομαι	salgo, procedo	8
ἔξεστι(ν)	está permitido, es lícito, es posible	27
ἐξουσία, -ας, ἡ	poder, autoridad	19
ἔξω	(gen.) fuera de (adv.) afuera, puertas afuera	16
ἐπαγγελία, -ας, ἡ	promesa	24
ἐπερωτάω	pregunto	14
ἐπί	(gen.) sobre, encima de; (dat.) a, sobre, en; (ac.) hacia, sobre, en	7

Vocabulario	Significado	Unidad
ἐπιγινώσκω	sé, entiendo, me doy cuenta	29
ἑπτά	siete	19
ἐργάζομαι	trabajo, hago, llevo a cabo	27
ἔργον, -ου, τό	obra, acción	4
ἔρημος, -ον	vacío, desierto; (sust. fem.) desierto, yermo	17
ἔρχομαι	vengo, voy	8
ἐρωτάω	pido, pregunto, ruego	17
ἐσθίω	como (v. comer)	15
ἔσχατος, -η, -ον	último, postrero	21
ἕτερος, -α, -ον	otro, diferente	18
ἔτι	aún, todavía	12
ἑτοιμάζω	me preparo, me alisto	26
ἔτος, -ους, τό	año	25
εὐαγγελίζομαι	predico las buenas nuevas	1
εὐαγγέλιον, -ου, τό	buenas nuevas, evangelio	1
εὐθύς	inmediatamente	21
εὐλογέω	bendigo	29
εὑρίσκω	encuentro, descubro	17
ἔχω	tengo, sostengo, conservo	2
ἕως	hasta, mientras, entre tanto	10

Z

Vocabulario	Significado	Unidad
ζάω	vivo	11
ζητέω	busco	11
ζωή, -ῆς, ἡ	vida	3

H

Vocabulario	Significado	Unidad
ἤ	o, ya sea, o bien	9
ἤδη	ahora, ya	16
ἡμέρα, -ας, ἡ	día	3

Θ

Vocabulario	Significado	Unidad
θάλασσα, -ης, ἡ	mar, lago	3
θάνατος, -ου, ὁ	muerte	5

Vocabulario	Significado	Unidad
θαυμάζω	me asombro, me maravillo	25
θέλημα, -ατος, τό	voluntad, deseo	23
θέλω	deseo, quiero	27
θεός, -οῦ, ὁ	Dios, dios	1
θεραπεύω	cuido, sano	19
θεωρέω	percibo, observo	16
θηρίον, -ου, τό	animal, bestia	19
θλῖψις, -εως, ἡ	aflicción, tribulación	25
θρόνος, -ου, ὁ	trono	12

I

Vocabulario	Significado	Unidad
ἴδιος, -α, -ον	propio de uno	26
ἰδού	¡Ved! ¡He aquí!	14
ἱερόν, -οῦ, τό	templo	10
Ἰησοῦς, -οῦ, ὁ	Jesús, Josué	1
ἱμάτιον, -ου, τό	capa, manto, (pl.) ropa	19
ἵνα	a fin de, que, a saber	28
Ἰουδαῖος, -α, -ον	judío (adj. y sust.)	28
ἵστημι	estoy, coloco, asigno, establezco	30
Ἰωάννης, -ου, ὁ	Juan	3

K

Vocabulario	Significado	Unidad
κἀγώ	y yo, pero yo	9
κάθημαι	me siento, me asiento	14
καθίζω	me siento, ordeno que se siente, establezco, designo, encargo	25
καθώς	así, tal como	15
καί	y, también, del mismo modo, tanto... como,	2
καινός, -ή, -όν	nuevo, sin uso	29
καιρός, -οῦ, ὁ	tiempo, sazón, momento correcto	27
κακός, -ή, -όν	mal, malo	6
καλέω	llamo	11
καλός, -ή, -όν	bueno, bello	6
καρδία, -ας, ἡ	corazón	5

Vocabulario	Significado	Unidad
καρπός, -οῦ, ὁ	fruto, cultivo	15
κατά	(gen.) debajo de, contra; (ac.) según, en todo, por todo	18
καταβαίνω	bajo, desciendo, desembarco	15
κατοικέω	vivo, habito	29
κεφαλή, -ῆς, ἡ	cabeza	10
κηρύσσω	proclamo, predico	14
κλαίω	lloro, lloro a gritos	28
κόσμος, -ου, ὁ	mundo, universo	4
κράζω	grito, digo en alta voz	16
κρατέω	agarro, retengo, aprendo, arresto	14
κρίνω	juzgo, determino	5
κρίσις, -εως, ἡ	juicio, condenación	24
κύριος, -ου, ὁ	dueño, amo, el Señor, señor	4

Λ

Vocabulario	Significado	Unidad
λαλέω	hablo	11
λαμβάνω	tomo, recibo	23
λαός, -οῦ, ὁ	pueblo, gente, multitud	13
λέγω	digo	2
λίθος, -ου, ὁ	piedra	19
λογίζομαι	supongo, considero, estimo	29
λόγος, -ου, ὁ	palabra, la Palabra (el Verbo), anuncio, mensaje	1
λοιπός, -ή, -όν	remanente, resto	21
λύω	desato, libero, dejo libre	2

M

Vocabulario	Significado	Unidad
μαθητής, -οῦ, ὁ	discípulo, estudiante	3
μακάριος, -ία, -ιον	bienaventurado, dichoso, feliz	13
μᾶλλον	más, más bien	18
μαρτυρέω	testifico, doy testimonio	11
μέγας, μεγάλη, μέγα	grande, enorme	22

Vocabulario	Significado	Unidad
μέλλω	estoy a punto de, tengo la intención de	27
μέν	ciertamente, por un lado (a menudo intraducible)	19
μένω	permanezco, me quedo	10
μέρος, -ους, τό	parte, región	28
μέσος, -η, -ον	medio, en medio	21
μετά	(gen.) con; (ac.) después, detrás	7
μή	no	23
μηδέ	y no, pero no	28
μηδείς, μηδεμία, μηδέν	nadie, ninguno, nada	22
μήτηρ, -τρός, ἡ	madre	20
μικρός, -ά, -όν	pequeño, chico	24
μισέω	aborrezco, odio	29
μνημεῖον, -ου, τό	tumba, sepulcro	28
μόνος, -η, -ον	solamente, solo	6
N		
ναός, -οῦ, ὁ	templo, santuario	4
νεκρός, -ά, -όν	muerto, (n.) persona muerta	6
νόμος, -ου, ὁ	ley	4
νῦν	ahora	8
νύξ, νυκτός, ἡ	noche	20
O		
ὁ, ἡ, τό	el, la (artículo)	5
ὁδός, -οῦ, ἡ	vía, camino, modo, proceder	4
οἶδα	sé, entiendo	25
οἰκία, -ας, ἡ	casa, familia	9
οἰκοδομέω	construyo, edifico	27
οἶκος, -ου, ὁ	casa, familia	4
ὀλίγος, -η, -ον	pequeño, chico, pocos	29
ὅλος, -η, -ον	todo, totalidad, completo	6
ὅμοιος, -α, -ον	semejante, similar	25
ὄνομα, -ατος, τό	nombre	24
ὅπου	donde, en la medida que	13
ὅπως	(adv.) cómo; (conj.) que, para, a fin de que	28
ὁράω	veo	15
ὄρος, ὄρους, τό	montaña, monte	21
ὅς, ἥ, ὅ	quién, cuál, qué, que	13
ὅσος, -η, -ον	tanto como, tan grande como, tantos como	13
ὅστις, ἥτις, ὅτι	quien, quienquiera que, cualquiera que	21
ὅταν	cuando sea, cuando	28
ὅτε	cuando	12
ὅτι	que, porque, puesto que	2
οὗ	donde	13
οὐ, οὐκ, οὐχ	no	2
οὐαί	¡Ay!	24
οὐδέ	y no, ni; ni... ni	9
οὐδείς, οὐδεμία, οὐδέν	nadie, ninguno, nada	22
οὐκέτι	ya no, nunca más	17
οὖν	por tanto, entonces	8
οὐρανός, -οῦ, ὁ	cielo, firmamento	4
οὔτε	ni, ni.. ni	13
οὗτος, αὕτη, τοῦτο	(sing.) este, esta, esto, (pl.) estos, estas	12
οὕτως	por consiguiente, así, de este modo	14
οὐχί	no	16
ὀφείλω	debo (tengo una deuda), debo (como obligación moral)	27
ὀφθαλμός, -οῦ, ὁ	ojo	9
ὄχλος, -ου, ὁ	muchedumbre, multitud	5
Π		
παιδίον, -ου, τό	niño pequeño, infante, hijito	5
πάλιν	de nuevo, también, además	5

Vocabulario	Significado	Unidad
πάντοτε	siempre	28
παρά	(gen.) desde; (dat.) a, en; (ac.) junto a, al lado de, cerca de	7
παραβολή, -ῆς, ἡ	parábola	13
παραδίδωμι	entrego, paso (en herencia), confío	30
παρακαλέω	insto, animo, consuelo, exhorto	17
παραλαμβάνω	recibo, tomo	18
παρίστημι	estoy presente, estoy junto a	30
πᾶς, πᾶσα, πᾶν	(sing.) cada, todo; (pl.) todos	22
πάσχω	padezco, soporto	26
πατήρ, πατρός, ὁ	padre	20
Παῦλος, -ου, ὁ	Pablo	12
πείθω	convenzo, persuado; (pasivo) estoy seguro	16
πέμπω	envío	14
περί	(gen.) acerca de, en cuanto a, con respecto; (ac.) alrededor de, en torno a, cerca de	7
περιπατέω	camino, doy vueltas abordo, sigo (como compañero)	11
Πέτρος, -ου, ὁ	Pedro	1
πίνω	bebo	15
πίπτω	caigo	10
πιστεύω	creo (en), confío	2
πίστις, -εως, ἡ	fe, confianza	20
πιστός, -ή, -όν	fiel	6
πληρόω	lleno, relleno, atiborro, cumplo	11
πλοῖον, -ου, τό	barca, barco	10
πνεῦμα, -ατος, τό	aliento, espíritu, Espíritu	20
ποιέω	hago, practico	11
πόλις, -εως, ἡ	ciudad	20

Vocabulario	Significado	Unidad
πολύς, πολλή, πολύ	(sing.) mucho, (pl.) muchos; (adv.) a menudo	22
πονηρός, -ά, -όν	perverso, malo	6
πορεύομαι	viajo, voy, prosigo	8
ποῦ	¿dónde?	17
πούς, ποδός, ὁ	pie	24
πρεσβύτερος, -α, ον	más viejo; (sust.) anciano	16
πρό	(gen.) en presencia de, en frente de	18
πρός	(dat.) cerca, por el lado de; (ac.) a, hacia, con	7
προσέρχομαι	voy a, me aproximo, me acerco	8
προσεύχομαι	oro, ruego	17
προσκυνέω	adoro, me postro	16
προσφέρω	presento, ofrezco, traigo	14
πρόσωπον, -ου, τό	rostro	10
προφήτης, -ου, ὁ	profeta	1
πρῶτος, -η, -ον	primero	6
πῦρ, πυρός, τό	fuego	24
πῶς	¿cómo?	19

Ρ

Vocabulario	Significado	Unidad
ῥῆμα, -ατος, τό	palabra, dicho; cosa, asunto	21

Σ

Vocabulario	Significado	Unidad
σάββατον, -ου, τό	día de reposo, semana	1
σάρξ, σαρκός, ἡ	carne	20
σεαυτοῦ	(de, con, a) ti mismo	9
σημεῖον, -ου, τό	señal, milagro	12
σήμερον	hoy	26
σοφία, -ας, ἡ	sabiduría	5
σπείρω	siembro, esparzo	23
σπέρμα, -ατος, τό	semilla, simiente	23
σταυρόω	crucifico	18
στόμα, -ατος, τό	boca	22

Vocabulario	Significado	Unidad
σύ	tú (sing.)	9
σύν	(dat.) con, junto con	7
συνάγω	reúno, me reúno	13
συναγωγή, -ῆς, ἡ	sinagoga	12
σῴζω	salvo, libero	2
σῶμα, -ατος, τό	cuerpo	23
σωτηρία, -ας, ἡ	salvación, liberación	16

Τ

Vocabulario	Significado	Unidad
τέ	y, ambos, tanto... como (con καί)	19
τέκνον, -ου, τό	niño	9
τέλος, -ους, τό	fin, meta, objetivo	29
τηρέω	guardo, observo	11
τίθημι	pongo, coloco, designo, nomino	30
τιμή, -ῆς, ἡ	honor, precio, valor	26
τὶς, τὶ	cualquiera, cualquier cosa; alguien, algo	21
τίς, τί	¿quién? ¿cuál? ¿qué? ¿por qué?	21
τοιοῦτος, -αύτη, -οῦτον	tal, el tal, ese tal	12
τόπος, -ου, ὁ	lugar	4
τότε	entonces	16
τρεῖς, τρία	tres	22
τρίτος, -η, -ον	tercero	21
τυφλός, -ή, -όν	ciego	6

Υ

Vocabulario	Significado	Unidad
ὕδωρ, ὕδατος, τό	agua	25
υἱός, -οῦ, ὁ	hijo	4
ὑπάγω	voy, salgo, me voy	17
ὑπάρχω	existo, estoy presente (o a mano), vivo, tengo	14
ὑπέρ	(gen.) en nombre de, a favor de (ac.) encima, sobre	24
ὑπό	(gen.) debajo; (ac.) bajo, sujeto	7

Φ

Vocabulario	Significado	Unidad
φανερόω	revelo, doy a conocer	18
Φαρισαῖος, -ου, ὁ	fariseo	29
φέρω	llevo, traigo, cargo	13
φημί	digo, declaro	30
φοβέω, φοβέομαι	temo, tengo miedo	11
φόβος, -ου, ὁ	temor, reverencia	1
φυλακή, -ῆς, ἡ	prisión, cárcel, vigilancia, guardia	24
φωνέω	convoco, invito	27
φωνή, -ῆς, ἡ	sonido, voz	5
φῶς, φωτός, τό	luz	21

Χ

Vocabulario	Significado	Unidad
χαίρω	me regocijo, me alegro	24
χαρά, -ᾶς, ἡ	gozo, alegría	13
χάρις, -ιτος, ἡ	gracia, favor	20
χείρ, χειρός, ἡ	mano	20
χρεία, -ας, ἡ	necesidad	29
Χριστός, -οῦ, ὁ	Cristo, Mesías, Ungido	1
χρόνος, -ου, ὁ	tiempo	19
χωρίς	(gen.) fuera, aparte de	27

Ψ

Vocabulario	Significado	Unidad
ψυχή, -ῆς, ἡ	alma, vida	10

Ω

Vocabulario	Significado	Unidad
ὧδε	aquí	26
ὥρα, -ας, ἡ	hora	7
ὡς	como, de esa manera	8
ὥστε	por tanto, de manera (o modo) que	27

Resumen de las formas temáticas del indicativo de los verbos en Ω

Tiempo Voz	Patrón básico	Traducción sencilla	Desinencias personales					
			Singular			Plural		
			1ra	2da	3ra	1ra	2da	3ra
Presente activo	λυ + ω	estoy desatando o desato	ω	εις	ει	ομεν	ετε	ουσι(ν)
Presente med/pas	λυ + ομαι	estoy siendo desatado o me desato	ομαι	ῃ	εται	ομεθα	εσθε	ονται
Imperfecto activo	ἐ + λυ + ον	estaba desatando o desataba	ον	ες	ε(ν)	ομεν	ετε	ον
Imperfecto med/pas	ἐ + λυ + ομην	estaba siendo desatado o me desataba	ομην	ου	ετο	ομεθα	εσθε	οντο
Futuro activo	λυ + σ + ω	desataré	ω	εις	ει	ομεν	ετε	ουσι(ν)
Futuro medio	λυ + σ + ομαι	me desataré	ομαι	ῃ	εται	ομεθα	εσθε	ονται
Aoristo primero activo	ἐ + λυ + σ + α	desaté	α	ας	ε(ν)	αμεν	ατε	αν
Aoristo primero medio	ἐ + λυ + σ + αμην	me desaté	αμην	ω	ατο	αμεθα	ασθε	αντο
Futuro pasivo	λυ + θησ + ομαι	seré desatado	ομαι	ῃ	εται	ομεθα	εσθε	ονται
Aoristo pasivo	ἐ + λυ + θ + ην	fui desatado	ην	ης	η	ημεν	ητε	ησαν
Perfecto activo	λε + λυ + κ + α	he desatado	α	ας	ε(ν)	αμεν	ατε	ασι(ν)
Perfecto med/pas	λε + λυ + μαι	he sido desatado o me he desatado	μαι	σαι	ται	μεθα	σθε	νται
Pluscuam-perfecto activo	ἐ + λε + λυ + κ + ειν	había desatado	ειν	εις	ει(ν)	ειμεν	ειτε	εισαν
Pluscuam-perfecto med/pas	ἐ + λε + λυ + μην	había sido desatado o me había desatado	μην	σο	το	μεθα	σθε	ντο

Tabla - Verbos en Ω

Modo indicativo

Presente activo	Presente medio-pasivo
λύω	λύομαι
λύεις	λύῃ
λύει	λύεται
λύομεν	λυόμεθα
λύετε	λύεσθε
λύουσι(ν)	λύονται

Futuro activo	Futuro medio-pasivo
λύσω	λύσομαι
λύσεις	λύσῃ
λύσει	λύσεται
λύσομεν	λυσόμεθα
λύσετε	λύσεσθε
λύσουσι(ν)	λύσονται

Imperfecto activo	Imperfecto medio-pasivo
ἔλυον	ἐλυόμην
ἔλυες	ἐλύου
ἔλυε(ν)	ἐλύετο
ἐλύομεν	ἐλυόμεθα
ἐλύετε	ἐλύεσθε
ἔλυον	ἐλύοντο

Aoristo segundo activo	Aoristo segundo medio-pasivo
ἔλιπον	ἐλιπόμην
ἔλιπες	ἐλίπου
ἔλιπε(ν)	ἐλίπετο
ἐλίπομεν	ἐλιπόμεθα
ἐλίπετε	ἐλίπεσθε
ἔλιπον	ἐλίποντο

Aoristo primero activo	Aoristo primero medio-pasivo
ἔλυσα	ἐλυσάμην
ἔλυσας	ἐλύσω
ἔλυσε(ν)	ἐλύσατο
ἐλύσαμεν	ἐλυσάμεθα
ἐλύσατε	ἐλύσασθε
ἔλυσαν	ἐλύσαντο

Aoristo primero pasivo	Futuro pasivo
ἐλύθην	λυθήσομαι
ἐλύθης	λυθήσῃ
ελύθη	λυθήσεται
ἐλύθημεν	λυθησόμεθα
ελύθητε	λυθήσεσθε
ἐλύθησαν	λυθήσονται

Perfecto activo	Perfecto medio-pasivo
λέλυκα	λέλυμαι
λέλυκας	λέλυσαι
λέλυκε(ν)	λέλυται
λελύκαμεν	λελύμεθα
λελύκατε	λέλυσθε
λελύκασι(ν)	λέλυνται

Pluscuamperfecto activo	Pluscuamperfecto medio-pasivo
ἐλελύκειν	ἐλελύμην
ἐλελύκεις	ἐλέλυσο
ἐλελύκει(ν)	ἐλελυτο
ἐλελύκειμεν	ἐλελύμεθα
ἐλελύκειτε	ἐλέλυσθε
ἐλελύκεισαν	ἐλέλυντο

Modo subjuntivo

Presente activo	Presente medio-pasivo
λύω	λύωμαι
λύῃς	λύῃ
λύῃ	λύηται
λύωμεν	λυώμεθα
λύητε	λύησθε
λύωσι(ν)	λύωνται

Aoristo primero activo	Aoristo segundo activo
λύσω	βάλω
λύσῃς	βάλῃς
λύσῃ	βάλῃ
λύσωμεν	βάλωμεν
λύσητε	βάλητε
λύσωσι(ν)	βάλωσι(ν)

Aoristo primero medio	Aoristo segundo medio
λύσωμαι	βάλωμαι
λύσῃ	βάλῃ
λύσηται	βάληται
λυσώμεθα	βαλώμεθα
λύσησθε	βάλησθε
λύσωνται	βάλωνται

Aoristo primero pasivo	Aoristo segundo pasivo
λυθῶ	φανῶ
λυθῇς	φανῇς
λυθῇ	φανῇ
λυθῶμεν	φανῶμεν
λυθῆτε	φανῆτε
λυθῶσι(ν)	φανῶσι(ν)

Modo imperativo

Presente activo	Presente medio-pasivo
λῦε	λύου
λυέτω	λυέσθω
λύετε	λύεσθε
λυέτωσαν	λυέσθωσαν

Aoristo primero activo	Aoristo segundo activo
λῦσον	βάλε
λυσάτω	βαλέτω
λύσατε	βάλετε
λυσάτωσαν	βαλέτωσαν

Aoristo primero medio	Aoristo segundo medio
λῦσαι	γενοῦ
λυσάσθω	γενέσθω
λύσασθε	γένεσθε
λυσάσθωσαν	γενέσθωσαν

Aoristo primero pasivo	Aoristo segundo pasivo
λύθητι	φάνηθι
λυθήτω	φανήτω
λύθητε	φάνητε
λυθήτωσαν	φανήτωσαν

Participios

	Presente activo		
	Masc.	Fem.	Neut.
Nom Sing	λύων	λύουσα	λῦον
Gen Sing	λύοντος	λυούσης	λύοντος
Dat Sing	λύοντι	λυούσῃ	λύοντι
Ac Sing	λύοντα	λύουσαν	λῦον
Nom Pl	λύοντες	λύουσαι	λύοντα
Gen Pl	λυόντων	λυουσῶν	λυόντων
Dat Pl	λύουσι(ν)	λυούσαις	λύουσι(ν)
Ac Pl	λύοντας	λυούσας	

Presente medio-Pasivo		
Masc.	Fem.	Neut.
λυόμενος	λυομένη	λυόμενον
λυομένου	λυομένης	λυομένου
λυομένῳ	λυομένῃ	λυομένῳ
λυόμενον	λυομένην	λυόμενον
λυόμενοι	λυόμεναι	λυόμενα
λυομένων	λυομένων	λυομένων
λυομένοις	λυομέναις	λυομένοις
λυομένους	λυομένας	λυομένα

	Aoristo primero activo		
	Masc.	Fem.	Neut.
Nom Sing	λύσας	λύσασα	λῦσαν
Gen Sing	λύσαντος	λυσάσης	λύσαντος
Dat Sing	λύσαντι	λυσάσῃ	λύσαντι
Ac Sing	λύσαντα	λύσασαν	λῦσαν
Nom Pl	λύσαντες	λύσασαι	λύσαντα
Gen Pl	λυσάντων	λυσασῶν	λυσάντων
Dat Pl	λύσασι(ν)	λυσάσαις	λύσασι(ν)
Ac Pl	λύσαντας	λυσάσας	λύσαντα

Aoristo primero medio		
Masc.	Fem.	Neut.
λυσάμενος	λυσαμένη	λυσάμενον
λυσαμένου	λυσαμένης	λυσαμένου
λυσαμένῳ	λυσαμένῃ	λυσαμένῳ
λυσάμενον	λυσαμένην	λυσάμενον
λυσάμενοι	λυσάμεναι	λυσάμενα
λυσαμένων	λυσαμένων	λυσαμένων
λυσαμένοις	λυσαμέναις	λυσαμένοις
λυσαμένους	λυσαμένας	λυσάμενα

	Aoristo segundo activo		
	Masc.	**Fem.**	**Neut.**
Nom Sing	βαλών	βαλοῦσα	βαλόν
Gen Sing	βαλόντος	βαλούσης	βαλόντος
Dat Sing	βαλόντι	βαλούσῃ	βαλόντι
Ac Sing	βαλόντα	βαλοῦσαν	βαλόν
Nom Pl	βαλόντες	βαλοῦσαι	βαλόντα
Gen Pl	βαλόντων	βαλουσῶν	βαλόντων
Dat Pl	βαλοῦσι(ν)	βαλούσαις	βαλοῦσι(ν)
Ac Pl	βαλόντας	βαλούσας	βαλόντα

Aoristo segundo medio		
Masc.	**Fem.**	**Neut.**
βαλόμενος	βαλομένη	βαλόμενον
βαλομένου	βαλομένης	βαλομένου
βαλομένῳ	βαλομένῃ	βαλομένῳ
βαλόμενον	βαλομένην	βαλόμενον
βαλόμενοι	βαλόμεναι	βαλόμενα
βαλομένων	βαλομένων	βαλομένων
βαλομένοις	βαλομέναις	βαλομένοις
βαλομένους	βαλομένας	βαλόμενα

	Aoristo primero pasivo		
	Masc.	**Fem.**	**Neut.**
Nom Sing	λυθείς	λυθεῖσα	λυθέν
Gen Sing	λυθέντος	λυθείσης	λυθέντος
Dat Sing	λυθέντι	λυθείσῃ	λυθέντι
Ac Sing	λυθέντα	λυθεῖσαν	λυθέν
Nom Pl	λυθέντες	λυθεῖσαι	λυθέντα
Gen Pl	λυθέντων	λυθεισῶν	λυθέντων
Dat Pl	λυθεῖσι(ν)	λυθείσαις	λυθεῖσι(ν)
Ac Pl	λυθέντας	λυθείσας	λυθέντα

Aoristo segundo pasivo		
Masc.	**Fem.**	**Neut.**
γραφείς	γραφεῖσα	γραφέν
γραφέντος	γραφείσης	γραφέντος
γραφέντι	γραφείσῃ	γραφέντι
γραφέντα	γραφεῖσαν	γραφέν
γραφέντες	γραφεῖσαι	γραφέντα
γραφέντων	γραφεισῶν	γραφέντων
γραφεῖσι(ν)	γραφείσαις	γραφεῖσι(ν)
γραφέντας	γραφείσας	γραφέντα

	Perfecto activo		
	Masc.	**Fem.**	**Neut.**
Nom Sing	λελυκως	λελυκυῖα	λελυκός
Gen Sing	λελυκότος	λελυκυῖας	λελυκότος
Dat Sing	λελυκότι	λελυκυίᾳ	λελυκότι
Ac Sing	λελυκότα	λελυκυῖαν	λελυκός
Nom Pl	λελυκότες	λελυκυῖαι	λελυκότα
Gen Pl	λελυκότων	λελυκυιῶν	λελυκότων
Dat Pl	λελυκόσι(ν)	λελυκυίαις	λελυκόσι(ν)
Ac Pl	λελυκότας	λελυκυίας	λελυκότα

	Perfecto medio-pasivo		
	Masc.	**Neut.**	**Fem.**
Nom Sing	λελυμένος	λελυμένον	λελυμένη
Gen Sing	λελυμένου	λελυμένου	λελυμένης
Dat Sing	λελυμένῳ	λελυμένῳ	λελυμένῃ
Ac Sing	λελυμένον	λελυμένον	λελυμένην
Nom Pl	λελυμένοι	λελυμένα	λελυμέναι
Gen Pl	λελυμένων	λελυμένων	λελυμένων
Dat Pl	λελυμένοις	λελυμένοις	λελυμέναις
Ac Pl	λελυμένους	λελυμένα	λελυμένας

Infinitivos

Presente	
Activo	λύειν
Medio-pasivo	λύεσθαι

Aoristo primero	
Activo	λῦσαι
Medio	λύσασθαι
Pasivo	λυθῆναι

Aoristo segundo	
Activo	βαλεῖν
Medio	βαλέσθαι
Pasivo	γραφῆναι

Perfecto	
Activo	λελυκέναι
Medio-pasivo	λελύσθαι

Conjugaciones rectoras de los verbos principales

Presente activo/dep	Futuro activo/ dep	Aoristo activo/ dep	Perfecto activo	Perfecto pasivo	Aoristo pasivo
ἀγαπάω	ἀγαπήσω	ἠγάπησα	ἠγάπηκα	ἠγάπημαι	ἠγαπήθην
ἄγω	ἄξω	ἤγαγον	--------------	ἦγμαι	ἤχθην
αἴρω	ἀρῶ	ἦρα	ἦρκα	ἦρμαι	ἤρθην
αἰτέω	αἰτήσω	ᾔτησα	ᾔτηκα	--------------	--------------
ἀκολουθέω	ἀκολουθήσω	ἠκολούθησα	ἠκολούθηκα	--------------	--------------
ἀκούω	ἀκούσω	ἤκουσα	ἀκήκοα	--------------	ἠκούσθην
ἁμαρτάνω	ἁμαρτήσω	ἡμάρτησα ἥμαρτον	ἡμάρτηκα	--------------	--------------
ἀνοίγω	ἀνοίξω	ἀνέῳξα ἤνοιξα ἠνέῳξα	ἠνέῳγα	ἀνέῳγμαι ἠνέῳγμαι	ἀνεῴχθην ἠνοίχθην ἠνεῴχθην
ἀπαγγέλλω	ἀπαγγελῶ	ἀπήγγειλα	--------------	--------------	ἀπηγγέλην
ἀποθνῄσκω	ἀποθανοῦμαι	ἀπέθανον	--------------	--------------	--------------
ἀποκρίνομαι	ἀποκριθήσομαι	ἀπεκρινάμην	--------------	--------------	ἀπεκρίθην
ἀποκτείνω	ἀποκτενῶ	ἀπέκτεινα	--------------	--------------	ἀπεκτάνθην
ἀπόλλυμι	ἀπολέσω	ἀπώλεσα	ἀπόλωλα	--------------	--------------
ἀποστέλλω	ἀποστελῶ	ἀπέστειλα	ἀπέσταλκα	ἀπέσταλμαι	ἀπεστάλην
ἄρχω	ἄρξομαι	ἦρξα	--------------	--------------	--------------
ἀσπάζομαι	-----------------	ἠσπασάμην	--------------	--------------	--------------
ἀφίημι	ἀφήσω	ἀφῆκα	--------------	--------------	--------------
βαίνω	βήσομαι	ἔβην	βέβηκα	--------------	--------------
βάλλω	βαλῶ	ἔβαλον	βέβληκα	βέβλημαι	ἐβλήθην
βαπτίζω	βαπτίσω	ἐβάπτισα	βεβάπτικα	βεβάπτισμαι	ἐβαπτίσθην
βλέπω	βλέψω	ἔβλεψα	--------------	--------------	--------------
γεννάω	γεννήσω	ἐγέννησα	γεγέννηκα	γεγέννημαι	ἐγεννήθην
γίνομαι	γενήσομαι	ἐγενόμην	γέγονα	γεγένημαι	ἐγενήθην
γινώσκω	γνώσομαι	ἔγνων	ἔγνωκα	ἔγνωσμαι	ἐγνώσθην
γράφω	γράψω	ἔγραψα	γέγραφα	γέγραμμαι	ἐγράφην
δείκνυμι	δείξω	ἔδειξα	δέδειχα	--------------	ἐδείχθην
δέχομαι	δέξομαι	ἐδεξάμην	--------------	δέδεγμαι	ἐδέχθην
δέω	δήσω	ἔδησα	δέδεκα	δέδεμαι	ἐδέθην
διδάσκω	διδάξω	ἐδίδαξα	--------------	--------------	ἐδιδάχθην
δίδωμι	δώσω	ἔδωκα	δέδωκα	δέδομαι	ἐδόθην

Presente activo/dep	Futuro activo/ dep	Aoristo activo/ dep	Perfecto activo	Perfecto pasivo	Aoristo pasivo
διώκω	διώξω	ἐδίωξα	--------------	δεδίωγμαι	ἐδιώχθην
δοκέω	δόξω	ἔδοξα	--------------	--------------	--------------
δοξάζω	δοξάσω	ἐδόξασα	--------------	δεδόξασμαι	ἐδοξάσθην
δύναμαι	δυνήσομαι	--------------	--------------	--------------	ἠδυνήθην ἠδυνάσθην
ἐγγίζω	ἐγγιῶ	ἤγγισα	ἤγγικα	--------------	--------------
ἐγείρω	ἐγερῶ	ἤγειρα	--------------	ἐγήγερμαι	ἠγέρθην
εἰμί	ἔσομαι	ἤμην (Imp)	--------------	--------------	--------------
ἐργάζομαι	--------------	εἰργασάμην ἠργασάμην	--------------	εἴργασμαι	--------------
ἔρχομαι	ἐλεύσομαι	ἦλθον	ἐλήλυθα	--------------	--------------
ἐρωτάω	ἐρωτήσω	ἠρώτησα	--------------	--------------	ἠρωτήθην
ἐσθίω	φάγομαι	ἔφαγον	--------------	--------------	--------------
ἑτοιμάζω	ἑτοιμάσω	ἡτοίμασα	ἡτοίμακα	ἡτοίμασμαι	ἡτοιμάσθην
εὐαγγελίζομαι	εὐαγγελιῶ	εὐηγγέλισα	--------------	εὐηγγέλισμαι	εὐηγγελίσθην
εὐλογέω	εὐλογήσω	εὐλόγησα	εὐλόγηκα	εὐλόγημαι	εὐλογήθην
εὑρίσκω	εὑρήσω	εὗρον	εὕρηκα	εὕρημαι	εὑρέθην
ἔχω	ἕξω	ἔσχον	ἔσχηκα	--------------	--------------
ζάω	ζήσω	ἔζησα	--------------	--------------	--------------
ζητέω	ζητήσω	ἐζήτησα	--------------	--------------	ἐζητήθην
θαυμάζω	θαυμάσομαι	ἐθαύμασα	τεθαύμακα	--------------	ἐθαυμάσθην
θέλω	θελήσω	ἠθέλησα	ἠθέληκα	--------------	--------------
θεραπεύω	θεραπεύσω	ἐθεράπευσα	τεθεράπευκα	τεθεράπευμαι	ἐθεραπεύθην
θεωρέω	θεωρήσω	ἐθεώρησα	--------------	--------------	ἐθεωρήθην
ἵστημι	στήσω	ἔστησα ἔστην	ἕστηκα	--------------	ἐστάθην
κάθημαι	καθήσομαι	--------------	--------------	--------------	--------------
καθίζω	καθίσω καθιῶ	ἐκάθισα	κεκάθικα	--------------	--------------
καλέω	καλέσω	ἐκάλεσα	κέκληκα	κέκλημαι	ἐκλήθην
κατοικέω	κατοικήσω	κατῴκησα	κατῴκηκα	--------------	κατῳκήθην
κηρύσσω	κηρύξω	ἐκήρυξα	--------------	--------------	ἐκηρύχθην
κλαίω	κλαύσω	ἔκλαυσα	--------------	--------------	ἐκλαύσθην
κράζω	κράξω	ἔκραξα ἐκέκραξα	κέκραγα	--------------	--------------
κρατέω	κρατήσω	ἐκράτησα	κεκράτηκα	κεκράτημαι	ἐκρατήθην
κρίνω	κρινῶ	ἔκρινα	κέκρικα	κέκριμαι	ἐκρίθην
λαλέω	λαλήσω	ἐλάλησα	λελάληκα	λελάλημαι	ἐλαλήθην

Presente activo/dep	Futuro activo/ dep	Aoristo activo/ dep	Perfecto activo	Perfecto pasivo	Aoristo pasivo
λαμβάνω	λήμψομαι	ἔλαβον	εἴληφα	--------------	ἐλήμφθην
λέγω	ἐρῶ	εἶπον	εἴρηκα	εἴρημαι	ἐρρέθην
λογίζομαι	λογιοῦμαι	ἐλογισάμην	--------------	λελόγισμαι	ἐλογίσθην
λύω	λύσω	ἔλυσα	λέλυκα	λέλυμαι	ἐλύθην
μαρτυρέω	μαρτυρήσω	ἐμαρτύρησα	μεμαρτύρηκα	μεμαρτύρημαι	ἐμαρτυρήθην
μέλλω	μελλήσω	--------------	--------------	--------------	--------------
μένω	μενῶ	ἔμεινα	--------------	--------------	--------------
μισέω	μισήσω	ἐμίσησα	μεμίσηκα	μεμίσημαι	ἐμισήθην
οἶδα – de εἴδω (obs)	εἰδήσω	--------------	οἶδα	--------------	--------------
οἰκοδομέω	οἰκοδομήσω	ᾠκοδόμησα	ᾠκοδόμηκα	ᾠκοδόμημαι	ᾠκοδομήθην
ὁράω	ὄψομαι	εἶδον	ἑώρακα	--------------	ὤφθην
ὀφείλω	ὀφειλήσω	--------------	--------------	--------------	--------------
πάσχω	--------------	ἔπαθον	πέπονθα	--------------	--------------
πείθω	πείσω	ἔπεσον, ἔπεσα	πέποιθα	πέπεισμαι	ἐπείσθην
πέμπω	πέμψω	ἔπεμψα	--------------	--------------	ἐπέμφθην
περιπατέω	περιπατήσω	περιεπάτησα	--------------	--------------	--------------
πίνω	πίομαι	ἔπιον	πέπωκα	--------------	--------------
πίπτω	πεσοῦμαι	ἔπεσον , ἔπεσα	πέπτωκα	--------------	--------------
πιστεύω	πιστευσω	ἐπίστευσα	πεπίστευκα	πεπίστευμαι	ἐπιστεύθην
πληρόω	πληρωσω	ἐπλήρωσα	πεπλήρωκα	πεπλήρωμαι	ἐπληρώθην
ποιέω	ποιησω	ἐποίησα	πεποίηκα	πεποίημαι	ἐποιήθην
πορεύομαι	πορευσομαι	--------------	--------------	πεπόρευμαι	ἐπορεύθην
προσεύχομαι	προσευξομαι	προσηυξάμην	--------------	--------------	--------------
προσκυνέω	προσκυνήσω	προσεκύνησα	προσκεκύνηκα	--------------	--------------
σπείρω	σπερῶ	ἔσπειρα	ἔσπαρκα	ἔσπαρμαι	ἐσπάρην
σταυρόω	σταυρώσω	ἐσταύρωσα	--------------	ἐσταύρωμαι	ἐσταυρώθην
σῴζω	σώσω	ἔσωσα	σέσωκα	σέσῳσμαι	ἐσώθην
τηρέω	τηρήσω	ἐτήρησα	τετήρηκα	τετήρημαι	ἐτηρήθην
τίθημι	θήσω	ἔθηκα	τέθεικα	τέθειμαι	ἐτέθην
φανερόω	φανερώσω	ἐφανέρωσα	πεφανέρωκα	πεφανέρωμαι	ἐφανερώθην
φέρω	οἴσω	ἤνεγκα	ἐνήνοχα	--------------	ἠνέχθην
φημί	--------------	ἔφη	--------------	--------------	--------------
φοβέομαι	φοβηθήσομαι	--------------	--------------	--------------	ἐφοβήθην
φωνέω	φωνήσω	ἐφώνησα	--------------	--------------	ἐφωνήθην

Formas de εἰμί

Formas del indicativo de εἰμί

	Presente	Futuro	Imperfecto/ Aoristo
1ra singular	εἰμί	ἔσομαι	ἤμην
2da singular	εἶ	ἔσῃ	ἦς
3ra singular	ἐστί(ν)	ἔσται	ἦν
1ra plural	ἐσμέν	ἐσόμεθα	ἦμεν, ἤμεθα
2da plural	ἐστέ	ἔσεσθε	ἦτε
3ra plural	εἰσί(ν)	ἔσονται	ἦσαν

Formas del presente de subjuntivo de εἰμί

1ra singular	ὦ
2da singular	ᾖς
3ra singular	ᾖ
1ra plural	ὦμεν
2da plural	ἦτε
3ra plural	ὦσιν

Formas del imperativo de presente de εἰμί (aparece solo 21 veces en el NT)

2da singular	ἴσθι
3ra singular	ἔστω o ἤτω
2da plural	-----------
3ra plural	ἔστωσαν

Formas del infinitivo de εἰμί

Presente	εἶναι
Futuro deponente	ἔσεσθαι

Participio de presente de εἰμί

	Masculino	Femenino	Neutro
Nom. singular	ὤν	οὖσα	ὄν
Gen. singular	ὄντος	οὔσης	ὄντος
Dat. singular	ὄντι	οὔσῃ	ὄντι
Ac. singular	ὄντα	οὖσαν	ὄν
Nom. plural	ὄντες	οὖσαι	ὄντα
Gen. plural	ὄντων	οὐσῶν	ὄντων
Dat. plural	οὖσι(ν)	οὔσαις	οὖσι(ν)
Ac. plural	ὄντας	οὔσας	ὄντα

Participio de futuro de εἰμί

ἐσόμενος, -η, -ον	(único caso en Lucas 22:49)

Tabla de sustantivos

1ra declinación

	Singular				Plural			
	Nom	Gen	Dat	Ac	Nom	Gen	Dat	Ac
ἡ γραφή	γραφή	γραφῆς	γραφῇ	γραφήν	γραφαί	γραφῶν	γραφαίς	γραφάς
ἡ ἀλήθεια	ἀλήθεια	ἀληθείας	ἀληθείᾳ	ἀλήθειαν	ἀλήθειαι	ἀληθειῶν	ἀληθείαις	ἀληθείας
ἡ γλῶσσα	γλῶσσα	γλώσσης	γλώσσῃ	γλῶσσαν	γλῶσσαι	γλωσσῶν	γλώσσαις	γλώσσας
ὁ μαθητής	μαθητής	μαθητοῦ	μαθητῇ	μαθητήν	μαθηταί	μαθητῶν	μαθηταίς	μαθητάς

2da declinación

	Singular				Plural			
	Nom	Gen	Dat	Ac	Nom	Gen	Dat	Ac
ὁ λόγος	λόγος	λόγου	λόγῳ	λόγον	λόγοι	λόγων	λόγοις	λόγους
ἡ ὁδός	ὁδός	ὁδοῦ	ὁδ ῷ	ὁδόν	ὁδοί	ὁδῶν	ὁδοῖς	ὁδούς
τὸ ἔργον	ἔργον	ἔργου	ἔργῳ	ἔργον	ἔργα	ἔργων	ἔργοις	ἔργα

3ra declinación

	Singular				Plural			
	Nom	Gen	Dat	Ac	Nom	Gen	Dat	Ac
ἡ σάρξ	σάρξ	σαρκός	σαρκί	σάρκα	σάρκες	σαρκῶν	σαρξῖ(ν)	σάρκας
ὁ πατήρ	πατήρ	πατρός	πατρί	πατέρα	πατέρες	πατέρων	πατράσι(ν)	πατέρας
ὁ ποιμήν	ποιμήν	ποιμένος	ποιμένι	ποιμένα	ποιμένες	ποιμένων	ποιμέσι(ν)	ποιμένας
τὸ ὕδωρ	ὕδωρ	ὕδατος	ὕδατι	ὕδωρ	ὕδατα	ὑδάτων	ὕδασι(ν)	ὕδατα
ὁ ἄρχων	ἄρχων	ἄρχοντος	ἄρχοντι	ἄρχοντα	ἄρχοντες	ἀρχόντων	ἄρχουσι(ν)	ἄρχοντας
ἡ χείρ	χείρ	χειρός	χειρί	χεῖρα	χεῖρες	χειρῶν	χερσί(ν)	χεῖρας
ἡ πόλις	πόλις	πόλεως	πόλει	πόλιν	πόλεις	πόλεων	πόλεσι(ν)	πόλεις
ὁ ἱερεύς	ἱερεύς	ἱερέως	ἱερεῖ	ἱερέα	ἱερεῖς	ἱερέων	ἱερεῦσι(ν)	ἱερεῖς
τὸ ὄνομα	ὄνομα	ὀνόματος	ὀνόματι	ὄνομα	ὀνόματα	ὀνομάτων	ὀνόμασι(ν)	ὀνόματα
τὸ γένος	γένος	γένους	γένει	γένος	γένη	γενῶν	γένεσι(ν)	γένη

Índice de temas